只留清气满乾坤

——话说中国古代廉吏

刘立祥 著

陕西新华出版
陕西人民出版社

图书在版编目（CIP）数据

只留清气满乾坤：话说中国古代廉吏 / 刘立祥著. — 西安：陕西人民出版社，2023.9
ISBN 978-7-224-15061-2

Ⅰ.①只… Ⅱ.①刘… Ⅲ.①历史人物—生平事迹—中国—古代②廉政建设—史料—中国—古代 Ⅳ.
① K820.2 ② D691.49

中国国家版本馆 CIP 数据核字 (2023) 第 164337 号

责任编辑：王　辉
封面设计：白　剑

只留清气满乾坤
ZHILIU QINGQI MAN QIANKUN
　　——话说中国古代廉吏
　　　　HUASHUO ZHONGGUO GUDAI LIANLI

作　　者	刘立祥
出版发行	陕西人民出版社
	（西安北大街 147 号　邮编：710003）
印　　刷	西安市建明工贸有限责任公司
开　　本	787 毫米 ×1092 毫米　1/16
印　　张	23.25
字　　数	365 千字
版　　次	2023 年 10 月第 1 版
印　　次	2023 年 10 月第 1 次印刷
书　　号	ISBN 978-7-224-15061-2
定　　价	52.00 元

如有印装质量问题，请与本社联系调换。电话：029-87205094

目 录

汉　朝

杨震：扬名立万震千古的"四知先生"
一、关西孔子，知天命之年始入仕　3
二、"四知先生"，途经昌邑暮夜却金　4
三、刚正不阿，仗义执言屡折权贵　5
四、安帝震怒，罢黜返乡饮鸩而卒　7
五、品评　8

杨秉的"两不怕"和"三不惑"
一、一身正气，宦海沉浮"两不怕"　10
二、百毒不侵，清廉守正"三不惑"　12
三、儒雅家风，化育杨门世代英贤　13
四、品评　14

尹翁归：一身正气赢得百邪不侵
一、平阳市场骚乱，小吏初试锋芒　15
二、"翁归文武兼备，不知当立西东"　16

三、赴任东海太守，廷尉不敢请托　16

四、"三铁"治理东海，举郡景仰太守　17

五、不幸英年殉职，宣帝降诏旌表　18

六、品评　18

鲍宣：立身清俭气如虹

一、娶"白富美"，坚守粗衣粝食不动摇　20

二、心忧天下，上疏陈百姓"七亡七死"　21

三、奏劾董贤，朝野瞩目直声震天下　22

四、摧辱丞相，系狱引学潮终判髡钳　25

五、品评　26

何武公平执法

一、秉公克己，说服弟弟勿挟私报复　27

二、露章奏劾，不收敛不收手者严惩　28

三、不徇私情，"接受请托"唯赐一卮酒　29

四、威武不屈，拒绝荐王莽被逼自杀　30

五、品评　31

祭遵的执法如山和克己奉公

一、执法如山，不惧生死诛恶奴　33

二、正气凛然，割须明志拒纳妾　35

三、克己奉公，智信仁勇儒将风　36

四、刘秀扶梓，涕泪滂沱哭祭遵　37

五、品评　38

宋弘：“糟糠之妻不下堂”

　　一、赤眉逼仕，跳河装死逃一劫　40

　　二、荐举桓谭，责其"非忠正者也"　41

　　三、讥刺刘秀，"未见好德如好色者"　42

　　四、湖阳选婿，"糟糠之妻不下堂"　42

　　五、品评　44

虞延：从亭长到司徒的穷官

　　一、户牖亭长，享誉乡里众点赞　45

　　二、陈留督邮，光武称奇声名起　46

　　三、洛阳县令，不畏权贵诛顽凶　47

　　四、南阳太守，明帝盛赞识人明　48

　　五、位列三公，身后竟家徒四壁　49

　　六、品评　49

杜诗：上疏只缘嫌官儿大

　　一、政绩卓著，自以为不足挂齿　51

　　二、两度上疏，请求免职或降职　52

　　三、一生为官，死后贫无停灵所　53

　　四、品评　54

羊续"三拒"

　　一、悬鱼拒贿，府邸无觅送礼人　56

　　二、拒纳妻儿，清风两袖何养家　57

　　三、拒交礼钱，缊袍明志诉衷肠　58

　　四、品评　59

贾琮：百姓尊为"贾父"的东汉刺史

  一、交趾告急，三公府共同荐贾琮　61

  二、安邦靖乱，吏民咏叹"贾父来晚"62

  三、赴任冀州，贪官污吏解印奔逃　63

  四、品评　64

南北朝

北魏名臣高允

  一、早年岁月，仕途平平弃官开馆讲学　67

  二、国史之案，宁断头灭族也要说实话　68

  三、謇谔匪躬，文成帝敬重尊之为"令公"　71

  四、忠谨笃厚，事君有犯无隐宽以待人　72

  五、清廉自守，中书令"府邸"竟在茅屋中　74

  六、品评　75

南梁"风月尚书"徐勉

  一、年少孤贫，祭酒赞叹"宰辅量"　76

  二、忧国忘家，群犬惊吠不识主　77

  三、为官清廉，"我以清白遗子孙"　78

  四、秉公绝私，"风月尚书"誉千古　78

  五、品评　79

南梁第一廉吏何远

  一、初仕南齐，叛齐逃匿归依梁武　81

  二、武昌太守，清廉自守恤民不倦　82

  三、任职四方，三起三落矢志不移　83

四、宦海一生，清廉公正天下第一　84
　　五、品评　86

袁聿修：百姓称誉"清郎""清卿"的北朝名臣
　　一、任职四方，百姓为其立德政碑　87
　　二、为官廉谨，"清郎"雅号不胫而走　89
　　三、奉诏巡察，"清卿"之誉传遍四方　89
　　四、品评　90

柳庆：自比于公的北朝名臣
　　一、聪颖倜傥，爱读书过目不忘　92
　　二、力劝孝武，舍荆襄西迁长安　93
　　三、敢碰硬茬，惩凶犯贵戚敛手　94
　　四、自比于公，施妙策断案如神　95
　　五、天性抗直，宇文泰倚为股肱　96
　　六、不畏权贵，拒晋公不上贼船　97
　　七、品评　98

裴侠："独立使君"的为官风范
　　一、名门胄裔，坚拒元颢效忠北魏　99
　　二、"既食人禄，宁以妻子易图也？"　100
　　三、勇冠三军，宇文泰为其改名"侠"　101
　　四、河北郡守，"独立使君"朝野叹服　101
　　五、频调吏职，为官一任振兴一方　102
　　六、撰《贞侯传》，追绍前贤踔厉风发　103
　　七、品评　104

5

苏琼："悬瓜太守"誉千秋

一、随父访友，出语惊人入仕途 106

二、主政州郡，百姓誉称"保护神" 107

三、忧国恤民，频施惠政勇担当 108

四、脂膏不润，"悬瓜太守"誉千秋 110

五、品评 111

唐 朝

忠心不改的直臣萧瑀

一、西梁皇子，入隋归唐两连跳 115

二、力谏高祖，立李世民为太子 117

三、骨鲠亮直，六遭罢相守初心 118

四、立身清俭，临终遗书嘱薄葬 120

五、品评 120

唐临：菩萨心肠执法如山的司法官

一、官宦世家，万泉丞释狱囚回家春播 122

二、持节南巡，侍御史平冤狱救三千人 123

三、执法如山，大理卿掌刑狱明镜高悬 124

四、菩萨心肠，严律己宽待人传为美谈 125

五、品评 125

卢怀慎：善于团结同僚的"伴食宰相"

一、进士及第，屡屡上疏献筹策 127

二、"伴食宰相"，绰号源自《旧唐书》 128

三、一代廉吏，死后无钱葬尸骨 130

四、品评 131

裴宽：一个"准宰相"的瘗鹿姻缘和宦海沉浮

一、花园瘗鹿，"碧鹳雀"喜结良缘 133

二、廉明能吏，"香饽饽"频频换岗 134

三、秉公无私，"铁相公"执法如山 136

四、德望日隆，"准宰相"遭谗被贬 136

五、品评 137

鲁山县令元德秀

一、负母赶考，金榜题名中进士 139

二、勇于担当，义释狱囚除虎患 140

三、琴台善政，"贤侯德政爱民深" 141

四、紫芝眉宇，千古"以此洗浮薄" 142

五、品评 144

李元纮执法如山

一、相门之子，为官"所历咸有声绩" 146

二、司户参军，"南山可移，判不可摇" 147

三、主政京兆，拆除碾硙造福一方 148

四、担任宰相，立身清俭家无储积 149

五、品评 149

唐朝宰相杜暹的两个雅号

一、明经入仕，"百纸参军"人敬仰 151

二、三赴安西，"埋金御史"扬美名 152

三、入朝拜相，宦海沉浮屡建功 153

四、品评 154

段秀实：夺笏击贼壮烈殉国

　　一、少以孝闻，弃文从戎赴安西　156

　　二、三任判官，德才兼隆众服膺　157

　　三、卖马交租，焦令谌羞愧毙命　158

　　四、无惧生死，都虞候执法如山　160

　　五、泾原兵变，闹伪庭夺笏击贼　161

　　六、品评　162

李勉：吏民为立德政碑的唐朝名相

　　一、少游宋州，埋金美名耀千古　164

　　二、正气凛然，贪官权宦俱怖畏　165

　　三、礼贤下士，和军亲众人敬仰　166

　　四、主政广州，百姓为立德政碑　167

　　五、任职四方，政绩卓著擢宰相　168

　　六、品评　169

柳宗元：踔厉风发"柳柳州"

　　一、高洁淳厚家风，化育风华奇少年　171

　　二、贞元进士及第，革新失败遭贬逐　172

　　三、谪居永州十年，踔厉风发著华章　173

　　四、病逝柳州任上，百姓立祠祭英灵　174

　　五、品评　176

宋　朝

宋朝第一良将曹彬

　　一、幼显伟器，不负众望声名起　181

二、出使吴越，分文不取拒收礼　183

三、平灭后蜀，行囊唯装书与衣　184

四、攻取南唐，临阵称病诫止杀　185

五、位兼将相，谦恭仁厚人敬仰　187

六、品评　188

吕端大事不糊涂

一、世代官宦，聪敏好学荫补入仕　190

二、两任判官，城门失火殃及池鱼　191

三、荣登相位，太宗赞"大事不糊涂"　193

四、砥柱中流，力挽狂澜扶戴真宗　195

五、家事"糊涂"，身后子孙生活窘迫　196

六、品评　197

李沆的"三不主义"

一、不密奏，光明磊落坦荡荡　199

二、不开口，心系天下展宏猷　201

三、不治第，笃行节用而爱人　203

四、品评　205

杜衍：退休后寓居驿舍的宰相

一、少历磨难，流浪儿苦读登第　207

二、任职四方，能吏盛名震天下　208

三、"百日宰相"，刚正不阿遭罢黜　210

四、请求致仕，宰相退休住驿舍　211

五、品评　212

范仲淹的"忧乐天下"情结

一、断齑画粥,矢志苦读进士及第 214

二、仗义执言,"宁鸣而死,不默而生" 215

三、屡贬屡谏,"三光风范"倾动朝野 216

四、"一笔勾销",锐意推行庆历新政 219

五、仁民爱物,为官一任振兴一方 220

六、品评 223

"真宰相"刘沆

一、"退士"登榜,政声满天下 224

二、履职宰相,上疏革三弊 225

三、胸怀天下,刘公真宰相 227

四、品评 228

"铁面御史"赵抃的铁腕柔肠

一、进士及第,初出茅庐声名震遐迩 230

二、刺奸劾贪,"铁面御史"直声震朝堂 231

三、四度入蜀,一琴一鹤百世传佳话 232

四、初心不改,笑称"只是柯村赵四郎" 235

五、品评 236

司马光的"三不主义"

一、不怕丢官,屡屡直谏惊朝堂 238

二、不沾虚浮,虽蹈鼎镬无所憾 240

三、不蓄伎妾,玉洁冰清善终生 242

四、品评 243

名满天下的守门小吏郑侠

一、不识抬举，自断升官进身路　246

二、上《流民图》，呼吁神宗废新法　248

三、呈《正邪图》，惹怒权贵遭放逐　249

四、蔡京搜检，归囊家产唯一拂　249

五、品评　250

洪皓：初心不改的"宋之苏武"

一、少有奇节，拒攀高枝不上奸贼船　252

二、秀州司录，"愿以一身易十万人命"　253

三、粘罕逼仕，厉声呼"愿就鼎镬无悔"　255

四、"宋之苏武"，十五年羁金初心不改　256

五、权奸陷害，一贬再贬含恨逝谪途　258

六、品评　260

谢枋得拒官殉国

一、睿智少年，"逢人说剑三攘臂"　261

二、主持漕试，忤怒奸相罢归乡　262

三、保家卫国，兵败隐匿唐石山　264

四、绝食殉国，"云中松柏愈青青"　265

五、品评　267

明　朝

明季三朝"大账房"夏原吉

一、荐入太学，太祖慧眼识珠擢升主事　271

二、浙西洪水，成祖赋予重任治水赈灾　272

三、百事待举，"大账房"巧运筹尽皆勃兴 273

四、蒙冤下狱，抄没其家仅见"布衣瓦器" 274

五、辅佐仁宣，君臣协力开创仁宣盛世 275

六、宅心仁厚，宽待人严律己为官谦和 277

七、品评 278

周新："生为直臣，死当作直鬼"

一、"冷面寒铁"，贵戚震悚 280

二、明察秋毫，断案如神 281

三、悬鹅拒贿，清风峻节 282

四、"生为直臣，死作直鬼" 283

五、品评 284

"菜知县"胡寿安

一、粗衣粝食，"菜知县"声名远播 286

二、别妻责子，三地知县为"裸官" 287

三、心系民瘼，"不愧苍天不负民" 288

四、品评 288

苏州知府"况青天"

一、县衙书吏，上司举荐进身礼部 290

二、主政苏州，欲擒故纵惩恶立威 291

三、"三离三任"，攀车卧辙万民祈留 293

四、政绩煊赫，"青天之誉，公无愧焉" 294

五、病逝任上，诗文传世激励后人 296

六、品评 297

薛瑄：一个学人官员的别样风采

一、出身名门，被动应考中解元 299

二、进士及第，监察御史镇银场 300

三、京官"豪宅"，废旧车框嵌作窗 302

四、蒙冤下狱，死囚终日读《易》忙 303

五、心系苍生，为民请命气如虹 304

六、天顺入阁，一代宗师辞官归 305

七、品评 306

于谦："要留清白在人间"

一、钦慕文相，"要留清白在人间" 308

二、进士及第，为官一任兴一方 309

三、清风两袖，免得闾阎话短长 311

四、土木之变，扶立郕王继大统 312

五、临危受命，抗击瓦剌卫京师 314

六、夺门之变，千古功臣身遭戮 315

七、品评 317

陈寿：亲友资助魂归乡

一、勤苦好学，宁远卫走出第一位进士 319

二、不畏权贵，小蚂蚁誓死要扳倒大象 320

三、延绥告急，花甲将扬神威安边奏凯 321

四、一贫如洗，死后亲朋资助魂归故里 322

五、品评 323

蒋瑶：扬州百姓的保护神

一、两京御史，上疏指陈七大时弊 324

二、扬州知府，庇护百姓的保护神　325

三、工部尚书，上疏建言厉行俭约　327

四、品评　328

徐九思：深受百姓爱戴的句容知县

一、《青菜图》明志，百姓呼之"菜知县"　329

二、从治吏入手，施德政造福百姓　330

三、张秋兴水利，得罪文华辞官归　332

四、品评　333

扶贫知县"戴茅草"

一、新官上任，上书朝廷请求轻徭薄赋　334

二、变卖家产，组织百姓奋力刨茅开荒　335

三、卖地拆屋，"戴茅草"誓将旧貌变新颜　337

四、品评　338

"不二公"范景文

一、东昌推官，悬联明志"不二公"　339

二、卓尔不群，名言醒世传四方　340

三、拱卫京师，文臣鏖战胜名将　341

四、京都沦陷，双塔寺投井殉国　342

五、品评　343

附录：刘立祥主要著作论文一览

汉朝

杨震：扬名立万震千古的"四知先生"

杨震（？—124），字伯起，弘农华阴（今陕西华阴东）人，东汉名臣。杨震出身名门，饱读诗书，世称"关西孔子"，早年隐居，50岁时踏入仕途，历任荆州刺史、东莱太守、涿郡太守、太仆、太常、司徒、太尉等职，他刚正不阿，为官清廉，不屈权贵，屡次上疏直陈时弊，被汉安帝刘祜罢免了太尉之职，愤而饮鸩而死。杨震声名震千古，特别是他暮夜却金，"四知先生"的美誉震古烁今，自古以来几近妇孺皆知。

一、关西孔子，知天命之年始入仕

杨震出身于中国历史上最为显赫的十大名门望族之——弘农杨氏。

据《史记·项羽本纪》：项羽自刎于乌江之后，"王翳取其头……郎中骑杨喜、骑司马吕马童、郎中吕胜、杨武各得其一体。五人共会其体，皆是。故分其地为五：封吕马童为中水侯，封王翳为杜衍侯，封杨喜为赤泉侯，封杨武为吴防侯，封吕胜为涅阳侯。"这个在垓下会战中立下赫赫战功，并因为获得项羽尸体的一部分而被封为赤泉侯的杨喜，是杨震的八世祖。其高祖父杨敞，为太史公司马迁的女婿，汉昭帝朝任丞相，封安平侯；父亲杨宝为两汉之际名儒，以治《欧阳尚书》而闻名天下，终生读书授徒，隐居不仕。

3

杨震自幼聪明睿智，敦厚笃学，博览群书，通晓经术，拜在大儒太常桓郁门下学习《欧阳尚书》，专心探究，追踪溯源，卓有建树，赢得了很高的声誉，"诸儒为之语曰：'关西孔子杨伯起。'"[1]

声闻天下的杨震无意于仕宦，经常寓居于湖城，心无旁骛，研习经典，教授门徒，桃李满天下。官府屡屡征召，杨震心如止水，每每称病婉拒，几十年都不肯出仕。朋友们都为他惋惜，极力劝他走出书斋，一展平生之所学，实现治国平天下的远大抱负，杨震总是一笑置之。

州郡一次次征召——杨震一次次婉拒——朋友们一次次力劝，这样过了几十年，杨震隐居不仕的志概历久弥坚。直到50岁的知天命之年，杨震才走出湖城，到州郡任职。

二、"四知先生"，途经昌邑暮夜却金

大将军邓骘久慕杨震贤名，举荐其为茂才，经四次升迁后为荆州刺史，后又迁任东莱太守。

永初二年（108）春，杨震调任东莱太守，赴任途中下榻于昌邑，恰巧从前他荐举的荆州茂才王密此时正做昌邑县令。自古知恩不报非君子，恩公千里迢迢来到家门口，岂有不感恩报答之理！王密在白天谒见之后，又乘着夜色前往拜见杨震，为报答杨震的恩德，"至夜怀金十斤以遗震。震曰：'故人知君，君不知故人，何也？'密曰：'暮夜无知者。'震曰：'天知，神知，我知，子知。何谓无知！'"[2]王密顿觉羞愧难当，稍作寒暄，即赧然拜辞。

后来，杨震又调任涿郡太守，依然保持着公正廉洁的品行，夙夜在公，从不接受任何私人拜见。虽久居太守高位，全家人依旧生活简朴，粗茶淡饭，安步当车。朋友们见他一家生活如此清苦，劝他别这么"抠门儿"，并且建议他为子孙们置办些产业，以免将来生活窘迫，杨震大不以为然，回答说："使后世称为清白吏子孙，以此遗之，不亦厚乎！"[3]——让后世的人理直气壮地宣称自己是清白吏的子孙，将这样的遗产送给他们，不是很厚重么！

唐代诗人胡曾有诗赞曰——

杨震幽魂下北邙，关西踪迹遂荒凉。

四知美誉留人世，应与乾坤共久长。

三、刚正不阿，仗义执言屡折权贵

元初四年（117），杨震被征召入朝，先任太仆，后又迁任太常。太常位居九卿之首，地位十分崇高，兼管文化教育，也统辖博士和太学。此前的博士选举大多不实事求是，靠旁门左道滥竽充数者大行其道，杨震上任以后，推举通晓经术的名儒杨伦等人在太学传经授业，严格规范，唯才是举，深为儒生们所称道。

永宁元年（120），杨震接替刘恺，升任司徒。

永宁二年（121），临朝称制的邓太后去世，汉安帝刘祜亲政，安帝身边的近侍们便开始仗势骄横起来，在其周围形成了以乳母王圣、中黄门李闰、江京为首的宦官集团。王圣自以为抚养安帝有功，仗恃帝恩，无法无天。她的女儿伯荣出入宫中，传递贿赂，串通奸邪，搞得乌烟瘴气。

杨震愤而上疏，引用《尚书》《春秋》中的故典进行苦谏，指出自古以来，治政兴国皆以选用贤人为根本，以铲除污秽为要务，而如今却是皇帝宠爱的人充斥朝廷。阿母王圣，出身卑贱，虽有抚育皇帝的辛劳，但是皇帝先后赏赐给她的恩惠，早已远远超出对其辛劳的报答。而王圣却丝毫不知节制，贪欲无边，对内请托，对外勾结，扰乱天下，损辱清明的朝政，犹如乌云蔽日。最后，杨震建议安帝，"宜速出阿母，令居外舍，断绝伯荣，莫使往来，令恩德两隆，上下俱美。惟陛下绝婉娈之私，割不忍之心，留神万机，诚慎拜爵，减省献御，损节征发。令野无《鹤鸣》之叹……"[4]——迅速将王圣迁出皇宫，命她居住到宫外去，并且断绝与伯荣的关系，不使她周旋往来于宫中，从而使皇帝的圣德、王圣的母恩双双得以隆盛，上下美满。诚望陛下断绝对年少貌美之人的癖爱，割舍不忍之情，留心国家纷繁的政务，谨慎地拜官授爵，减少开支税赋，征召贤能，使四方无《鹤鸣》诗所表现的英雄无用武之地的感叹。

一疏上奏，看与不看，听与不听，自是安帝的自由，吊诡的是安帝竟然将杨震的奏疏拿给王圣和身边的宦官看，使得这帮早就对杨震恨得牙根痒痒的既得利益者，对他更加愤恨不已。

王圣的女儿伯荣比她的母亲更加肆无忌惮，她与已故的朝阳侯刘护的堂兄刘瑰勾搭成奸，刘瑰为攀附高枝，干脆娶伯荣为妻。安帝因此而让刘瑰承袭了刘护的爵位，还任命他做了侍中。杨震认为此事做得实在太荒唐，再一次上疏，坚决反对。

安帝刘祜采取了不理睬的态度。

延光二年（123），杨震接替刘恺，转任太尉。

大鸿胪耿宝是安帝的舅舅，自以为国舅的面子大，向杨震推荐中常侍李闰的哥哥，被杨震一口回绝。皇后的哥哥阎显，官居执金吾，也向杨震推荐自己的一个挚友，杨震还是不接受。司空刘授听说这件事以后，马上征聘了这两个人，而且十天之内又给这两人提升了职务。

耿宝和阎显对杨震的怨恨达到了极点。

安帝下诏为乳母王圣大肆建造宅第，中常侍樊丰和侍中周广、谢恽等为讨好安帝，轮番鼓动，推波助澜，竭力骚扰朝廷。

杨震再次上疏苦谏，安帝依然不理不睬。

樊丰、谢恽等人见杨震接二连三上疏苦谏，安帝根本听不进，便更加有恃无恐，竟然胆大妄为，假造诏书，调拨大司农所掌管的钱粮、将作大匠所掌管的砖瓦木石，调集工匠和役徒，各自大肆建造华丽的楼台亭榭、园林、池苑，尽情挥霍，所花费钱财、征用劳役不计其数。

不久，河间郡男子赵腾到宫门上书，纵论朝政得失，痛陈百姓疾苦，呼吁朝廷垂悯天下苍生，言辞激切。安帝阅后震怒，下诏将赵腾收捕关进诏狱，严刑拷打，最后判处诬罔皇帝大逆不道之罪。

杨震闻讯，上疏慷慨陈词，恳请保全赵腾性命，以求广开言路，否则便堵塞了天下人之口。安帝又是不理不睬。

四、安帝震怒，罢黜返乡饮鸩而卒

杨震屡屡上疏，仗义执言，樊丰等人对他畏惧异常，侧目憎怨，必欲尽早除之而后快，只是因为他高居太尉之职，又是颇得人望的名儒，一贯行得端、走得正，克己奉公，一时找不到加害于他的茬口，不敢贸然出手。

延光三年（124）春，安帝东巡泰山，樊丰等人趁安帝不在朝中，又抓住时机，大兴土木，继续建造豪华宅第。杨震命掾属高舒召见将作大匠令史稽查此事，意外获得了樊丰等人假造的诏书。

胆敢伪造皇帝诏书，这在历朝历代可都是板上钉钉的死罪！杨震以为，掌握了如此重要的罪证，扳倒这伙儿祸国殃民的宦竖，应当十拿九稳了，于是，连夜写好了奏章，只等安帝回来上奏。

樊丰一伙儿这一回真的傻眼了，这样致命的把柄落到了杨震手里，恐怕只有死路一条，一个个像热锅上的蚂蚁，惶恐万状。

正在他们惊悚无措之际，等来了一个似乎与此案毫无关系的消息：太史奏称夜观天象，发现星宿变化反向而行。

樊丰等人不由额手称庆！他们暗自庆幸终于等来了起死回生的机会，安帝刚刚归来，便来了个恶人先告状。

他们抓住所谓"星宿反向而行"大做文章，向安帝诬陷杨震说："星宿反向而行，应是大臣蓄意谋逆的征兆，这样的星象当应在杨震的身上。因为自赵腾被处死以后，杨震深为怨怒；且杨震乃大将军邓骘旧吏，对朝廷早怀怨恨之心。当断不断，反受其乱，请皇上明察。"

杨震前后多次上疏，言辞一次比一次激切，惹得安帝越来越不高兴，看杨震也越来越不顺眼。听了樊丰等人的构陷蛊惑，当晚便派使者持节前往太尉府，收缴了杨震的太尉印绶。

杨震自此闭门不出，也不会见任何宾客。

罢黜了杨震，樊丰一伙儿仍觉不解恨，又撺掇大将军耿宝上疏安帝，诬称杨震被罢免后根本不服罪，心怀怨恨。

安帝降诏，命令将杨震遣送回乡。

诏命不可违，杨震遂携家眷离别京师。走到洛阳城西的几阳亭，杨震情绪激昂地对儿女和门生们说："死者士之常分。吾蒙恩居上司，疾奸臣狡猾而不能诛，恶嬖女倾乱而不能禁，何面目复见日月！身死之日，以杂木为棺，布单被裁足盖形，勿归冢次，勿设祭祠。"[5]说罢，饮鸩而死。

逼死了杨震，樊丰一伙儿依旧不肯罢手。他们指使弘农太守移良，派人在陕县滞留杨震的丧事，将棺材暴露于道旁，责令杨震的几个儿子代替驿站的邮差往来送信，过往的人们无不为之伤心落泪。

延光四年（125），汉安帝刘祜驾崩，顺帝刘保即位，阎皇后的哥哥阎显及其党羽樊丰等人被全部诛杀，杨震的门生虞放、陈翼向朝廷申诉杨震的冤情，朝廷上下无不为杨震鸣不平，交口称赞杨震的忠贞与节操。顺帝刘保降诏，任命杨震的两个儿子为郎官，赏钱百万，遵照礼仪将杨震改葬于华阴潼亭。

五、品评

杨震杨震，人如其名，杨是扬善遏恶之扬，扬名立万之扬，天下百姓赖以扬眉吐气之扬；震是振聋发聩之震，震古烁今之震，贪官佞臣望而惶惧震悚之震。杨震至少在以下三个方面被古往今来的人们奉为圭臬——

一曰慎独。慎独，语出《中庸》："莫见于隐，莫显于微，故君子慎其独也。"意为当一个人在独处时，即使其所作所为永无人知，依然能谨慎不苟，严格要求自己，做到"非礼勿视，非礼勿听，非礼勿言，非礼勿动"。杨震暮夜却金，一句"天知，神知，我知，子知。何谓无知！"成就了"四知先生"的千古美名，亘古以来，万众景仰。

二曰怜子。鲁迅先生一句"无情未必真豪杰，怜子如何不丈夫"广为流传。爱怜子孙是人之常情，然而，采用什么样的方式去爱怜，不同的人则会做出不同的选择，归根结底这是由人们的世界观、人生观、价值观和道德情操决定的。当朋友们劝谏杨震为子孙置办些产业积累些财富的时候，杨震的回答是："使后世称为清白吏子孙，以此遗之，不亦厚乎！"以"清白吏子孙"遗馈后代，这遗产之厚重堪称举世无双！杨震教后代做清白吏子孙的家风薪火相传，孕育出杨门一代又一代刚直峻烈、清廉守正的济世英才。

三曰风节。风节即风骨节操。杨震50岁前隐居不仕，笃志向学，屡拒官府征辟，心无旁骛，一心一意读书授徒，桃李满天下；踏入仕途后的20余年里，历经州郡刺史、太守，而后入朝任太仆、太常、司徒、太尉，位极人臣。无论身在何处，担任何职，杨震都一身浩然正气，浑身铮铮铁骨，"不曲道以媚时，不诡行以徼名"，嫉恶如仇，夙夜在公。他置生死于度外，与祸国殃民的宦官外戚进行不屈不挠的斗争，屡屡上疏安帝，仗义执言，言辞一次比一次激切，最后，眼见报国无门，愤然以死明志。这不由使我们想起孔子的名言："不义而富且贵，于我如浮云。"

唐代大诗人李白谓之："关西杨伯起，汉日旧称贤。四代三公族，清风播人天。"

明代著名理学家薛瑄谓之："谁能介性抱和衷，笑却黄金暮夜中。千载如知台下路，萧萧松柏知清风。"

《后汉书·杨震传》谓之："孔子称'危而不持，颠而不扶，则将焉用彼相矣'。诚以负荷之寄，不可以虚冒，崇高之位，忧重责深也。延、光之间，震为上相，抗直方以临权枉，先公道而后身名，可谓怀王臣之节，识所任之体矣。遂累叶载德，继踵宰相。信哉，'积善之家，必有余庆'。先世韦、平，方之蔑矣。"

注　释：

[1] [2] [3] [4] [5]《后汉书·杨震列传》

杨秉的"两不怕"和"三不惑"

杨秉（92—165），字叔节，弘农华阴（今陕西华阴东）人，东汉桓帝朝大臣。名震千古的"四知先生"杨震第三子。他少传父业，博通经史，善于著述，尤以通晓《京氏易》闻名遐迩，过着隐居教授门徒的生活，直到40多岁才应召步入仕途。历任侍御史、太中大夫、左中郎将、侍中、尚书、右扶风、光禄大夫、太仆、太常、太尉等职，并曾出任豫州刺史、荆州刺史、徐州刺史、兖州刺史、河南尹。为官清廉刚正，因仗义执言，指刺朝政，数被免官。杨秉的"两不怕"和"三不惑"彪炳史册，流芳千古。

一、一身正气，宦海沉浮"两不怕"

一是不怕忤怒皇帝。

在任何一个封建王朝，都是皇命神圣，断不可违。上至王公大臣，下至黎民百姓，不论尊卑贵贱，大家都小心翼翼，如履薄冰，无论如何也不敢去触碰这条"高压线"。如果谁不小心触犯了这一条，弄得"龙颜大怒"，轻则贬斥罢官，重则坐牢杀头，乃至满门抄斩，夷灭三族。这样的例子历朝历代史不绝书。

杨秉却不管这一套。

在30多年的宦海生涯中，他一次又一次在朝堂之上犯颜直谏，与桓帝弄得脸红脖子粗，因而多次被罢免。汉桓帝延熹三年（160），白马令李云因上疏直谏，惹得桓帝雷霆震怒，下令将李云处死。杨秉与几位骨鲠之臣毅然站出来为李云鸣不平，与桓帝廷争面折。结果不但没能挽救李云的性命，杨秉也因此再一次被罢官。这年冬天，杨秉又被起用任命为河南尹，上任不久，又因为中常侍单超的弟弟单匡贿赂谋杀案，忤怒了桓帝，这一回不仅被罢了官，还被遣送左校服苦役。

如果说被皇帝炒鱿鱼是一种被动和无奈，炒皇帝的鱿鱼则绝对是个性张扬和无畏无惧达到了极致。

桓帝经常微服出行，杨秉上疏苦谏："……王者至尊，出入有常，警跸而行，静室而止，自非郊庙之事，则銮旗不驾。故《诗》称'自郊徂宫'，《易》曰'王假有庙，致孝享也'。诸侯如臣之家，《春秋》尚列其诫，况以先王法服而私出槃游！降乱尊卑，等威无序，侍卫守空宫，绂玺委女妾，设有非常之变，任章之谋，上负先帝，下悔靡及。"[1]这段话的大意是：皇帝贵为天子，唯我独尊，不能随随便便瞎逛游，不然就混淆了尊卑等级，搞乱了君臣次序，万一发生意外，上对不起先帝，下来不及后悔。

一疏上奏，结果竟是"帝不纳"。杨秉也没含糊，随即来了个"以病乞退"：为扭转颓局，扶大厦之将倾，实现汉室中兴，我掏肝掏肺，忠心赤胆，冒死献策建言，不就是炒鱿鱼嘛，炒就炒，没什么可怕；你不听，也不炒我，那好，我就利利索索炒你一回鱿鱼吧，对不起，不跟你玩了！这就是杨秉。

二是不怕得罪宦党。

汉桓帝延熹二年（159），多年临朝称制的梁太后病死，这时，15岁便已登基的桓帝已28岁了，他早已忍无可忍，再也无法继续容忍"跋扈将军"梁冀一手遮天为所欲为。于是，联合中常侍单超、具瑗、唐衡、左悺、徐璜等人，率羽林军千余人将梁府团团围住，一举诛灭梁氏外戚集团。

按下葫芦浮起瓢。

外戚的势力打下去了，宦官的势力却随之炽烈起来。五位宦官因剿灭梁冀有功，同日受封侯爵，史称"五侯并封"。他们勾结在一起，党羽布满天下，仗势弄权，独擅朝政，比外戚更加腐败，党锢之祸使朝野谈虎色变，东汉王朝政治陷入了更加荒唐和衰颓的黑暗深渊。

延熹五年（162）冬，杨秉迁任太尉，与司空周景联合上疏：纵观朝廷内外大大小小的官吏，大多都不能胜任，因为近来征召的入仕者，都没有经过考核，致使盗贼蜂起，祸乱不断，百姓怨恨。按照国家的制度规定，宦官的子弟不能居官掌权，而如今宦官们的远亲近戚三朋四友充盈官府的各个部门，其中有的人年轻平庸，无德无才，但却把持着太守、县宰的职位，天下人忧惧切齿。诚望皇上遵用旧章，斥退贪婪残暴的官吏，重振朝纲，不使天下人失望。

桓帝准奏。于是，杨秉逐条上奏牧守以下匈奴中郎将燕瑗、青州刺史羊亮、辽东太守孙喧等50余人，或判处死，或就地免官，天下人莫不对杨秉肃然起敬。

益州刺史侯参贪赃枉法，恣意横行，但因惧怕他的哥哥中常侍侯览，没人敢惹他。杨秉愤然劾奏，桓帝下令用囚车召侯参问罪，侯参在押解途中畏罪自杀。杨秉又上疏弹劾中常侍侯览和具瑗："臣案国旧典，宦竖之官，本在给使省闼，司昏守夜，而今猥受过宠，执政操权。其阿谀取容者，则因公褒举，以报私惠；有忤逆于心者，必求事中伤，肆其凶忿。居法王公，富拟国家，饮食极肴膳，仆妾盈纨素，虽季氏专鲁，穰侯擅秦，何以尚兹！案中常侍侯览弟参，贪残元恶，自取祸灭，览顾知衅重，必有自疑之意，臣愚以为不宜复见亲近。……览宜急屏斥，投畀豺虎。若斯之人，非恩所宥，请免官送归本郡。"[2]

桓帝览表，大为不满，但鉴于各方压力和杨秉的恳切与坚持，还是很不情愿地免了侯览的职位，削减了具瑗的封地。

二、百毒不侵，清廉守正"三不惑"

据《后汉书·杨秉列传》："秉性不饮酒，又早丧夫人，遂不复娶，所在以淳白称。尝从容言曰：'我有三不惑：酒、色、财也。'"[3]

在杨秉的"三不惑"中，尤以面对金钱的不惑更为世人所景仰。杨秉一生宦海沉浮，以清明廉洁享誉寰宇，在中央和地方任职多达近20种，再加上数次自己炒自己的鱿鱼，以及桓帝受宦官蛊惑数次将其罢免，其职务频繁变换，一个职务与另一个职务之间往往出现空隙。因此，杨秉在计算俸禄时总是"锱铢必较"，扳着指头按任职天数细算，多余的俸禄一文不取。即使杨秉免官闲居，生活捉襟见肘陷入窘境之时，甚或举家"并日而食"——两三天才能吃上一顿饭，仍不肯接受别人的馈赠。他以前的一个部属携百万钱相送，杨秉摆摆手，闭门拒受。

三、儒雅家风，化育杨门世代英贤

杨秉的"两不怕"和"三不惑"告诉我们：自古利门洞开，则义路自闭；酒门洞开，则崇德守则之路自闭；色门洞开，则为善进取之路自闭；自私利己之门洞开，则豁达忠勇之路自闭；阿谀谄媚之门洞开，则浩然刚正之路自闭。捧读《杨秉传》，一幕幕杨秉蔑视权贵、敢做敢为、为苍生社稷奋然搏击的场景历历在目，孟子"富贵不能淫，贫贱不能移，威武不能屈"的喟叹之声悠然鸣响于耳畔。

杨秉一身的铮铮铁骨、满腔凛然正气何以炼成？他又何以能够成长为柱国擎苍穹的参天大树？让我们穿越1800多年的历史时空去拜谒弘农杨家。杨秉的父亲杨震，是汉安帝朝太尉，通晓经术，博览群书，隐居不仕，50岁时才应召步入仕途，时人呼之为"关西孔子"，暮夜却金，赢得"四知先生"的美誉。为官清廉公正，不畏权贵，因受中常侍樊丰等一帮宦官诬陷，频频遭受打击陷害，最后在贬谪途中愤而饮鸩自尽。杨震之前，杨门代代诗书传家，清白继世，累德积善，一脉相传。

在这样的家庭氛围中成长起来的杨秉，秉承儒雅清正、爱民济世、刚直不阿的家风，超尘脱俗，兀世而立，不避任何艰难险阻，一心一意拯万民于水火，委实令人肃然起敬。杨秉之子杨赐、杨赐之子杨彪、杨彪之子杨修，也都名标青史、百世流芳，彰显出杨门家风清醇、博大厚重的化育力量。杨秉杨秉，秉承儒雅绵长家风。风淳气清，潜移默化，化育杨氏世代精英。

四、品评

一腔正气冲九天，

清节宁有一尘染。

两不怕，三不惑，

古来几人堪比肩。

（调寄《渔歌子》）

东晋文学家、史学家袁宏谓之："稍迁刺史、二千石，所历皆有政绩。虽三公之子，经历州郡，尝布衣蔬食，老而不改。在公卿位，朝廷每有得失，便尽心正谏，退而削草，虽子弟不知也。"

《后汉书·杨秉传》谓之："每朝廷有得失，辄尽忠规谏，多见纳用。秉性不饮酒，又早丧夫人，遂不复娶，所在以淳白称。尝从容言曰：'我有三不惑：酒、色、财也。'"

（原载《月读》2014 年第 11 期）

注　释：

[1] [2] [3]《后汉书·杨秉传》

尹翁归：一身正气赢得百邪不侵

尹翁归（前？—前62），字子兄（音况），河东平阳（今山西临汾）人。读《汉书·尹翁归传》，顿感阵阵袭人的浩然之气从那字里行间喷薄而出，在那浩气蔼蔼缭绕升腾之中，一个一身浩然正气百邪不侵的执政者形象卓然挺立于天地之间。

一、平阳市场骚乱，小吏初试锋芒

尹翁归幼年失去父母，由叔父抚养成人。虽孤苦伶仃，却自幼志存高远，发奋自强，刻苦修文练武，尤喜练习击剑。他每日闻鸡起舞，坚持不懈，渐有所成，挥剑翻飞，如行云流水，出神入化，远近闻名，人莫能当。

尹翁归成年后在县里做了一名狱吏。

当时，汉昭帝刘弗陵刚刚登基，大将军霍光"初辅幼主，政自己出，天下想闻其风采"，"帝年八岁，政事一决于光"。[1]霍光独秉朝政，一手遮天，炙手可热，住在平阳县的霍氏家族也水涨船高，霍家子弟及其家奴一个个像打了鸡血似的在当地横冲直撞。他们在市场上持刀寻衅滋事，强买强卖，欺行霸市，为所欲为，人们敢怒而不敢言，掌管市场的官员束手无策。

有人推荐尹翁归做了管理市场的小吏。

尹翁归走马上任，持长剑当街巍然挺立，平阳市场即刻风平浪静。他一身凛然正气，嫉恶如仇，公平执法，不吃请，不接受任何馈赠，不接受任何人的请托，世风为之大变。不仅霍家人不得不收敛锋芒，变得循规蹈矩，地痞无赖悄然遁迹，整个市场的商人也无不奉公守法，对尹翁归投以钦佩的目光。

二、"翁归文武兼备，不知当立西东"

河东太守田延年巡视所属各县，来到平阳，召见县里各级官员。

属官吩咐左右："请文官列于东厢，武官列于西厢，等待太守依次接见。"话音未落，五六十个官吏都迅速各就其位，齐刷刷地站成东西两列，唯有尹翁归跪伏不起。

属官大感诧异，厉声问道："尹翁归缘何不速速归列？"

尹翁归朗声应道："翁归文武兼备，不知当立西东！"

一语出口，引来满堂唏嘘。大家都以为，尹翁归目无尊长，傲慢无礼，口出不逊，当予重责。

太守田延年不以为然。

他召尹翁归到近前，问了几个问题，尹翁归反应机敏，对答如流，出口成章。田延年喜出望外，大感惊奇，遂任命尹翁归为卒史，带回太守府衙。

尹翁归协助太守田延年办案，有胆有识，精明强干，凡事都井然有序，有利有节，田延年对他更加敬重，甚至自叹弗如。不久，便提升尹翁归任督邮。

督邮每每代表太守巡行下属各县。尹翁归无论走到哪里，都执法如山，对一些违法乱纪的官吏严加惩处。由于他执法公平、责罚得当，那些受到惩处者大都口服心服，自认为是罪有应得，丝毫没有怨言。

后经举荐，尹翁归调任缑氏县尉。

再后来，田延年被选入朝中任大司农，尹翁归因业绩突出，升任都内令，后又任弘农都尉。

三、赴任东海太守，廷尉不敢请托

尹翁归为官一任，振兴一方，造福一方，擢升为东海太守。

东海郡是廷尉于定国的故乡。赴任前，尹翁归躬身前往廷尉府拜谒，向于定国辞行。有两个与定国同乡的年轻人，早就探听到尹翁归的行踪，便先于尹翁归来到廷尉府，拜托于定国将他们介绍给新任太守，以求在太守属下谋一个差事，得到特别关照。

于定国以为此等小事，不足挂齿，满口答应，请他们暂在后堂等候。正说话间，门吏报尹翁归到达。

尹翁归与于定国暂短寒暄，便开始叙谈。宾主两相面对，纵论天下大事，谈锋甚健，言来语去，相谈甚欢，持续了整整一天，语不及私。

于定国始终不敢将等在后堂的两个小同乡介绍给尹翁归。

送走了尹翁归，于定国来到后堂，对两个小同乡感叹道："这是一个非同一般的贤能郡守，我看啊，你们如果在他手下当差，恐怕难以胜任，在这样的人面前，我有的只是虔敬和畏惧，不敢贸然启齿以私事请托。"

四、"三铁"治理东海，举郡景仰太守

尹翁归到东海郡上任后，面临着错综复杂的混乱局面。如何力挽乱局？他采用了"三铁"策略。

一是铁脚走基层，摸清社情建档案。尹翁归一到东海郡，便深入各县邑调查研究，了解社情民意，对官吏的笃实与奸猾、民众的忠厚与不肖，以及各类奸邪和不法案件，都了如指掌，筛查出重点人物，并且督促各县记录在案，分类存档。

二是铁面无私，严格执法。尹翁归办案，明察秋毫，执法如山，对于那些狡黠滑吏、不法豪绅、为乱奸民，一概视情节轻重，作出相应惩处，当关则关，当杀则杀，不管是什么人，绝不姑息。"吏民皆服，恐惧改行自新。"[2]

三是铁腕行政，立诛首恶。东海郯县有个恶霸土豪许仲孙，目无法纪，为非作歹，上通官府，下结地方黑恶势力，称霸一隅，使附近的老百姓吃尽了苦头。前面数任太守都曾试图将许仲孙抓捕正法，但都被他借助种种势力的庇护得以化险为夷，金蝉脱壳。尹翁归到任后，迅速查明许仲孙的罪证，在许仲孙的"保

"护伞"们还没来得及出面说情时，尹翁归便果断下令将许仲孙斩首示众，遂使"一郡怖栗，莫敢犯禁。东海大治"[3]。

五、不幸英年殉职，宣帝降诏旌表

尹翁归治东海政绩卓著，不久，朝廷便提拔他担任右扶风。

在右扶风任上，尹翁归依然采用了在东海郡的治理方法。他精心选拔重用了一些清廉严峻的官吏来辅佐自己，待之以礼，给予他们充分的信任和权力，让他们放开手脚大刀阔斧地去开展工作。如果这些人中谁辜负了他的重托，他会毫不犹豫地予以严惩，下属仰慕其人格，又畏惧其严厉，无不如履薄冰般敬业尽职。

尹翁归惩治犯罪，对于一般贫弱的老百姓犯法还较为宽容，对于豪强犯罪则强力打击严惩，毫不姑息手软。豪强一旦被治罪，尹翁归即将其交给掌畜官，令其给牲畜铡草，而且规定数额，限定时间，不准任何人替代。不能按时完成定额者，便施以鞭笞，强令其去完成更多的定额。有的豪强实在不堪其苦，不得已选择伏铡刀自杀。"京师畏其威严，扶风大治，盗贼课常为三辅最。"[4]

元康四年（前62），尹翁归以盛年病死于任上。他为官一生，一身浩然正气，克己奉公，语不及私，政绩卓著，从不在人前倨傲不逊；他为官清廉，死后家无余财，在朝廷上下享有崇高的威望。宣帝感慨系之，降诏予以旌表："朕夙兴夜寐，以求贤为右，不异亲疏近远，务在安民而已。扶风翁归廉平乡正，治民异等，早夭不遂，不得终其功业，朕甚怜之。其赐翁归子黄金百斤，以奉其祭祠。"[5]

六、品评

如果用尽可能简短精当的文字给尹翁归画像，仅需这样八个字：一身正气，百毒不侵。在一身浩然正气的尹翁归面前，上级不敢以私事请托，下级不敢不尽心尽力履职，皇亲贵戚不敢仗势践踏法律、鱼肉民众，贪官污吏不敢以权谋私，恶霸豪强不敢为非作歹，地痞无赖不敢祸害百姓，盗匪不敢啸聚山林、作孽为虐，黎民百姓不敢不循其轨、守其业、敬其事，做忠诚守法的好臣民。这使我们不由想起孔子的千古名言："政者，正也，子帅以正，孰敢不正"。[6]

试撰一联凭吊这位两千多年前的先贤：一身正气铸就百毒不侵金刚身；千古流芳至今万众称颂尹翁归。

《汉书·尹翁归传》谓之："翁归为政虽任刑，其在公卿之间清洁自守，语不及私，然温良谦退，不以行能骄人，甚得名誉于朝廷。视事数岁，元康四年病卒。家无余财，天子贤之……"

（原载《学习时报》2017年5月19日）

注　释：

[1]《汉书·霍光传》

[2] [3] [4] [5]《汉书·尹翁归传》

[6]《论语·颜渊》

鲍宣：立身清俭气如虹

鲍宣（前30—3），字子都，西汉渤海郡高城（今河北盐山东南）人。历任乡县啬夫、都尉、太守功曹、州从事、议郎、谏大夫、豫州牧、司隶等职。鲍宣立身清俭，正气凛然，以天下兴亡为己任，屡屡不避生死，上疏诤谏，直击时弊，最终被迫害致死，足当百世旌表，千秋垂范。

一、娶"白富美"，坚守粗衣粝食不动摇

鲍宣出生于一个贫苦家庭，自幼天资聪颖，勤苦好学，拜在儒学大师桓先生门下读书学习。他志存高远，谦恭笃诚，品学兼优。时间一久，桓先生对鲍宣的高洁品行和智慧极为欣赏，将自己貌美聪慧的女儿桓少君嫁给了他。

这与《论语》记载的"南容三复白圭，孔子以其兄之子妻之"，有异曲同工之妙。

据《后汉书·列女传》，桓家家境殷实，十分钟爱女儿，又对鲍家的家底了如指掌，怕女儿过了门受委屈，所以置办的嫁妆相当丰厚。在一般人看来，天赐良缘，穷小子走好运娶了"白富美"，徒手抱得美人归，又获得了一大笔财产，这简直是天上掉馅饼的大好事，做了新郎官的鲍宣自当喜出望外。然而，鲍宣却整日愁眉不展。

桓少君不由忧心忡忡，是不是丈夫对这桩婚姻不满意？

她小心翼翼地询问丈夫为何新婚燕尔却不开心，鲍宣支支吾吾说不出口。在桓少君再三追问下，鲍宣长长地叹了口气，对妻子说："你自幼生长在富裕的环境之中，习惯了享受富足美好的生活。而我们鲍家世代贫寒，不能给你提供优裕的生活环境，心里很惭愧，可是，依靠别人的赐予，过衣食无忧的富足日子，我心里更觉惭愧。我苦日子过惯了，不敢承受这样厚重的礼物，依然愿意继续过粗衣粝食的生活。"

桓少君心里一块石头落了地。她动情地对丈夫说："家父因为看重先生的品德修养，才让我来服侍你，如果嫌穷怕苦，我也不会进鲍家的门，既然先生喜欢继续保持俭朴的生活，我自当追随先生，改弦易辙，走自食其力的生活道路。"

鲍宣大喜过望。

于是，桓少君把丰厚的嫁妆送回娘家，把华丽的服装和金光闪闪的饰物全部收起来，压到箱底，脱下绸缎长衫，洗尽满脸铅华，穿起粗布短衣，跟随鲍宣一起拉着小车，一路"吱吱呀呀"地回到家乡，恭恭敬敬地拜见婆母。然后，她提着水瓮去汲水，操起笤帚去扫地，奉行做媳妇的礼节和职责，与土生土长的乡村媳妇没有两样，家乡的人无不交口称赞。

这对模范夫妻的故事衍生出一个汉语成语——共挽鹿车。

唐代诗人周昙有《后汉门·鲍宣妻》流传于世——

君恶奢华意不欢，一言从俭亦何难。
但能和乐同琴瑟，未必恩情在绮纨。

二、心忧天下，上疏陈百姓"七亡七死"

鲍宣名声大噪，饮誉乡里，踏入仕途后，从最底层干起，先在乡县任啬夫（掌管赋税和司法的基层官员），后任束州丞、都尉、太守功曹、州从事、议郎、大司空府西曹掾、谏大夫、豫州牧等职。在任豫州牧期间，他因事被免职，在家闲赋几个月后又被征召为谏大夫。

鲍宣位居谏大夫，每每正气凛然，仗义执言，"常上书谏争，其言少文多实"[1]。其时，哀帝祖母傅太后一心想要与成帝的母亲王政君一并称尊号，并且示意哀帝给傅家亲属多多敕封爵位。丞相孔光、大司空师丹、何武与大司马傅喜等据理力争，强烈反对，违背了傅太后的旨意，都被免官。此后，傅家与哀帝的母亲丁姬家族独享尊荣，两家子弟扶摇直上，飞黄腾达。同时哀帝的男宠董贤"三千宠爱在一身"，朝政紊乱不堪。加之连年天灾，百姓饥馑，流民遍地，社会危机四伏。

面对数位朝廷重臣被免职的前车之鉴，鲍宣毫无畏惧，慨然上疏，呼吁朝廷关爱天下苍生，指陈当下百姓有"七亡七死"——

可怜天下苍生，眼下面临七种遭受严重损丧的情况：一是阴阳不和，水旱为灾；二是官府严苛重刑，更赋租税；三是贪官污吏假公济私，贪欲无边；四是贵族豪强蚕食土地，永无止境；五是酷吏横征徭役，使百姓耕种贻误农时；六是乡里官吏鸣鼓，百姓须立时前往集合缉盗；七是盗贼横行蜂起，毫无安全保障。

如果单是这七种损丧，百姓也还能勉强度日，更有七条死路横在百姓面前：第一条死路是酷吏任意殴杀；第二条死路是刑罚苛暴残酷；第三条死路是冤狱陷害无辜者；第四条死路是盗贼横行无忌；第五条死路是冤冤相报互相残杀；第六条死路是荒年来临饥饿威胁；第七条死路是瘟疫流行。

在指出百姓面临的上述"七亡七死"之后，鲍宣顿首疾呼："民有七亡而无一得，欲望国安，诚难！民有七死而无一生，欲望刑措，诚难！此非公卿守相贪残成化之所致邪？群臣幸得居尊官，食重禄，岂有肯加恻隐于细民，助陛下流教化者邪？"[2]

汉哀帝刘欣览表，双眉紧锁，怏怏不乐，鉴于鲍宣在朝野的崇高声望，采取了宽容的态度，没有追究其责任。

三、奏劾董贤，朝野瞩目直声震天下

汉哀帝刘欣即位时只有18岁，他是成帝刘骜的异母弟定陶王刘康的儿子，本与皇位无缘，绥和二年（前7）成帝驾崩，身后无子，刘欣侥幸坐上了皇帝的宝座。这样一个血气方刚的毛头小伙儿，仅仅在几天前还远在千里之外的定陶做藩王，如今坐在那把唯我独尊的龙椅上，俯视万物，号令天下，脑袋超级发烧的热度不难想象。

某日朝会，哀帝蓦然抬头，看见站立于殿下的太子舍人董贤，不禁怦然心动，一见倾心，从此被董贤的姣丽容貌所吸引，"出则参乘，入御左右，旬月间赏赐累巨万，贵震朝廷。常与上卧起。尝昼寝，偏藉上袖，上欲起，贤未觉，不欲动贤，乃断袖而起"。[3]哀帝与董贤大白天同床共枕，醒来后发现自己的一只衣袖被压在董贤身下，而董贤仍在酣睡，哀帝不忍惊醒董贤，便命太监抽出宝剑割断袖子，蹑手蹑脚地悄然离去。由此衍生出一个汉语成语——断袖之癖，用以泛指男子之间的同性恋行为。

哀帝对董贤的宠幸，可谓史无前例，登峰造极。

董贤是个比哀帝还小3岁的"小鲜肉"，无尺寸之功，便在乳臭未干的年纪被封为高安侯，食邑两千户，22岁时升任大司马，位列三公。要知道，这个大司马可非等闲之职，它是中国古代中央政府专司武职的最高长官，类似于后世的"天下兵马大元帅"，现代的"全国武装部队总司令"。哀帝对董贤的赏赐更是"大方"得令人咋舌，甚至连皇家武库的兵器、专供皇室独享的上方珍宝，都源源不断地派人送往董府，赏赐的钱财更是以万万计。董家三亲六故连同仆人也尽皆鸡犬升天：董贤的父亲董恭升任少府、卫尉，赐爵关内侯；岳父升任将作大匠；弟弟董宽信升任驸马都尉；内弟升任执金吾；妹妹被召进宫做了昭仪，地位仅次于皇后。

哀帝与董贤出则同车，入则同坐，卧则同床，又敕封董家满门紫衣，仍嫌不足，他不仅在宫中为董贤建造了豪华瑰丽的宫殿，而且在自己的义陵旁为董贤修造了奢华的坟茔。种种迹象表明，哀帝是铁了心要与董贤"在天愿作比翼鸟，在地愿为连理枝"，即使到了阴曹地府，也还是要亲密厮守，永不分离。更令人难以置信的是，哀帝甚至明确表示要效法尧舜禅让故事，把皇帝之位让给董贤。

皇帝如此荒唐无稽，朝臣纷纷上疏诤谏。

哀帝也不含糊，你爱咋说就咋说，我想咋干就咋干，想阻止我宠幸封赏我的"小鲜肉"？没门儿！轻描淡写隔靴搔痒之类，只当清风过耳边，赖得理睬你；如果有人敢疾言厉色，口无遮拦，触碰了底线，管你是谁，立即拿下！于是，中常侍王闳因谏阻禅让，被贬谪逐出朝堂；丞相王嘉因反对封董贤为侯，被夺官下狱，绝食而死；大司马丁明也因反对宠信董贤，被罢官赶回家，大司马的职位由董贤接任。

遭到惩处的三位大臣堪称哀帝朝的顶级人物：中常侍王闳是太皇太后王政君的侄儿；大司马丁明是哀帝的舅舅；丞相王嘉是三朝重臣，政声满天下。连这样的人物都因为反对宠幸董贤而遭到厄运，其他朝臣你们就看着办吧！

哀帝动了真格，朝堂立时噤声。

在朝堂一片静默之中，鲍宣出班上奏："侍中驸马都尉董贤本无葭莩之亲，但以令色谀言自进，赏赐亡度，竭尽府藏，并合三第尚以为小，复坏暴室。贤父子坐使天子使者将作治第，行夜吏卒皆得赏赐……诚欲哀贤，宜为谢过天地，解雠海内，免遣就国，收乘舆器物，还之县官。如此，可以父子终其性命；不者，海内之所雠，未有得久安者也。"

——侍中驸马都尉董贤，原本连极其疏远的亲戚关系都没有，但以其色相和谄媚奉迎而自谋仕进。朝廷对他的赏赐毫无限度，几乎倾尽了皇家府库的所有收藏，合并三个院子为他修建府第，可他还嫌太小，又将掖庭的染坊圈进去。董贤父子心安理得地享受朝廷为其建造的奢华府第，满门得宠，连他家巡夜的吏卒都得到了赏赐……假若皇上真的爱怜董贤，就应该使其先谢过天地，消解海内之仇怨，不遣其到封国安居享受，收回所赏赐的车马与各种器物，还给朝廷。倘或这样处理，尚可使董贤父子活命；不然的话，他们海内结下的怨仇如此之深，不可能有什么好结果。

鲍宣似乎还嫌这样的陈述火药味不足，又直言不讳地指斥哀帝说："夫官爵非陛下之官爵，乃天下之官爵也。陛下取非其官，官非其人，而望天说民服，岂不难哉！"[4]

一疏奏罢，群臣战战兢兢，都以为鲍宣难逃厄运，最好的下场也是步王闳、王嘉和傅喜的后尘。出乎大家意料，哀帝居然没有发作，鲍宣躲过一劫。

四、摧辱丞相，系狱引学潮终判髡钳

丞相孔光巡视皇家陵园，随从官员没有按照规定在道路边侧缓缓行进，而是催马扬鞭驱车疾驰在道路中央。这在当时属违法犯罪行为。时任司隶的鲍宣丝毫不给丞相留情面，立即命令属下拘捕丞相的随从官员，将车马全部没收，且出言不逊，摧辱丞相。

司隶与丞相掐架，事情闹到了哀帝面前。

哀帝宠信丞相孔光，给案子定了调子，交给御史中丞去承办。御史中丞遵从哀帝旨意，不问青红皂白，便派人到司隶衙门去抓捕鲍宣属下官员，惹恼了鲍宣。鲍宣命令：紧闭大门，不许放任何人进来。

哀帝本来就对胆大包天屡屡忤旨的鲍宣极度不满，如今，鲍宣又明目张胆公然抗拒诏命，不由大光其火，敕令即刻抓捕鲍宣。于是，"宣坐距闭使者，亡人臣礼，大不敬，不道，下廷尉狱"[5]，定为死罪。

鲍宣素以正气凛然、忠于职守、执法如山而闻名遐迩，直声震天下，如今因忤怒皇上，身陷囹圄，消息传出，朝野震动。太学生王咸在太学门口高擎起一面旗帜，振臂疾呼："欲救鲍司隶者请聚于此旗下"，不大的工夫，就有1000多名太学生在旗帜下聚集，呼声震天，为鲍宣请愿。朝会之日，激愤的太学生们又在上朝的路上拦住丞相孔光，向他提出强烈抗议，逼其表态，以致丞相的车驾不能前行。接着，浩浩荡荡的太学生队伍又直奔皇宫，围堵宫门，慷慨陈词，上书请求赦免鲍宣。

拘捕鲍宣竟引发如此大的学潮，这是哀帝始料不及的。迫于汹汹学潮的压力，哀帝不得不做出让步，改判鲍宣减罪一等，执行髡钳刑——削去头发，以铁索锁颈，流放外地做劳役。于是，鲍宣被流放到上党长子（今属山西）服刑。鲍宣到了谪所，发现这里宜农宜牧，社会安定，渐渐喜欢上了长子，便把妻室儿女从渤海高城迁出来，在长子安家落户。

元寿二年（公元前1），年仅25岁的汉哀帝刘欣驾崩，时年9岁的汉平帝刘衎继位，太皇太后王政君垂帘听政，不久，朝廷大权尽皆落入王莽之手。为了尽快实现篡汉自立的目的，对于那些不肯依附于自己的汉廷忠直之臣，王莽想尽千方百计残酷打击，必欲置之于死地。原始三年（公元3），鲍宣再次被捕入狱，被逼自杀。

五、品评

自古俭以养德。南宋大学问家罗大经谓之："一从俭约，则于人无求，于己无愧，是可以养气也。"

鲍宣自幼以清俭立身，笃志向学，砥砺风节，孜孜以求，锲而不舍，渐渐成就其浩然之气。为官一生，无论任职何方，也无论是做最基层的小吏啬夫，还是做官秩2000石的豫州牧、司隶，都满腔浩然正气，一身铮铮铁骨，刚正不阿，矢志报国，兢兢业业，恪尽职守。特别是他始终以天下兴亡为己任，不避生死，摧折权贵，一次又一次上疏皇帝，指斥朝政，为民请命，大声疾呼"民有七亡而无一得""民有七死而无一生"，呼吁朝廷拯天下苍生于水火，展现出浓重的爱民情结和炽热的家国情怀。

"哲人日已远，典刑在夙昔。风檐展书读，古道照颜色。"在2000多年以前，鲍宣因不肯依附于王莽，以33岁的英年惨遭陷害而死，然其忠魂浩气却长存千古，在世世代代人们无尽的景仰与思念中得到永生。

（原载《各界》2017年第4期）

注　释：

[1][2][4][5]《汉书·鲍宣传》

[3]《汉书·佞幸传·董贤传》

何武公平执法

何武（？—3），字君公，蜀郡郫县（今四川省郫都区北）人，西汉大臣。历任鄠县县令、谏大夫、扬州刺史、丞相司直、清河郡太守、兖州刺史、司隶校尉、京兆尹、廷尉、御史大夫、前将军等职，封氾乡侯。何武几十年宦海沉浮，其克己奉公、公平执法的事迹千古流传。

一、秉公克己，说服弟弟勿挟私报复

何武早年拜博士为师学习《易经》，学得满腹才学，以明经射策入仕，被选入朝中做了郎官。由于奉职恭谨，政绩优异，被擢升为鄠县县令。

何武兄弟五人，都在郡县做官，门楣生辉，在当地名声很大，远近的人们都很敬畏。何武的弟弟何显是商人户籍，生意做得很大，获利相当丰厚，却倚仗权势不缴纳赋税。县里一连几任税务官都畏惧何家的势力，征收老百姓的赋税如狼似虎，何显一文不缴，他们却从不敢去上门催缴。就这样，何显拖欠的税款越来越多，却又一直我行我素，无人敢于问津。

新任税务官求商是个急公好义、天不怕地不怕的主儿，一改前任畏避权贵、行政不作为的态度，甫一上任便跟何显杠上了。他不仅丝毫不留情面，一日三上门，火急火燎地向何显催缴赋税，而且出手不凡，敢放大招。在一次催缴赋税时,何显有位家人出言不逊,求商立即将其逮捕。

这还了得,何家什么时候丢过这种人!

何显顿觉颜面丢尽,勃然大怒,找到哥哥何武,痛陈自己所受"委屈",鼓动哥哥好好教训教训这个不知天高地厚的芝麻税务官。何武听完弟弟的陈述,冷冷地说:"以吾家租赋徭役不为众先,奉公吏不亦宜乎!"[1]——事情之所以如此糟糕,是因为我们家交租赋服徭役没有走在众人前头,务要克己奉公,作为奉公守法的官吏难道不应该这样吗!

结果,何武不但没有答应弟弟的请求,倚仗权势施行报复,整治求商,反而向太守举荐了求商,对求商的无私无畏秉公执法大加赞赏。太守欣然采纳,遂擢升求商为郡府卒史。

这件事传播开来,远近的人们无不倾心赞叹!

二、露章奏劾,不收敛不收手者严惩

汉成帝诏举贤良方正,太仆王音推举何武,何武应召对策,成绩优异,被擢升为谏议大夫。不久,又升任扬州刺史。当时,刺史是直接受朝廷委派巡行郡县的中央监察官,所谓代天子巡察天下的钦差大臣,官秩虽不太高,却地位显赫,威风八面。

何武纠举禄秩2000石级的高官,一定要实行露章奏劾。所谓露章,即故意公开奏章纠举内容,使被弹劾的人闻而服罪敛手。何武露章奏劾不法官员,对于那些真心服罪表示愿意悔改者,针对不同情况,或者减轻处罚,或者免予惩处;而对于那些一意孤行,不收敛不收手者,则一查到底,加重责罚,严惩不贷。

何武的严格执法使得不少官员畏惧异常,也引来不少非议。

九江太守戴圣,史称"小戴",与其叔戴德合称"大小戴",是汉代今文经学的开创者,儒学经典《小戴礼记》(即我们今天见到的《礼记》)的编撰者,是当时享有盛誉的耆老鸿儒。按理说,这样一位声名远播的饱学之士主政一方,应当政清人和、百业俱兴,但令人失望的是,这个戴圣"盛名之下,其实难副",

为官行政随心所欲，不遵守法令，甚至徇私枉法、为所欲为，民众怨声载道。

当时的刺史因为戴圣是声震遐迩的大儒，网开一面，宽容了他。

何武接任刺史以后，巡视下属郡县，考察刑狱，审察并记录囚犯的罪状，同时顺藤摸瓜，发现新的嫌疑犯就将其交给郡府治罪，政绩卓然。何武也不像前任刺史那样投鼠忌器，偏袒戴圣，而是将戴圣属下违法犯罪者悉数捉拿归案。戴圣对何武的行政举措颇不以为然，阴阳怪气地讥讽道："乳臭未干的小后生，呵呵，他懂什么，除了给别人添乱，还有什么本事！"

面对戴圣的无端攻击，何武稳若泰山，不做任何回应，依然一如既往地开展工作。属下官员在例行工作中发现了戴圣徇私枉法的罪行，并且很快掌握了全部罪证，然后向他"露章"——派人私下把罪证透露给他。

戴圣害怕了，只好自己主动辞官了事。

然而，塞翁失马，焉知非福。戴圣丢掉了九江太守的职位，却在不久之后又凭借其名人效应，在朝廷做了博士。这戴老夫子绝对是个说一套做一套、心胸又不怎么开阔的斗筲之人。他是儒学大师，学问做得好，又做了博士，可时过境迁，胸中却还一直憋着对何武的满腔怨气，愤愤难平，来了个"到处逢人说何武"——不过不是说何武的好话，而是极尽污蔑诽谤。

有人将这事告诉了何武，何武一笑置之。

没想到冤家路窄，没过多久，戴圣的儿子就犯事了。其宾客聚为群盗，为害一方，被官吏捕获，拘囚在庐江郡衙。戴圣闻之，不由捶胸顿足，因为按照当时的法律，他儿子可杀可不杀，但庐江是何武的管辖范围，儿子栽在何武手中，必死无疑。于是，他每天在烦躁不安中默默地等待着儿子的死讯。

可何武又一次使戴圣"失望"了，他依法公平地对案件进行审判，没有判处戴圣的儿子死罪。"自是后，圣惭服。武每奏事至京师，圣未尝不造门谢恩。"[2]

三、不徇私情，"接受请托"唯赐一卮酒

当初，何武在郡府做低级官吏的时候，在蜀郡太守何寿麾下供职。何寿观察何武的气度及所为，认为他有宰相的器量，日后必会受到重用，有大的作为，

且与自己同姓，便非常厚待他，在许多方面予以关照。

若干年以后，何武做了扬州刺史，何寿擢升为大司农。大司农是朝廷九卿之一，是主管全国财政经济之官，掌管着全国的仓廪和钱袋子，可谓位高权重。其时，何寿的侄子任庐江长史，恰在何武管辖的区域。某年，何武到长安向朝廷奏事，正好何寿的侄子也因公事滞留在长安，何寿便想借这个机会引荐侄子与何武见见面，使得侄子与上司熟稔起来。

何寿做过多年何武的上司，深知何武的脾性，知道如果领侄子直接去见何武，必然会碰一鼻子灰，便导演了一场"曲线请托"。他设酒宴盛情款待何武的弟弟何显和何武的挚友杨覆众，喝到酣畅淋漓兴浓情激时，何寿叫出侄子与二人相见，对他俩说："这孩子在庐江做长史，德薄才短，笨嘴拙舌，到现在还未曾拜见过刺史呢。"

这时候，两人才悟出了这场酒宴的深意。

何显与杨覆众赴宴归来，急急去见何武，请求何武对何寿的侄子给予关照。何武意味深长地说："刺史古之方伯，上所委任，一州表率也，职在进善退恶。吏治行有茂异，民有隐逸，乃当召见，不可有所私问。"[3]——刺史就像是古代镇抚一方的诸侯之长，受皇上的委派，应当成为一州的表率，进用贤善、黜退奸恶是其神圣职责。只有政绩特别卓越的官吏，德高望重的隐逸之士，才理当被召见，而不应当私下里有什么召见询问。

何显、杨覆众一再劝说，何武屡屡拒绝。

最后，何武禁不住何显和杨覆众的软缠硬磨，只好作出让步，找了个适当的场合召见了何寿的侄子，赐给他一卮酒，这桩事就此了结。

四、威武不屈，拒绝荐王莽被逼自杀

何武在扬州做刺史五年，奉调入京做了丞相司直，后又出任清河郡太守。大司马曲阳侯王根推荐何武，征召他做了谏大夫，又出任兖州刺史，后再次奉调入京任司隶校尉，调任京兆尹。两年后，何武因所荐举的人犯罪，受到牵连，被贬为楚国内史，后又升任沛郡太守，再又入京被擢升为廷尉，转任御史大夫（后改为大司空），封汜乡侯，后又调任前将军。

元寿二年（前1），汉哀帝刘欣诏令举荐太常。太常是朝廷掌宗庙礼仪之官，位居九卿之首，地位十分崇高。王莽巴望能得到这个职位，便在满朝文武中寻觅荐举人，寻来觅去，认为何武的声望最高。于是，王莽找到何武，但何武断然拒绝了他。

从此，何武与王莽结下梁子。

同年六月，哀帝驾崩，太皇太后王政君当日召王莽入宫，收回大司马董贤的印绶，命群臣举荐大司马人选。大司徒（丞相）孔光等官员都推举王莽，何武与左将军公孙禄却不肯附和孔光等人的意见。

何武与公孙禄是好朋友，两人都认为以前惠帝、昭帝两个年幼的皇帝在位的时候，吕氏、霍氏、上官氏外戚集团把持朝政，权倾朝野，几乎倾危社稷。现在成帝、哀帝连续两代没有继嗣，应当推举皇帝亲近的德高望重的大臣来辅佐幼主，不能重蹈覆辙，让异姓外戚集团当朝弄权。因此，何武推举公孙禄可以做大司马，而公孙禄也推举何武可以做大司马。

太皇太后王政君最终起用王莽做了大司马。

何武一再给王莽添堵，王莽岂肯罢休，遂示意有关部门奏劾何武、公孙禄相互荐举之罪，两人都被免官。

王莽的势力渐渐强盛起来，成一手遮天之势。元寿二年（前1）九月，王莽拥立年仅9岁的娃娃刘衎继位，是为汉平帝。自此，王莽号称"安汉公"，代理朝政，大权独揽。为了尽快实现篡汉自立的野心，对于那些不肯依附于自己的汉廷忠直之臣，王莽想尽千方百计以莫须有的罪名残酷打击，栽赃陷害，必欲置之于死地，短短几月，数百人被冤死。元始三年（3），大理丞槛车征召何武，何武自知已无法逃脱王莽的魔掌，被逼自杀。

五、品评

何武宦海沉浮几十年，仕途坎坷，数度被革职或贬谪，然无论是在朝还是在野，也无论是做平头百姓、基层小吏还是贵为三公，频繁变换的是职务或岗位，始终不变的是胸中激荡着的凛然正气，是忧国忧民的热血衷肠，是鞠躬尽瘁死而后已的执着追求。克己奉公，不谋私利，恪尽职守，尽心竭力运用手中的权力造福民众；宅心仁厚，爱惜人才，绝不搞团团伙伙，完全以公心荐贤举能；重视调查研究，建立健全规章制度，防止贪官和奸猾之徒相互请托，违法乱纪，祸国殃民；官可弃，头可断，血可流，公平正义的道德法则绝不可丢。这就是何武！他居于某个领导岗位的时候，人们并不觉得有什么特别，一旦离职而去，其德政和功绩便显现出来，从而激起人们无尽的思念。是所谓"民意闲谈中，政声人去后"。

北宋官员词人宋祁谓之："氾乡为人，鲠固清明。嫉恶比周，直躬安行。先问儒官，已乃事事。望侈德充，晚相天子，天子倚之。奸臣内增，天丧道消，卒为贼乘。玉折不挠，身没名升。"

《汉书·何武传》谓之："武为人仁厚，好进士，奖称人之善"，"然疾朋党，问文吏必于儒者，问儒者必于文吏，以相参检。欲除吏，先为科例以防请托。其所居亦无赫赫名，去后常见思。"[4]

（原载《学习时报》2018年9月17日）

注　释：

[1] [2] [3] [4] 《汉书·何武传》

祭遵的执法如山和克己奉公

祭遵（？—33），字弟孙，颍川颍阳（今河南许昌）人。一生追随刘秀南征北战，北平渔阳，西讨陇蜀，为东汉王朝的建立立下了汗马功劳。历任军市令、刺奸将军、征虏将军等职，封颍阳侯，云台二十八将之一。祭遵的执法如山和克己奉公令人肃然起敬。

一、执法如山，不惧生死诛恶奴

祭遵自幼勤苦好学，饱读诗书，长得高大英俊，相貌堂堂，以温文儒雅、恭谨俭朴饮誉乡里，这也给一些人造成了一种错觉，似乎他空长一副魁伟英武的外壳，生性怯懦，软弱可欺。郭二赖子是个横行乡里的痞子，数度无端对祭遵进行欺凌，甚至一把揪去祭遵的帽子撒尿，祭遵口无忿语，面无表情，也不还击，一副窝里窝囊、逆来顺受的态势。正当郭二赖子得意忘形之际，在一个月黑风高之夜，一直缄默不语、"唾面自干"的祭遵，约集几个生死朋友，捆粽子般将郭二赖子绑了个结结实实，手起刀落，剁下了他的脑袋。

从此，人们对祭遵刮目相看。

更始元年（23），刘秀一举击溃王邑、王寻的40万大军，夺取了昆阳大战的胜利,"一战摧大敌,顿使海宇平",为日后一统天下奠定了基础。汉军回师颍阳,祭遵以县吏的身份数次拜见刘秀,刘秀被他的堂堂仪表和不俗谈吐所吸引,将其收为门下史,从此,祭遵开启了一生追随刘秀舍生忘死奋勇搏击的军旅生涯。

不久,祭遵被委任为军市令,随刘秀征讨河北。刘秀的家僮贾云翚是个狐假虎威横行不羁的家伙,碍于刘秀的情面,众将都不敢招惹,避之唯恐不及。实在回避不开,便小心翼翼,如履薄冰般曲意与之周旋。这越发使得贾云翚横行无忌,他勾结库吏,盗卖军粮600斛,并且横行乡里,霸占民女。一日东窗事发,库吏惧,逃之夭夭,贾云翚自觉背靠大树,有恃无恐,泰然自若,并放出话来:"有主子撑腰,我怕谁!"

祭遵派人拘捕贾云翚,贾嚣张至极,不仅出言不逊,挥刀拒捕,连伤三人,还疯狂叫嚣:"谁敢再踏进我的门槛半步,叫他有来无回!"

祭遵怒不可遏,喝令左右,将他就地正法。随着一声令下,就听"咔嚓"一声,贾云翚身首异处。

消息不胫而走,汉军上上下下都为祭遵捏一把汗。

刘秀闻之,雷霆震怒,即刻传令:把祭遵给我缚起来,我要亲自审问,看看这小子有几颗脑袋!

将士们议论纷纷。有的说,祭遵作为军市令,不过是个主管军队商市的小小芝麻官儿,竟不知天高地厚,敢在太岁头上动土,打狗还得看主人呐,论罪当诛;也有的说,祭遵不过是履职尽责,照章行事,虽未事先通报刘秀,有不敬的嫌疑,然事发突然,情有可原,呼吁刘秀手下留情;更多的人则以为,贾云翚仗势横行,作恶被诛,罪有应得,祭遵秉公办案,执法如山,难能可贵,并为贾云翚被诛拍手称快,为祭遵被拘鸣不平。

在众将士的一片议论声中,主簿陈副赶忙觐见刘秀,劝谏说:"启禀大将军,贾云翚作恶被诛,应当说咎由自取,祭遵秉公执法,被拘行在,军营上下众说纷纭,此事一旦处理失当,当心冷了众将士的心。您每每为法纪松弛、军令不畅而忧心忡忡，现如今祭遵不避亲疏尊卑，执法如山，不正是借以整军纪、刹歪风、提高军队战斗力的大好时机吗？请大将军三思。"

刘秀恍然大悟。

祭遵随即被释放。刘秀发布命令，对祭遵的忠于职守和执法如山予以嘉勉，并任命祭遵为刺奸将军，即日赴任。宣布完任命，刘秀为自己的用得其人怡然自得，带几分自矜、几分嘲弄、几分警告的口吻对身边诸将说："当备祭遵！吾舍中儿犯法尚杀之，必不私诸卿也。"[1]

二、正气凛然，割须明志拒纳妾

祭遵在追随刘秀征战河北的征程中屡建奇功，建武二年（26）春，刘秀任命祭遵为征虏将军，封颍阳侯。祭家门楣生辉，光宗耀祖，阖家上下欢呼雀跃。然而，美中不足的是，祭遵年过不惑，膝下竟无一男半女。

按照儒家的传统观念，"不孝有三，无后为大"，祭府上下都劝祭遵赶快纳妾，以弥补膝下无子的缺憾。特别是哥哥祭午，五次三番催促祭遵，都被祭遵以种种借口拒绝。在那时，一般富户人家，即使子女成群，依然娶得三妻四妾者比比皆是。然而，拜将封侯威名远扬的祭遵，尽管无儿无女，却无论如何也不肯纳妾，不管谁来相劝，祭遵都"油盐不进"。早先有人来劝，祭遵还敷衍几句，到后来，劝的人多了，烦了，他就干脆高高挂起了"免战牌"：不管你是谁，也不管你讲得如何天花乱坠，纳妾的事——免谈。

这就应了那句话：皇上不急太监急。

某日，祭遵正在潜心攻读兵书，忽听门外鼓乐齐鸣，爆竹声声，人声鼎沸，心里正在纳闷，哥哥祭午一头撞了进来。祭遵还没缓过神来，祭午已将长长的红绫缠在他身上。原来是祭午见无法说服弟弟纳妾，便自作主张，选了一位貌美的妙龄女子，吹吹打打送上门来。

这一招将祭遵搞得啼笑皆非。

迎亲的队伍在噼里啪啦的爆竹声中涌进院子，乐队奏了一曲又一曲，新娘子在众人的簇拥下亭亭玉立,就等祭遵来拜天地、揭盖头了。

祭午逼视着弟弟,目光坚定冷峻而不可违拗,他知道,对于祭遵,任何言语的规劝都早已不起作用,能否逼其就范,在此一举。

见此情景,祭遵也明白,说服哥哥收回成命已不可能了,他凝视着哥哥,暗暗地问自己:难道我祭遵今天就这样屈从了么?

两兄弟就这样默默地对视着。

骤然间,祭遵"嗖"地拔出了寒光闪闪的宝剑,祭午吓得倒吸了一口冷气。只见祭遵左手捉须,右手握剑,"唰"的一声,一把美髯应声而断,又"啪"地将断须撒向空中,掷剑于地,一字一板地自言自语道:"国家未靖,何言纳妾!我祭遵倘或纳妾,有若此须!"

从此,再也没有人敢向祭遵提娶妾的事了。

三、克己奉公,智信仁勇儒将风

汉语成语"克己奉公"一词,就出自《后汉书·祭遵列传》。据《中国成语大辞典》:"克己:约束自己。奉公:以公事为重。严格要求自己,一心为公。《后汉书·祭遵列传》:'遵为人廉约小心,克己奉公,赏赐辄尽与士卒,家无私财。'"

当然,我们不能以此为据,说祭遵是奉行克己奉公的始祖,但它至少向我们表明,祭遵克己奉公的嘉德懿行堪当万世师表。

据《后汉书·祭遵列传》,祭遵"少好经书。家富给……",是个出生于富豪家庭的"富二代"。身为富家子弟的祭遵却丝毫没有一般纨绔子弟轻狂浮躁、斗鸡走狗的毛病,为人廉洁简约,克己奉公,谨慎小心,得到的赏赐总是全部分给下级和士卒,自己则家无余财、身无靓装,生活非常简朴。祭遵的母亲去世,他亲自背土筑坟。通常,祭遵总是穿着战时戎装牛皮裤,或是穿着跟普通百姓一样很差的衣服,盖的是粗布被,夫人的装束也与普通人家妇女无异,穿的衣裳连彩色边饰都没有,因此也深得刘秀的器重。

祭遵是一员儒将。他虽大半生投身军旅，戎马倥偬，"晓战随金鼓，宵眠抱玉鞍"，但却特别尊崇儒术，《后汉书·祭遵列传》称赞他："遵为将军，取士皆用儒术，对酒设乐，必雅歌投壶。又建为孔子立后，奏置五经大夫。虽在军旅，不忘俎豆，可谓好礼悦乐，守死善道者也。"建武二年（26），祭遵奉刘秀之命，与骠骑大将军景丹、建义大将军朱祐、汉忠将军王常、骑都尉王梁、臧宫等率军入箕关，围剿盘踞在弘农、厌新、柏华一代的敌军。

两军相遇，旌旗蔽日，鼓角齐鸣，杀声震天。敌军居高临下，凭借有利地形拼死抵抗，滚木礌石如密集的冰雹从天而泻，乱箭齐发，祭遵身先士卒，冒着矢石带领将士们奋勇厮杀，就在即将攻破敌军阵地之际，一支利箭射中了祭遵的嘴巴，霎时鲜血喷涌，祭遵变成了一个血人。大家见主将受伤，"呼"地一下围了过来，手忙脚乱地照顾祭遵，其他的人也都停止了进攻。祭遵怒目圆睁，奋力拔出口中的箭，手中挥舞着战刀，嘴里喷着"血雨"厉声断喝："给我上，上！谁后退半步，我就宰了他！"说罢，不顾一切地冲向前去。众将士见状，一个个如猛虎下山，争先恐后地扑向敌军，终于冲破敌阵，大获全胜。

四、刘秀扶榇，涕泪滂沱哭祭遵

建武九年（33）春，祭遵病死于军中，临终留下遗言，嘱咐丧事从简，用牛车运送遗体，薄葬于洛阳。问及家事，他紧闭双目，微微摇头，一个字也不肯说。

刘秀三次临丧哭祭遵。

当运送祭遵遗体的灵车到达河南县境，刘秀下令文武百官先行到达举行丧礼的地方恭候，自己则白衣白帽，亲临灵堂，目迎灵柩缓缓临近，扶榇号啕恸哭，涕泪滂沱。

丧礼结束后，刘秀又亲自以太牢之礼祭祀，像当年汉宣帝亲临霍光的丧礼一样，并诏令大长秋、谒者、河南尹主持操办丧事，大司农给予经费保障。

安葬祭遵时，刘秀再一次亲临葬礼，"赠以将军、侯印绶，朱轮容车，介士军陈送葬，谥曰成侯"。安葬完毕以后，刘秀亲临祭遵的坟墓，问候祭遵的夫人和家属。

祭遵死后很长一段时间，在一次朝会时，刘秀面对满朝文武感叹说："安得忧国奉公之臣如祭征虏者乎！"[2]

五、品评

读罢祭遵执法如山和克己奉公的故事，我们不禁要掷笔三叹！

一叹刘秀有幸遇到了祭遵。

自古人才兴则事业兴、国家兴。刘秀之所以能够在新莽末年天下大乱、群雄逐鹿之际，以摧枯拉朽之势平定诸多地方割据政权，迅速建立起东汉王朝，从根本原因来说，就是因为他以其非凡的人格魅力吸引了大批像祭遵这样的人才。正是这一个又一个的"祭遵"聚集在兴复汉室的大旗之下，组成了人才济济的强大阵容；正是众多宿将贤才的风云际会，万众一心，共图大业，才将刘秀送上了皇帝的宝座，使他成为中国历代帝王中唯一荣膺"定鼎帝王"和"中兴之君"两项桂冠的皇帝。

二叹祭遵有幸遇到了刘秀。

祭遵忠肝义胆，不避权贵，执法如山，虽然激怒了刘秀，但当刘秀意识到自己的错误，闻过即改，不但不再坚持惩处祭遵，反而迅即擢升祭遵为刺奸将军。后来，祭遵又被任命为征虏将军，追随刘秀挥师北平渔阳，西讨陇蜀，屡建奇功，实现了人生的辉煌成就。正是刘秀的善于容人之短、赦人之过、用人之长，使祭遵得以发热发光。历史上，忠心耿耿、功高日月者，未必一定会有好的结果，伍子胥与吴王夫差、范增与楚霸王项羽之类的故事便是明证，从这个意义上来说，祭遵实在是太幸运了。

三叹祭遵和刘秀有幸遇到了陈副。

刘秀是幸运的，他遇到了敢于犯颜直谏的陈副，使得他在盛怒之中幡然醒悟，整肃军纪有了一位铁面无私的刺奸将军，攻城夺隘有了一员勇冠三军的虎将。祭遵是幸运的，在他面临遭受责罚的关键当口，陈副的出现使得眼前的一切顷刻间发生了逆转。是的，祭遵本无罪，然冒犯了皇帝就是有罪，轻则炒了你的鱿鱼，重则要坐牢甚或杀头，亘古以来这样的例证不胜枚举；祭遵本仁勇，然倘无一定施展才华的平台作依托，必将空负其德才，犹如千里马困于槽枥之间。陈副一席铮语，使得刘秀如虎添翼，也使得祭遵这匹千里马摆脱厄运得以一展抱负。古语说"一言以兴邦"，斯言虽非因陈副而发，陈副却使这句古语转化为活生生的现实。

《后汉书·祭遵列传》谓之："清名闻于海内，廉白著于当世。"

［原载《领导科学》2015年5月（上），发表时题为《严法、克己：东汉儒将祭遵的为官铁律》］

注　释：
[1] [2]《后汉书·祭遵列传》

宋弘："糟糠之妻不下堂"

宋弘（？—40），字仲子，京兆长安（今陕西西安）人，历仕西汉哀帝、平帝、新莽、东汉光武帝四朝，哀、平间任侍中，新莽时任共工，光武朝任太中大夫、大司空，封枸邑侯，后徙封宣平侯。宋弘为官清正刚直，长于识人荐贤，敢于犯颜直谏，颇有廉名政声，特别是宋弘"糟糠之妻不下堂"的故事千古传为佳话。

一、赤眉逼仕，跳河装死逃一劫

宋弘出身于官宦世家，父亲宋尚为汉成帝、哀帝朝少府，为官刚直不阿，因不肯阿附董贤被罢免治罪。宋弘自幼刻苦向学，德才出众，颇有人望，在哀帝、平帝朝任侍中，新莽时期，被任命为共工（新莽改少府为共工）。

更始元年（23），赤眉军攻入长安，派遣使者征召宋弘。宋弘不忍降志屈节，使者凶神恶煞般挥舞着刀剑以死相逼，宋弘被逼无奈，只得虚与委蛇，随同他们前往。一行人踏上渭桥，宋弘瞥一眼桥下的滔滔洪流，有了主意，趁使者不注意，纵身跃入河中。

使者以为宋弘已落入河水淹死，扬长而去。

所幸的是宋弘的家人闻讯及时赶到，把他从滔滔洪流中救出来。宋弘知道赤眉军不会轻易放过自己，便索性来了个装死，才瞒天过海，侥幸躲过一劫。

建武元年（25），光武帝刘秀即皇帝位，建立东汉政权，征召宋弘为太中大夫。第二年，宋弘又接替王梁任大司空，位列三公，封枸邑侯。宋弘胸怀博大，宅心仁厚，持身清俭，将自己所获得的俸禄和租税全部分给族中贫困者，周穷振乏，家无余财，抱朴含真，他因清雅的品行广受称赞。后又徙封为宣平侯。

二、荐举桓谭，责其"非忠正者也"

光武帝刘秀十分信赖宋弘，敦请宋弘向朝廷荐举博古通今的饱学之士，宋弘推荐了沛国人桓谭。宋弘在刘秀面前对桓谭大加赞扬，说桓谭才学丰富、见闻广博，"几能及杨雄、刘向父子"[1]。

宋弘缘何如此推崇桓谭？桓谭是当时颇富盛名的哲学家、经学家、琴师和天文学家，自幼好音律，善鼓琴，遍习"五经"，博学多通，以学识渊博多才多艺闻名当世。于是，刘秀降诏召见桓谭，任命他为议郎、给事中。

刘秀非常喜欢听桓谭弹琴。自桓谭入朝，每有宴会，刘秀必命桓谭弹琴助兴。为此，宋弘大为不悦，后悔当初不该推荐他。某日，桓谭刚刚从宫里出来，宋弘派出的小吏便迎上前来，召桓谭到大司空府。

桓谭走进门来，但见宋弘朝服穿得整整齐齐，端坐于高堂，脸绷得像铁块一样，见桓谭进来，既不招呼，也不给设座，劈头盖脸一顿切责："吾所以荐子者，欲令辅国家以道德也，而今数进郑声以乱雅、颂，非忠正者也。能自改邪？将令相举以法乎？"[2]——我之所以向皇上荐举你，是想让你倾力辅助国家弘扬道德，你可倒好，屡屡在皇上的宴会上弹奏浮靡的郑声来扰乱雅乐和颂乐，你不是一个忠贞正直的人。你能自己改么？还是叫我以法律来匡正你的行为？

桓谭赶忙连连磕头谢罪，等到宋弘不再言语，便赶快告辞。宋弘神色严峻，一言不发，过了许久，才允许桓谭离开。

不久，刘秀大会群臣，在宴会上又让桓谭弹琴。桓谭弹琴时看到宋弘，如芒在背，失去了常态，琴声大乱。刘秀觉得蹊跷，便问桓谭是怎么回事。不等桓谭回答，宋弘抢先离席，脱掉官帽向刘秀谢罪说："启禀陛下，我向陛下推荐桓谭，是希望他能以忠贞正直的言行来引导皇上，他却使朝廷喜欢浮靡的郑声，这全是臣的罪过。"

光武帝刘秀一下子神色严肃庄重起来，诚恳地向宋弘表达谢意，令他把帽子戴上，从此后不再让桓谭担任给事中。

宋弘又向朝廷推举引荐贤士冯翊、桓梁等30多人，其中有些后来相继担任了公卿高位。

三、讥刺刘秀，"未见好德如好色者"

光武帝刘秀召见宋弘，御座旁陈列着崭新的屏风，屏风上的侍女竞相搔首弄姿，群芳争艳。刘秀边同宋弘谈话，边不断频频回头，双目直勾勾地去瞄屏风上的美人像。宋弘见状，敛颜蹙眉，神色凝重地上奏说："未见好德如好色者。"[3]

这句话出自《论语·卫灵公》，宋弘在这个当口将孔子的这句千古喟叹讲给刘秀听，可谓别有深意。

刘秀尴尬地笑笑，立即命人撤掉屏风，看着宋弘说："听到符合道义的意见立马就听从，可以吗？"

宋弘诚惶诚恐地回答说："陛下勉力敏行，修养品德，臣非常高兴。"

四、湖阳选婿，"糟糠之妻不下堂"

光武帝刘秀的姐姐刘黄，年纪轻轻死了丈夫，决计梅开二度，再觅一位如意郎君。刘秀让姐姐自己在朝臣中挑选意中人，刘黄将满朝文武大臣过了筛子又过罗，筛了一遍又一遍，挑来选去，瞄准了宋弘。

宋弘缘何被湖阳公主刘黄看中？一是宋弘生得身材颀长，高大威武，体态健美，相貌堂堂，又风度翩翩，颇具男性魅力；二是宋弘在朝中为官，公正廉明，恪尽职守，嫉恶如仇，上得君心，下接地气，颇有人望；三是宋弘历仕四朝，都官居显位，阅历丰富，又颇具传奇色彩。

难怪湖阳公主刘黄情有独钟，并对宋弘的仪容品行大加赞赏："宋公威容德器，群臣莫及。"[4]

刘秀对姐姐的慧眼独具甚为折服。

于是，刘秀借故召见宋弘，为姐姐做媒。

作为刘黄的胞弟，刘秀自然打心眼里愿意促成这桩美好姻缘。大概是刘秀怕自己竭力撺掇玉成的苦心不被姐姐理解，就索性来了个现场直播——安排姐姐躲在屏风后面听自己和宋弘的对话。

据《后汉书·宋弘列传》："（帝）因谓弘曰：'谚言贵易交，富易妻，人情乎？'弘曰：'臣闻贫贱之知不可忘，糟糠之妻不下堂。'帝顾谓主曰：'事不谐矣。'"见宋弘这样回答，刘秀转过脸冲着藏身于屏风后面的姐姐说道："喂，你筹划的事情办不成了。"

宋弘向刘秀直言要与"糟糠之妻"白首偕老，实际上也就婉拒了刘秀与湖阳公主的美意。

湖阳公主刘黄心灰意冷，便放弃了嫁给意中人宋弘的努力，奏请皇帝准其守节修真。刘秀无奈，只好遵从姐姐的心愿。后来，刘黄皈依于道，在炼真宫诵经修真，其故址在今河南省方城县县城北，至今遗迹尚存。

湖阳公主筹谋再嫁故事中的三方当事人都可圈可点。

宋弘立场坚定，态度分明，不攀公主高枝，不弃糟糠之妻，特别是面对当朝皇帝亲自做媒，仍然不气馁、不妥协，誓将捍卫糟糠之妻合法地位的行动进行到底，一句"糟糠之妻不下堂"回响千古。其情其行足以千秋旌表。

湖阳公主刘黄，虽有包庇自家杀人恶奴的前愆为人们所诟病，但在此次感情纠葛的处理上堪称宽宏大量，从容泰然，拿得起，放得下，进退适度。倘若她铁了心，死死盯住宋弘不放，达不到目的就一哭二闹三上吊，宋弘的态度还能否那么坚定果断，刘秀做媒还能否那么温文尔雅，这个故事的结局会是什么样子，恐怕还是一个悬念。

刘秀为姐姐寻觅如意郎君，不要皇帝的"大牌"，不乱点鸳鸯谱，放手让姐姐去"自由恋爱"；待姐姐从群臣中选定宋弘以后，不武断地对宋弘搞"赐婚"，而是委婉地征询宋弘的意见；在征询意见的过程中，不摆出至高无上的架势去以势压人，不明言姐姐择婿欲嫁宋弘以避免意外和尴尬，而是假借讨论谚语"贵易交，富易妻"，通过聆听弦外之音来判明态度，宋弘一句"糟糠之妻不下堂"，刘秀便果断地给这桩公主再嫁案画上了句号。历朝历代，公主硬生生挤走原配夫人，堂而皇之地登上正妻之位者屡见不鲜。北魏太武帝拓跋焘，为了将自己的妹妹武威公主下嫁给左将军南郡公李盖，便下令李盖休掉自己的原配与氏。做得更绝的是武则天，她为了让女儿太平公主下嫁武攸暨，竟残忍地杀了武攸暨的妻子。相形之下，刘秀在湖阳公主欲嫁宋弘这件事上的所作所为，委实令人赞叹不已。

宋弘担任大司空五年，因为在没有证据的情况下拷讯上党太守而获罪，被罢免了大司空职务，几年以后病逝。

五、品评

读《后汉书·宋弘列传》，从宋弘投水拒仕、荐举桓谭又怒叱桓谭、力谏刘秀远离淫色和浮靡之音、"糟糠之妻不下堂"等史实中，我们看到了一个社稷之臣的高风亮节和热血衷肠。宋弘犹如一座巍然屹立、冰清玉洁的丰碑，又像一面光耀千古的镜子，使后世的人们世代景仰，倾心追慕，也让那些攀龙附凤、蝇营狗苟之徒望而汗颜。

南宋学者徐钧赋诗一首盛赞宋弘——

淫色繁声已力排，义存夫妇岂容乖。

君王莫作图婚想，未问悬知事不谐。

《后汉书·宋弘列传》称赞宋弘："弘实体远，仁不忘本"，"宋弘止繁声，戒淫色，其有《关雎》之风乎！"

注　释：

[1] [2] [3] [4]《后汉书·宋弘列传》

虞延：从亭长到司徒的穷官

虞延（？—70），字子大，陈留东昏（今河南省兰考县）人，东汉初名臣。新莽时期任户牖亭长，东汉刘秀、刘庄朝先后任陈留郡督邮、洛阳令、南阳太守、太尉、司徒等职。虞延从户牖亭长到位列三公，刚正不阿，誉满天下。他死后竟家贫如洗，其子孙身陷挨饿受冻的窘境，令人为之赞叹不已。

一、户牖亭长，享誉乡里众点赞

据《后汉书·虞延列传》，虞延生得一表人才，英俊威武，身长八尺六寸，腰粗十围，力能扛鼎，在乡间享有良好的声誉，青年时就当了户牖亭长。

当时，王莽的贵人魏氏的宾客放纵不法，欺压百姓，没人敢招惹，这愈发助长了这伙不法之徒的嚣张气焰，他们变本加厉，为所欲为，民众怨声载道。正当他们自鸣得意之时，虞延突然带领吏卒闯入魏家，将他们全部抓捕，绳之以法。

虞延生性敦厚淳朴，不拘小节，对于官场吹吹拍拍、拉拉扯扯那一套不屑为之，现在又仗义执法，得罪了魏氏，从此升迁无望。

王莽末年，农民起义遍地烽烟，兵荒马乱，民不聊生，虞延常常武器不离手，身披甲胄，护卫亲族，防御盗贼袭扰乡民，很多人依靠他而得以保全。虞延有一个堂妹，尚在哺乳之中，其父母因为无力养活而将她遗弃于沟壑，虞延无意中听到婴儿的号哭声，心生怜悯，随即收养了她，一直将这位堂妹养育成人。

乡亲们无不为这位一身正气又敦厚仁慈的年轻亭长点赞。

建武初年，虞延被征召到执金吾府做属吏，不久，被擢升为细阳县令。每当节日来临，虞延总是吩咐属下安排服刑囚犯停止劳作，遣他们回家休假，使得这些人感激涕零。他们感念虞延的恩德，不管出现任何情况，必按时返回监狱，从无例外。有一个囚犯节日回家得了重病，眼看日薄西山，居然以非凡的毅力咬牙坚持着坐车回监狱报到，刚进监狱的大门便气绝身亡。

虞延叹息良久，带领县吏将这名囚犯安葬在城门外。

百姓闻之，无不深为感佩。

二、陈留督邮，光武称奇声名起

后来，虞延自己辞去细阳县令回到了家乡。

陈留郡太守富宗久慕虞延贤名，征召虞延为郡功曹。

富宗喜爱讲排场、比阔气，挥霍无度，生活极其奢靡，车马、服饰及日用器物大多不合国家礼法规定。虞延劝富宗说："昔晏婴辅齐，鹿裘不完，季文子相鲁，妾不衣帛，以约失之者鲜矣。"[1]——当年晏婴辅佐齐君，穿的是破破烂烂的鹿皮裘衣；季文子做鲁国国相，妻妾从不穿丝绸。自古俭以养德，因保持俭约而身败名裂者少之又少。

富宗本将虞延引为知己，才把他召入自己府中，听了虞延逆耳之言，大为不满，从此与虞延产生了隔阂。

于是，虞延便自己辞职告退。

没过多久，富宗因为奢侈放纵被判死罪，"临当伏刑，揽涕而叹曰：'恨不用功曹虞延之谏！'"[2]

有人将这事报告了光武帝刘秀，刘秀称赞虞延是个奇人。

建武二十年（44），刘秀东巡，路过小黄县，去汉高祖母亲灵昭皇后的园陵拜祭。当时，虞延为本郡的部督邮，刘秀传旨召见他。虞延前来朝见，进止从容，言辞得体，对祭祀典礼的规矩仪式一清二楚，甚至连陵园中的树桩、树木砍伐后长出的新枝条的数目，都能随口报出来。刘秀欣喜异常，命虞延跟随车驾前去鲁国。

刘秀的车驾走到封丘县，遇到了麻烦，封丘城门又矮又窄，皇帝的仪仗无法通过。刘秀勃然大怒，命人殴打责罚侍御史。虞延急忙下车，引咎自责，说罪过应当由自己这位督邮承担，言词恳切，慷慨激昂，使刘秀大受感动。

于是，刘秀降诏：因陈留督邮虞延的缘故，赦免侍御史的罪过。

虞延跟随护送皇帝车驾，一直到陈留郡边界，刘秀命虞延还郡，赐钱百万，又赐给他剑带、佩刀等物。从此，虞延声名大振。

三、洛阳县令，不畏权贵诛顽凶

建武二十三年（47），司徒玉况征召虞延入司徒府。正月初一，群臣到朝廷朝拜，刘秀一眼就从人群中认出了虞延，立即派小黄门跑来询问，当日便召见了他，拜为公车令。第二年，擢升为洛阳令。

京都洛阳是皇亲贵胄、达官显贵聚居之地，这个洛阳令可不是好当的。虞延上任没多久就遇到了麻烦：信阳侯阴就是皇后阴丽华的弟弟，阴府有个门客叫马成，常常仗势作恶，官府慑于阴家外戚权势，熟视无睹，激起民怨沸腾。前任官员畏惧阴家权势，一直不敢有所举动。虞延甫一上任，便派人逮捕了马成，严加拷问，毫不留情。

阴就多次写信求情，虞延则每接一封求情信，就加打马成二百大板。

阴就气愤不已，将虞延告到了刘秀那里。

刘秀便驾临御道馆，亲自查问囚徒情状。

虞延命令那些尚未定案的囚犯列队站在东边，那些已经定案无须再审理的囚犯列队站在西边。马成见皇帝驾临，胆子陡然壮起来，便大摇大摆地往东边走，虞延一个箭步冲上前，抓住马成，厉声呵斥道："尔人之巨蠹，久依城社，不畏熏烧。今考实未竟，宜当尽法！"[3]——你这东西是一条大蛀虫，长久以来背靠大树，逍遥法外。现在你的罪行还没查完呢，你作的孽已经够正法了！

马成大呼冤枉。

虞延在皇帝面前依然如此声色俱厉，毫无顾忌，惹恼了皇帝贴身的陛戟郎。陛戟郎横眉竖目，持戟抵着虞延，要他放了马成。

刘秀素知虞延刚正不阿，执法如山，无所畏惧，惩治马成绝不是为了一己私利，便沉下脸来冲着马成申斥道："汝犯王法，身自取之！"之后，"（马成）后数日伏诛。于是外戚敛手，莫敢干法"[4]。

四、南阳太守，明帝盛赞识人明

虞延在洛阳令任上三年，被擢升为南阳太守。

建武中元二年（57），光武帝刘秀在南宫前殿驾崩，皇太子刘庄继位，是为汉明帝。

刘庄非常喜欢邓衍。邓衍是个风度翩翩的美男子，虽然只是个新野县的功曹，却因为有外戚小侯的身份，常能参与朝会。他举止优雅，仪态出众，刘庄每每注视着他，面露欣羡，问左右的近臣：朕的容貌仪态，难道就像此人吗？并特赐给邓衍车马衣服。

朝中大臣见刘庄如此看重邓衍，纷纷争相与邓衍交往，给予他非常高甚至超规格的礼遇。虞延则认为，邓衍只不过是个绣花枕头，虽有姿容，但无德行，也没什么真本事，不曾对他有任何特别的表示。

刘庄既然看上了邓衍，就一定要提拔重用他。于是，便下诏把邓衍从南阳郡调进朝中，先任为郎中，不久，又迁升为玄武司马。

天上掉馅饼，邓衍飞黄腾达，自然笑逐颜开，沉浸在"春风得意马蹄疾"的欢愉中。正在这时候，邓衍的父亲溘然长逝，但他贪恋官位与京中奢华，竟不肯回乡守孝。

邓衍遂被革职还乡。

汉明帝刘庄嗟叹道："知人则哲，惟帝难之。"这话说得真是太正确了！通过这件事，刘庄对虞延的识人之明更为赞叹不已。

五、位列三公，身后竟家徒四壁

永平三年（60），诏命虞延代替赵憙为太尉，永平八年（65），虞延又取代范迁为司徒。由于虞延当年惩治马成的缘故，阴家一直对此事耿耿于怀，无时不在窥伺构陷报复的机会。坊间传闻楚王刘英将谋反，阴家欲借机中伤虞延，便派人私下把这一消息告知他。虞延以为，刘英是朝廷的诸侯王，是皇上的异母弟弟，属最亲近的人，是不可能做这种蠢事的。

于是，虞延对阴家的报告置若罔闻，自然也没有上报明帝。

永平十三年（70），"男子燕广告英与渔阳王平、颜忠等造作图书，有逆谋，事下案验。有司奏英招聚奸猾，造作图谶，擅相官秩，置诸侯王公将军二千石，大逆不道，请诛之。帝以亲亲不忍，乃废英，徙丹阳泾县，赐汤沐邑五百户。"[5]后来，刘英绝望自杀。

据考，刘英是中国历史上第一个佛教信徒，以我们今天的眼光来审视，当年楚王刘英只不过是喜好黄老之术，常同一帮趣味相投的人搞搞"沙龙"，编编书，聊聊天，喜欢结交由印度过来宣扬佛法的散游僧人，并且与他们一同诵经，一同从事法事等宗教活动而已，被指谋反，实在是天大的冤枉。

楚王刘英既以"谋反"被治罪，"知情不报"的虞延焉能撇得清干系！于是，明帝降诏，严厉责问身为司徒的虞延。

虞延百口莫辩，遂自杀身亡。

虞延死后，朝廷才发现，官宦一生，且在太尉、司徒任上居官十余年的虞延，身后竟"家至清贫，子孙不免寒馁"[6]。

六、品评

虞延宦海一生，从最基层的小吏亭长，到主政一方的郡县主官，再到位列三公的太尉、司徒,始终正气凛然,恪尽职守,刚正不阿,执法如山,政声满天下。虞延何以一生无论官居何位、任职何方,都不负众望、政绩卓然,深受民众爱戴,《后汉书·虞延列传》一句"(身后)家至清贫,子孙不免寒馁"道出了个中原委。原来,一个"廉"字铸就了虞延的万世英名。

(原载《学习时报》2018年1月8日)

注　释:

[1] [2] [3] [4] [6]《后汉书·虞延列传》

[5]《后汉书·光武十王列传》

杜诗：上疏只缘嫌官儿大

杜诗（？—38），字君公，河内汲县（今河南卫辉）人，东汉光武帝刘秀朝官员、发明家，历任侍御史、成皋县令、沛郡都尉、汝南都尉、南阳太守等职。杜诗两度上疏皇帝，请求退职或换一顶小一点儿的乌纱帽，使人不由为之眼前一亮。

一、政绩卓著，自以为不足挂齿

杜诗年轻时便饮誉乡里，以精明能干、才高德厚和公道正派闻名遐迩。他先是在郡府任功曹，更始政权时被征召到大司马府任职。到刘秀建立东汉政权，他因为政绩卓著，在建武元年（25）一年中连续三次升迁，被擢升为侍御史，并受命整肃安定都城洛阳。

当时，由于东汉政权刚刚建立，洛阳城中非常混乱，虽大乱初定，仍然存在战火余烬复燃的危险。将军萧广率军驻扎城中，本当成为维护洛阳安定的中坚力量，然萧广非但丝毫不尽戍卫之责，反而纵兵暴横，为害民间，搞得洛阳城中乌烟瘴气，百姓惊恐不安。杜诗严厉告诫萧广，务须悬崖勒马，严格管束部属，立即担负起应负的职责。哪承想这萧广竟充耳不闻，根本不买账，继续为所欲为。

杜诗勃然大怒，当机立断，传令将萧广击杀。

擅自杀掉一位将军，可不像拍死一只苍蝇蚊子那么简单，杜诗赶忙将这一情况火速向光武帝刘秀报告。幸好，刘秀闻奏，不但没有责怪杜诗，反而立即召见他，对其所作所为甚为嘉许，并传旨赐给杜诗棨戟。棨戟是古代官吏所用的仪仗，以彰显其尊贵和威严。其主要用于两种情形：或在官员出行时作为前导，或陈列于门庭。获赐棨戟是臣子的殊荣，由此不难看出刘秀对杜诗的赞赏和推重。

随后，杜诗被刘秀派往河东戡平叛乱，荡平叛军之后，又相继任成皋县令、沛郡都尉、汝南都尉。杜诗所到之地，治政有方，经济社会迅速发展，百姓欢欣，好评如潮，使他屡屡受到朝廷嘉奖。

杜诗却对自己的工作一点儿都不满意，每每为自己身居要职未能作出更大业绩而惴惴不安，无论走到哪里，也不管担任什么职务，愈发勤勤恳恳，鞠躬尽瘁，恪尽职守。

二、两度上疏，请求免职或降职

建武七年（31），杜诗迁任南阳太守。到任之日，"性节俭而政治清平，以诛暴立威，善于计略，省爱民役。造作水排，铸为农器，用力少，见功多，百姓便之。又修治陂池，广拓土田，郡内比室殷足。时人方于召信臣，故南阳为之语曰：'前有召父，后有杜母。'"[1]杜诗虽身为太守，但生活非常节俭，施政清廉公平，一身正气，以诛克强暴树立威信，他还特别擅长计划谋略，体恤爱惜民力。难能可贵的是杜诗特别善于科学发明，组织设计制造了水力鼓风机，改进和铸造农具，用力少，收效多，大大提高了生产效率。此外，还修建池塘，广泛开垦土地，使得南阳郡家家户户逐渐告别贫困，过上了富足殷实的日子。所以，老百姓把杜诗比作西汉时为民兴利的南阳太守召信臣，赞颂他说："前有召父，后有杜母。"

令人匪夷所思的是这样一位上得朝廷青睐，下得民众拥护，走到哪里哪里风生水起的太守，竟老觉着自己业绩不显，在南阳郡百姓一片赞颂声中，杜诗竟向光武帝刘秀请求辞职。

建武八年（32），杜诗上疏皇上，声称自己德薄才拙，又没能做出什么业绩，长期窃踞高位，内心十分惶恐不安，请求辞去南阳太守之职。

光武帝刘秀坚决不允。

建武十三年（37），杜诗再一次上疏皇上，恳切地说，我杜诗本是一个掌管文书的小官，有幸赶上了陛下您挥戈创千秋宏业，良将俊才都被派往疆场作战，在朝廷缺少人手的情况下，承蒙陛下格外施恩，担任了现在的职务，臣久窃禄位，在职期间未能取得什么政绩，实在不称职。如果继续长久地占据郡守职位，恐怕会使功臣们心生怨恨，因此臣诚惶诚恐，再次请求皇上允许我退职。"八年，上书乞避功德，陛下殊恩，未许放退。臣诗蒙恩尤深，义不敢苟冒虚请，诚不胜至愿，愿退大郡，受小职。及臣齿壮，力能经营剧事，如使臣诗必有补益，复受大位，虽析珪授爵，所不辞也。惟陛下哀矜！"[2]——建武八年（32），我曾经上疏请求退职，陛下给我特殊的恩典，没有允许。我蒙受陛下的恩宠如此深厚，道义使得我绝不敢虚心假意，谋求虚假辞职的浮名虚誉，如果实在不能实现我退职的心愿，我请求至少辞退大郡太守的官职，改任小一些的职位。到我年龄更长阅历更丰富的时候，应当比现在更有能力处理繁杂艰难的事务，彼时如果任用我于事业确有补益，那么我会十分愿意接受重大的职位，即使是授予我爵位，我也绝对不会推辞。恳请陛下哀怜体谅！

尽管杜诗情真意笃，言辞恳切，但光武帝刘秀哪里会忍心将这样一位贤良臣属免职或降职，杜诗虽于心不甘，也无可奈何。

三、一生为官，死后贫无停灵所

建武十四年（38），杜诗病死。谁也不会想到，一生为官兢兢业业、恪尽职守，使千家万户过上殷实富足好日子的杜诗，自身竟然一贫如洗，既没有什么积蓄，也没有什么产业，以至于死后连收殓他遗体的棺材都没有地方停置。

司隶校尉鲍永上疏皇上，陈明杜诗死后的窘境。刘秀览表，感慨系之，下诏特许在郡邸办理杜诗的丧事，并赏赐一千匹绢资助治丧。

四、品评

杜诗的故事唤起我们对"三个如何正确看待"的思考。

一是如何正确看待自己的政绩。杜诗为政，可谓脚脖子上挂铃铛——走到哪里响到哪里。由于政绩突出，他在朝野享有盛誉，口碑载路，职务频繁变换，一路擢升，无论被派往何处，担任何种职务，都"举政尤异"，使百姓"比室殷足"。难能可贵的是，在任南阳太守期间，他将科学发明应用于农业生产，使得生产力有了革命性的发展，民众的生活有了极大改善。这在中国古代官吏中极为罕见。更为难能可贵的是，工作业绩如此显赫，杜诗却从来没有觉得自己有什么了不起，总以为自己的功绩微不足道，不足挂齿，一贯谦虚谨慎、呕心沥血、勤勤恳恳地埋首履职尽责。

二是如何正确看待自己的职务。自古"因嫌纱帽小，致使锁枷扛"者数不胜数，"老嫌纱帽大，乞求换小号"者极为鲜见。杜诗就是这极为鲜见者中的一位。由于他非凡的政绩，职务也一路擢升，他并不认为是自己的能力有什么与众不同，更不觉得自己的政绩比别人优异，而实实在在是因为有能力的人都被朝廷派往前线去打仗，"山中无老虎，猴子称大王"，自己才蒙朝廷特殊恩典，"捡漏儿"做了主政一方的郡守。自己不过是一个刀笔小吏，担任现在的职务实在是小材大用。因此，他两度上疏，请求皇上批准他辞去南阳太守的职务，并提议将这一职务让给德高才厚的功臣，至于自己，有一个小小的职务就心满意足了。

三是如何正确看待自己的报酬。"当官即不许发财"是历代廉吏恪守的信条。杜诗以自己终生的从政实践将这一信条推向了极致——他一生为官，使天南地北千家万户的民众过上了殷实富足的好日子，自己却"贫困无田宅，丧无归所"，死后连收殓他遗体的棺材都没有地方停置。我们常用"家徒四壁"来形容一个人的贫穷，可怜的杜诗，他甚至连"一壁都不壁"！当官的杜诗穷了，而百姓富了。

《后汉书·杜诗列传》谓之："诗身虽在外，尽心朝廷，讹言善策，随事献纳。视事七年，政化大行。十四年，坐遣客为弟报仇，被征，会病卒。司隶校尉鲍永上书言诗贫困无田宅，丧无所归。诏使治丧郡邸，赙绢千匹。"

（原载《月读》2015年第2期）

注　释：

[1] [2]《后汉书·杜诗列传》

羊续"三拒"

羊续(142—189),字兴祖,兖州泰山郡平阳县(今山东新泰市)人。东汉大臣,历任郎中、扬州庐江郡太守、荆州南阳郡太守等职。清代著名文学家蒲松龄《官吏听许财物》云:"不见裴宽瘗鹿,且看羊续悬鱼",羊续悬鱼的故事千古传为美谈,以"悬鱼太守"享誉千古。

一、悬鱼拒贿,府邸无觅送礼人

羊续出身于官宦之家,其祖父羊侵,为安帝朝司隶校尉;父亲羊儒,为桓帝朝太常。

羊续因为是忠臣后裔被朝廷任命为郎中,离职以后,被大将军窦武征召。及至窦武败落,羊续被列为窦武同党禁止参与政治活动,隐居家乡十多年。解除党禁后,羊续又被太尉府征召,经四次升迁后任庐江太守。

其时,朝廷腐败,外戚专权,宦官秉政,地方豪强势力崛起,天灾频仍,社会动荡不安,百姓怨声载道。扬州黄巾军攻打舒县,焚烧城郭,天下大乱,羊续征发郡内20岁以上男子数万人,拿起武器,奔赴战场,大败黄巾军。此后,安风的戴风率众作乱,羊续又将他们击败,斩杀3000多人,生擒戴风,赦免其余同党,并发给他们农具,让其从事农业生产。庐江郡渐渐恢复了平静。

汉灵帝中平三年（186），赵慈于江夏郡揭竿而起，反叛朝廷。叛军势如破竹，一鼓作气攻陷六县，斩杀南阳郡太守秦颉。一时兵燹遍地，狼烟四起，朝野震悚。

羊续临危受命，被朝廷紧急任命为南阳太守，火速赴任。进入南阳界时，羊续化装成平民，随身只带一个小童，穿县过镇，间道潜行，且走且访，观察民情民风，收集民歌民谣，悄无声息地进入郡府。遂升堂理事，排兵布阵，雷厉风行，亲率军民清剿叛军，与荆州刺史王敏合力作战，迅速剿灭赵慈，戡平叛乱。赴任之时一路顺道调查采风，使得他对下属各县的县令、县长廉洁还是贪腐，官民忠厚还是刁滑，都了如指掌，郡府大大小小的官员无不惊悚震恐，对这位新任太守敬畏慑服。

戡平叛乱以后，羊续颁布政令，除旧布新，惩腐倡廉，兴利除弊，南阳百姓心悦诚服，欢呼雀跃。

当时，有权有势者和富豪人家，大都崇尚奢侈华丽，羊续对此深恶痛绝。作为一郡太守，他生活十分俭朴，常常吃粗茶淡饭，穿破旧的衣服，坐驾马拉的破旧车子。府丞见羊续生活太过清苦，便给羊续送来一条活鱼，羊续推托再三，不得已只好违心收下，然后将鱼悬挂在庭院之中。

第二天，府丞又来送鱼，羊续指一指庭院内摇摆于风中的悬鱼，冲府丞微微一笑，府丞顿时领悟到了太守的一片苦心，从此不再给羊续馈送任何东西。

庭中悬鱼，在习习的和风中摇头摆尾，随着日出日落，渐渐变成了枯褐的鱼干，然它却威力无穷，所有来给太守送礼的人，看见它都望而却步。

二、拒纳妻儿，清风两袖何养家

羊续的妻子闻知丈夫做了南阳太守，便带上儿子羊秘，从家乡平阳千里迢迢来看他。古语说"小别胜新婚"。羊续的妻子与丈夫已阔别数年，一路风尘仆仆，历尽艰辛，好不容易来到南阳，本以为久别重逢，会两情依依，其乐融融，不曾想竟吃了闭门羹——羊续命衙役关闭大门，不让他们母子进去。

丈夫做了高官，是心有别依还是另有隐衷？妻子不由疑窦丛生。眼睁睁看着紧闭的大门，妻子百感交集，双泪长流，无助又无奈的她一咬牙，拉起儿子羊秘，愤然折返。

天底下哪有千里寻夫却被拒于门外之理？一旁的衙役实在看不下去了，赶快上前拦住羊秘母子，将他们留了下来。

羊续缘何不让妻儿进门？作为丈夫和父亲他缘何如此绝情？羊续自有羊续的苦衷：虽贵为太守，久游宦海数十年，他的全部家底只有一床布被子、几件旧衣服、些许盐和几斛麦子。

羊续指着这些家当对儿子羊秘说："孩子，你看到了吧，我只有这一点点儿东西来养活自己，别无长物，拿什么来供养你和你的母亲呢？"然后，说服儿子和妻子一同回家乡去。

三、拒交礼钱，缊袍明志诉衷肠

鉴于羊续的政声口碑，中平六年（189），汉灵帝准备擢升羊续为太尉，宦海沉浮中的羊续终于迎来了跻身中央高层的曙光。东汉官制，以太尉、司徒和司空为三公，羊续有幸成为位高权重的太尉候任人选，实在是千载难逢的机缘。

自古机不可失，时不再来，羊续会怎样把握这样一个难得的机遇呢？

按照当时的惯例，凡拜任三公的人，都要向东园交纳上千万的礼钱，届时，朝廷还要派出宦官专门监督此事，受命行监督之职的宦官称之为"左驺"。此外，上交礼钱时尚须给当事宦官送上丰厚的礼品，宦官所到之处，还要以上等礼节隆重相迎。到了举行仪式的日子，囊空如洗的羊续不但没能交出一文礼钱，也没有任何礼品送给宦官，只是让当事宦官坐在一张席子上，"举缊袍以示之，曰：'臣之所资，唯斯而已。'左驺白之，帝不悦，以此故不登公位"[1]。

所谓缊袍，即用乱麻、旧棉絮织成的破袍子。羊续伸开双臂，将身上穿的破袍子铺展开来说：看，我老羊的全部家当都在这儿呐，就这件破袍子而已。这言外之意嘛，你自己去琢磨吧！

口含天宪、手握重权的宦官哪里受过这种窝囊气，他气冲冲地将这件事报告给灵帝，汇报时还免不了添油加醋，落井下石，灵帝闻之，自然也是窝上一肚子火，羊续当太尉的事也就随即告吹。

后来，汉灵帝刘宏又拟任命羊续为太常，知他清廉守节，免去礼钱。羊续还没来得及前往洛阳赴任，便染病溘然长逝，终年48岁。

羊续临终留下遗言，要后人将自己简单薄葬，不接受任何人赠送的财物。按照朝廷规定，官秩二千石的官员逝世，朝廷依例拨款一百万钱用于置办丧事，但府丞焦俭遵照羊续遗愿，拒绝了这笔费用以及其他人的馈赠。灵帝下诏称赞羊续的品德，并让泰山郡太守从当地政府赐钱抚恤羊续的家人。

四、品评

读《后汉书·羊续列传》，我们不禁为羊续的清正廉洁、严于自律和刚直不阿感动不已，不禁为他两袖清风、一身正气和满腔报国恤民的浩然正气而击节赞叹。

一鱼悬于庭院，火辣辣的阳光照过来，驱除了黑暗，驱除了阴霾，也驱除了惯于栖身于黑暗和阴霾并大行其道的贪腐、谄媚、行贿受贿等种种龌龊行径。或许有的同志会以为，羊续悬鱼太过较真儿，下级送上级一条鱼，不过是联络联络感情，表达一点小小的心意，没有必要小题大做，大惊小怪。其实不然，身为一郡太守，倘今日"笑纳"一鱼，明日奉送一鸡、一羊、一猪、一牛甚或一牛群者必接踵而至，络绎不绝。阳光是最好的防腐剂，防微杜渐才能避免养痈遗患，远在1800多年以前的羊续就深谙此道，且躬身践行，垂范于天下，这不能不让人感佩不已！

将妻儿拒之门外，隔于门外的是舐犊之爱和儿女情长，留在心底的是廉洁奉公、恤民报国的浓浓情结。人非草木，孰能无情？然而，谁能说羊续清廉为政、卓尔立世的高大人格形象不是对家人更为崇高的关爱呢！他虽然在48岁的英年溘然长逝，但在他身后，清廉家风濡染下的羊家却依旧人才辈出：他的三个儿子羊秘、羊衜和羊耽，都在曹魏时期任太守，政声颇佳；孙子羊祜是西晋的开国元勋，声名远播的战略家、军事家、政治家和文学家。有一副《官箴》说："吏不畏吾严，而畏吾廉；民不服吾能，而服吾公；廉则吏不敢慢，公则民不敢欺。"身为太守的羊续，虽无力供养妻儿，却以自己的嘉德懿行垂范后世，成为千秋万代的人们追慕的楷模。

缊袍展于朝堂，两袖清风喷薄于天地之间，鹑衣百结倾诉着热血衷肠，彰显出一代廉吏的愤世嫉俗、无私无畏和刚直不阿。在"交足千万礼钱，即可荣任太尉"的叫卖声中，羊续轻舒双臂，铺展缊袍，借以发出内心的不平和呐喊：一生为官，我连自己的妻子儿子都无力养活，哪里有闲钱来买官？如果一定要我交钱，就请将这件破袍子拿去吧，这可是我几十年宦海沉浮积蓄的全部家当啊！至于太尉的乌纱帽嘛，你们想给谁就给谁吧！这是对黑幕重重的腐败官场的挑战，是对当时官场种种明规则和潜规则的挑战，也是对整个乌烟瘴气的腐败王朝的挑战。羊续缊袍明志，让贿赂公行的黑暗官场少了一位阿谀逢迎的太尉，中华廉吏的殿堂中多了一座光耀千秋的丰碑！

唐代诗人周昙赋诗赞曰："鱼悬洁白振清风，禄散亲宾岁自穷。单席寒厅惭使者，葛衣何以至三公。"

《后汉书·羊续列传》谓之："时，权豪之家多尚奢丽，续深疾之，常敝衣薄食，车马羸败。""……征为太常，未及行，会病卒，时年四十八。遗言薄殓，不受赠遗。旧典，二千石卒官赙百万，府丞焦俭遵续先意，一无所受。"

（原载《月读》2014 年第 9 期）

注　释：

[1]《后汉书·羊续列传》

贾琮：百姓尊为"贾父"的东汉刺史

贾琮，字孟坚，东郡聊城（今山东聊城东昌府区）人，生卒年月不详。东汉末官员，历任京县县令、交趾刺史、冀州刺史、度辽将军等职。贾琮为官清廉，有浓烈的爱民情结，政绩卓异，无论任职何方，都励精图治，为民造福，深受百姓的景仰爱戴，任职交趾刺史时，当地百姓情不自禁地吟唱歌谣赞颂他，尊其为"贾父"。

一、交趾告急，三公府共同荐贾琮

贾琮在汉灵帝光和年间被州郡举为孝廉，不久，被选任为京县县令。在任期间，他为官清廉，勤于政事，政绩卓然。

中平元年（184）六月，驻守交趾的官军公然叛汉造反，其首领自称"柱天将军"，率众作乱，鼓动裹挟当地民众加入造反队伍。由于当地百姓久受贪官污吏欺压盘剥，生活在水深火热之中，怨气冲天，造反的队伍滚雪球般迅速膨胀，从者如云，很快形成浩浩荡荡席卷天下之势。叛军势如破竹，他们攻陷州郡城池，拘捕囚禁了交趾刺史与合浦太守，烧毁官府，杀死官吏，四处劫掠，一时烽烟遍地，满目兵燹。

告急文书传到京师，朝廷为之震动。

其时，东汉朝廷正焦头烂额。朝中十常侍当朝弄权，横行朝野，残害忠良，卖官鬻爵，搞得朝堂乌烟瘴气；黄巾军起义其势正盛，数百万人汇聚在张角的旗帜下，把全国七州二十八郡闹得天翻地覆；时代的动荡不安给地方豪强势力提供了绝佳的崛起机会，他们依凭自己的雄厚财力组织起强大武装，后来逐渐演变成称霸一方的军阀，混战愈演愈烈。

俗话说，麻绳偏从细处断。时局正处在多事之秋，危机重重，偏偏在这个时候又爆发了交趾叛乱，这对东汉朝廷来说无异于雪上加霜。

汉灵帝降诏，敕令三公府挑选贤明能干的官吏率军前往交趾，快刀斩乱麻，火速剿灭叛乱。

三公府经过调研筛选，一致举荐贾琮任交趾刺史。

贾琮临危受命，星夜驰奔，走马上任。

二、安邦靖乱，吏民咏叹"贾父来晚"

据考，"交趾"地名缘自《礼·王制》："南方曰蛮，雕题交趾。""雕题"就是纹脸，"交趾"就是"足相向"，也就是盘腿。当时交趾刺史部的辖区大致相当于今天的广东、广西和越南大部，可谓地域广袤，又与汉廷悬隔遥远。在这样一个天高皇帝远的南极边地，难免会出现东汉朝廷"王化"的软弱与扭曲，何况此时的东汉朝廷自身已然处在累卵之危和风雨飘摇之中。

贾琮到任以后，在大张旗鼓地实施武力征剿的同时，深入调研导致民众叛乱的缘由。原来交趾盛产明玑、翠羽、犀牛角、象牙、玳瑁、异香、名木等珍贵之物，历任刺史和相关官员大多贪欲无边，永无满足地在民间搜刮宝物，加重徭役赋税，横征暴敛，中饱私囊，将攫取的大量钱财宝物贿赂朝中大员，谋求升迁。民众"咸言赋敛过重，百姓莫不空单，京师遥远，告冤无所，民不聊生，故聚为盗贼。"[1]——老百姓都说赋税徭役过重，没有哪一家不被搜刮得精光，可天高皇帝远，申冤无门，走投无路，没法活下去，被逼无奈，所以才聚众叛乱。

弄清了民众叛乱的原因，贾琮做了三件事。

一是广泛张贴告示，告知百姓，官府力推减轻赋税，免除徭役，敦促民众各回其家，各操其业，迅速恢复发展生产。

二是轰轰烈烈地镇压、斩杀罪恶累累的叛乱首领，杀一儆百；胁从不问，力促其改恶向善，教育感化广大民众，努力营造安定和谐的社会氛围。

三是迅速恢复组建基层政权，考核选拔有民望、德才兼备的优秀人才，试用为县令、县长，鼓励他们励精图治，有所作为，强力推进社会从混乱无序状态向井然有条、和谐发展转化。

不到一年，交趾渐渐恢复了平静，河清海晏，百业俱兴，民众安居乐业。"巷路为之歌曰：'贾父来晚，使我先反；今见清平，吏不敢饭。'"[2]

贾琮在交趾任职三年，在朝廷对全国13个州的政绩考核中名列榜首。汉灵帝降诏征调贾琮入朝任议郎。

三、赴任冀州，贪官污吏解印奔逃

当时，东汉朝廷镇压平息黄巾起义不久，天下大乱的局面刚刚恢复平静，不少州郡的贪官污吏便又乘机交相为虐，贪赃枉法，随意加重赋税，盘剥百姓，民众苦不堪言。于是，朝廷颁发诏书，淘汰刺史和官秩二千石的官员，重新选拔清廉贤能的官员上岗，贾琮在这一轮官员大换血中被任命为冀州刺史。

贾琮衔命赴任。

当时的制度规定，新刺史上任，须乘坐驿站的马车，车上要垂挂红色的帷帐，当地官员要到州界来迎接。贾琮登车远眺，回头对随从的官员说："刺史当远视广听，纠察美恶，何有反垂帷裳以自掩塞乎？"[3]——刺史乃一州最高长官，应当看得远、听得广，考察各地风土人情，掌握社情民意，以利惩恶扬善，为什么反倒要挂起帷帐将自己遮蔽起来呢？遂命左右，立即撤去帷帐，驱车在官道上飞驰。

消息传开，人们无不啧啧称道。

冀州迎来新刺史，消息不胫而走。冀州及所属郡县官员闻之大为震动，那些往日贪赃枉法为非作歹之徒大惊失色，慑于贾琮的威名，赶忙交出官印，悄悄溜掉了，只有瘿陶县县长董昭、观津县县长黄就在官府等待贾琮的来临。于是，

63

冀州全境很快清静安定下来。

中平六年（189）四月，汉灵帝刘宏在南宫嘉德殿驾崩，大将军何进奏请任命贾琮为度辽将军。后来，贾琮在官府卒于任上。

四、品评

民间时政歌谣自古是老百姓发自心底的呼声，是社情民意的风向标，也是民心向背的晴雨表。交趾民歌中一句"贾父来晚"，既表达了对此前交趾那些为非作歹官吏的愤懑和控诉，也抒发了对贾琮的企盼、爱戴、景仰和依恋。同交趾百姓的态度截然相反，冀州的贪官污吏对贾琮却是恨得要死，怕得要命，贾琮尚在赴任途中，他们便匆匆解下印绶，望风仓皇逃窜。爱戴和依恋——憎恨和惧怕，形成了强烈的反差，正是在这两者的强烈反差之中，凸显出贾琮冰清玉洁的高尚人格和为官治政的崇高信仰追求。

治政爱民，造福百姓，获得广大民众普遍的爱戴和信赖，被民众在歌谣中呼之为"父"或"母"者，在汉朝的官员中并非唯贾琮一人。西汉召信臣和东汉杜诗先后履职南阳郡太守，且皆有善政，使百姓得以休养生息，安居乐业，过上丰衣足食的好日子，南阳百姓发自内心地感叹："前有召父，后有杜母。"自此，"召父杜母"成为颂扬地方官员功德的套语。

《后汉书·贾琮列传》谓之："时黄巾新破，兵凶之后，郡县重敛，因缘生奸。诏书沙汰刺史、二千石，更选清能吏，乃以琮为冀州刺史。旧典，传车骖驾，垂赤帷裳，迎于州界。及琮之部，升车言曰：'刺史当远视广听，纠察美恶，何有反垂帷裳以自掩塞乎？'乃命御者褰之。百城闻风，自然竦震。其诸臧过者，望风解印绶去，惟癭陶长济阴董昭、观津长梁国黄就当官待琮，于是州界翕然。"

（原载《学习时报》2017年12月8日）

注　释

[1] [2] [3]《后汉书·贾琮列传》

南北朝

北魏名臣高允

高允（390—487），字伯恭，渤海蓨县（今河北景县）人，北魏名臣、文学家。历任征南大将军府从事中郎、中书侍郎、中书令、镇东将军、使持节、散骑常侍、征西将军、怀州刺史、镇军大将军等职，加封金章紫绶、咸阳公。高允历仕太武帝、南安王、文成帝、献文帝、孝文帝五朝，辗转任职三省，在朝为官50余年，以直道事君，诚实为官，宽以待人，清廉自守，至死节操不移。文成帝拓跋濬大加赞叹："至如高允者，真忠臣矣。"

一、早年岁月，仕途平平弃官开馆讲学

高允出身于一个世代官宦之家。曾祖父高庆，为后燕太子詹事、司空；祖父高泰，"清辩有胆智"，初仕前燕，官至尚书郎，因无法忍受燕国腐败而愤然辞官，后仕前秦，官至苻丕征东将军府参军；父亲高韬，"少以英朗知名"，为北魏丞相参军，不幸英年早逝。

少年丧父的高允，少年老成，酷爱读书，气度非凡，吏部尚书崔宏见到他十分惊异，感叹说："高子黄中内润，文明外照，必为一代伟器，但恐吾不见耳。"[1]作为家中长子，高允十几岁便成为家中的顶梁柱，过早地为全家人的衣食和生存而奔波。繁琐沉重的生活重担压得他喘不过气来，几年后，他把家

产全部分给两个弟弟，毅然皈依佛门，取号"法净"，决心潜身世外养心静修。

遁入佛门的法净，初披袈裟，心如止水，老老实实念了一阵子"阿弥陀佛"。但没过多久，便心旌摇摇，建功立业治国平天下的夙愿蓦然复燃，于是，遂脱掉袈裟，弃佛还俗。

据《魏书·高允列传》，还俗之后的高允"性好文学，担笈负书，千里就业。博通经史天文术数，尤好《春秋公羊》。郡召功曹"。大意是说：经过短暂的佛门修持，高允依旧初衷不改，悉心向学，苦于得不到名师导引，遂负笈千里，拜师求学，发奋苦读，学得满腹才学，博通经史天文术数，尤其精通《春秋公羊传》，享誉乡里。郡府征召高允为功曹。

神䴥三年（430），阳平王杜超（太武帝拓跋焘舅父）被朝廷任命为征南大将军，镇守邺城，40岁的高允被杜超征召为从事中郎。杜超命属下几位官员分赴各州断狱办案，其他官员都因贪赃枉法而获罪，唯有高允不辱使命，明镜高悬，清廉公正，得到朝廷嘉赏。

不久，杜超幕府解散，高允回到家乡开办学馆，讲经授徒，四方学子蜂拥而至，门下受业者达1000多人。

二、国史之案，宁断头灭族也要说实话

神䴥四年（431），朝廷征召高允为中书博士。不久，迁任中书侍郎，以本官兼任安乐王拓跋范（太武帝拓跋焘异母弟）从事中郎，随同拓跋范西镇长安。"允甚有匡益，秦人称之。"[2]

太延五年（439），太武帝拓跋焘平定凉州，高允以参与谋划之功，赐爵汶阳子，加授建武将军。不久又以本官兼任秦王拓跋翰（拓跋焘三子）师傅，后又受命教授太子拓跋晃经书。

拓跋晃非常服膺高允的人格与才学，给予他的礼遇甚为优厚。

太延五年（439）十二月，太武帝拓跋焘敕命崔浩以司徒监秘书事，率领一帮史官编修《国记》，后来又下诏，命高允以本官领著作郎，与崔浩共同修史。早在道武帝时，曾组织修撰国史十余卷，编年次事，但体例未成。此次续修，

拓跋焘特别叮嘱，一定要根据史实，秉笔实录。

中国史官历来有秉笔直书的传统，所谓"在齐太史简，在晋董狐笔"，何况拓跋焘又明确要求据史实录，更使得崔浩、高允及其麾下的史官们大受鼓舞，增添了无穷的信心和勇气。史官们宵衣旰食，夜以继日，广泛采集魏国上代资料，以史实为依据，直言不讳，尽述拓跋氏的悠悠往事，很快编写出一部魏国国史。

为了广为人知，崔浩命令将《国记》刊刻于石，在天坛东三里处，通衢大道旁，营造了一个方圆130步的碑林，用工300万个才告完成。

太武帝拓跋焘大为赞赏。

碑林落成之后，前来观赏者络绎不绝。由于《国记》秉笔直书，详备而无所避讳，尽述拓跋氏的真实历史，对拓跋氏先祖那些尔虞我诈、偷鸡摸狗的丑事也毫不避讳，使得拓跋氏一些不愿为人所知的早期历史大白于天下，引起一些人的愤懑和议论。随着前来观赏的人越来越多，泛泛的议论渐渐酿成轩然大波。特别是鲜卑贵族，一个个无不怒愤填膺，纷纷到太武帝面前告状，指控这部国史肆意暴扬国恶，抹黑拓跋氏历史。

三人成虎。拓跋焘原本对《国记》赞赏不已，意欲重赏崔浩、高允等编史官员，经鲜卑皇裔贵胄们一拨接一拨地轮番忽悠，不由转喜为怒，来了个一百八十度大转弯，传旨将崔浩等修史官员尽皆拘捕下狱，务必不使一人漏网。

太子拓跋晃闻讯大惊，立即把高允接到自己的东宫保护起来。

第二天早上，太子亲自带着高允去见拓跋焘，路上叮嘱他说："如果皇上问你话，你一定要顺着我的口径回答，否则，麻烦就大了。"高允还蒙在鼓里，问："什么事这么神秘？"太子神色凝重地说："见到皇上，你就明白了。"

见到拓跋焘，太子上奏说："我的师傅中书侍郎高允，与我相处多年，我知道他是一个谦恭笃实谨小慎微的人，他虽然参与了《国记》的编写，但在其中地位低微，起的作用不大，主事的全是崔浩，请皇上赦免他吧！"

拓跋焘历来对高允寄予厚望，恩宠有加，早就有心赦免他，见太子替高允求情，便想顺水推舟，遂召高允觐见，问道："国史都是崔浩写的吗？"显然，拓跋焘是在给高允找个台阶下，只要高允顺着杆儿往上爬，接着话茬说个"是"，就可逃过此劫了。

没想到高允竟来了个实话实说："《太祖记》，前著作郎邓渊所撰。《先帝记》及《今记》，臣与浩同作。然浩综务处多，总裁而已。至于注疏，臣多于浩。"[3]

拓跋焘闻之大怒道："照这么说，你的罪过比崔浩严重多了？你还想不想活命？你叫朕怎么放你一条生路呢！"

太子赶忙出来打圆场说："高允是被吓迷糊了，所以才胡言乱语，我在东宫刚刚问过他，他说都是崔浩写的！"拓跋焘转过脸问高允："太子说的是真的吗？"

显然，太武帝第二次把下台阶的机会推给了高允。

没曾想高允竟又来了个实话实说："臣以拙微之才，参与国史编写，犯逆天威，罪应灭族，不敢赖账。臣说的全是实话，臣也没有被吓迷糊，实因臣在东宫侍讲日久，与太子情深，太子为救臣的性命才这样说，其实他从没问过臣修史之事。"

几句话彻底踹翻了拓跋焘送到脚下的台阶，也把太子晾到了墙头上，尴尬至极。

太子拓跋晃看看怒不可遏的皇上，又看看诚惶诚恐的高允，欲言又止，再也不知道该用什么招数搭救自己的师傅了。令太子没有想到的是高允的临死不惧，以及宁死也要说实话的坚贞与诚实，深深地感动了拓跋焘，他深情地说："实在人啊，朕宁愿使一有罪之人漏网，也一定要宽恕你。"

说罢，当场赦免了高允。

拓跋焘召来崔浩诘问，崔浩战战兢兢，语无伦次。拓跋焘雷霆震怒，命令自崔浩以下、童仆吏卒以上128人全部夷灭五族，并命高允立即拟制诏书。

高允迟迟不肯拟诏，拓跋焘频频催促。高允又一次来了个实话实说，上奏拓跋焘说："崔浩是否还犯有别的罪，臣不清楚。如果只是这一项罪行，臣以为当罪不至死。"

高允磨磨蹭蹭不肯下笔拟旨，拓跋焘的冲天怒火正无处发泄，此时高允竟又胆大包天，说崔浩"罪不至死"，无异于火上浇油。拓跋焘终于忍无可忍，喝令武士立即将高允捆绑起来。

太子赶忙跪倒求情，高允才捡回一条性命。

拓跋焘再一次赦免了高允，叹息着说："无此人忿朕，当有数千口死矣。"最后，"浩竟族灭，余皆身死"。[4]

三、蹇谔匪躬，文成帝敬重尊之为"令公"

正平二年（452）二月，当权宦官中常侍宗爱弑杀了太武帝拓跋焘，拥立拓跋焘六子南安王拓跋余为帝，同年十月，宗爱又弑杀拓跋余。此后，殿中尚书长孙渴侯与尚书陆丽等诛杀宗爱，拥立拓跋焘的孙子拓跋濬继位，是为文成帝。

文成帝刚刚登基，给事中郭善明便屡次三番力劝文成帝大兴土木，营造豪华宫殿。郭善明是个善于投机钻营阿谀取宠之徒，巧舌如簧，极力忽悠，文成帝跃跃欲试。

高允看在眼里，急在心里，赶忙劝谏文成帝说："我听说道武帝平定天下以后，才开始兴修都邑，而且，不是农闲季节绝不兴工。现在建国已经这么多年了，宫室建造早已非常完备。永安前殿足可以用来接受万国朝贺，西堂的温室足可以用来让圣上休憩，紫楼高台也足可以登临瞭望远近。"

接着，高允为文成帝算了一笔账，说是如果再修建一座更加豪华壮丽的宫室，且不说要耗费多少材料，花费多少钱财，仅各种杂役就需两万多人，成年人做工，老少供饭，合起来四万人半年才能完成。最后，他动情地说："古人有言：一夫不耕，或受其饥；一妇不织，或受其寒。况数万之众，其所损废，亦以多矣。推之于古，验之于今，必然之效也。诚圣主所宜思量。"[5]

几句话打动了文成帝，大修宫殿之议就此搁浅。

高允屡屡犯颜直谏，有时同文成帝争论得很激烈，每当这时，文成帝就让左右将他扶出去，并不生气。有些不便在朝堂当众说的，高允就请求私下相见，文成帝便屏退左右，让他畅所欲言。高允有时早晨进宫，晚上才出来，有时几日都住在宫里，朝臣们都不知他和皇帝说了些什么。

尽管高允的诤谏每每使文成帝下不了台，文成帝依然非常敬重他，于太安四年（458）擢升高允为中书令，仍兼著作郎。文成帝通常不直呼其名，总是尊称之为"令公"，于是"令公"的名号遍播朝野。

四、忠谨笃厚，事君有犯无隐宽以待人

高允忠谨笃厚，事君有犯无隐，耿介有峻节，素来秉持严以律己、宽以待人的处世之道，朝野称颂。我们从《魏书·高允列传》中撷取几个小故事，便可一窥其全豹之一斑。

第一件事：为民请命，奏请太武帝解除圈占土地禁令。

太武帝召高允与侍郎公孙质等一同讨论议定律令，问高允说："政事千头万绪，什么是第一位的呢？"

其时，皇室贵胄大量圈占土地，导致大批百姓无田耕种而成为游民，衣食无着，高允正为此事忧心忡忡，便趁机上奏说："臣少时微贱，所了解的只有百姓田耕之事。古人说：方圆一里的范围可开垦良田三顷七十亩，方圆百里则开垦良田三万七千顷。如果能解除禁令，让耕者有其田，则公私都有粮食储备，即使遇上荒年，依然可以稳若泰山，高枕无忧。"

太武帝闻之甚为赞赏，遂诏令立即废除田禁，将不应圈占的土地全部交还百姓耕种。

第二件事：诫诫同僚，力劝翟黑子从实回答太武帝召问。

辽东公翟黑子是太武帝的宠臣，奉命出使并州，一时财迷心窍，收取了1000匹绢帛的贿赂。后东窗事发，翟黑子惶恐不已。

其时，高允在朝中声望很高，翟黑子便登门向高允请教对策。高允给他支招说："您是深受朝廷信赖的宠臣，如果皇上召问，回答时一定要据实奏报。只有这样，才能表达您的忠心和诚实，这点小事，圣上会原谅的。"

翟黑子匆匆而去，未置可否，心里没谱，又去请教中书侍郎崔览和公孙质等人。他们都劝翟黑子决不可贸然自首，并且警告他说："去自首，太玄乎了！

一旦从实招认，当心脑袋不保。"

翟黑子权衡再三，以为崔览、公孙质为自己指引了一条光明大道，将他们引为知己。思来想去，觉得高允居心叵测，为自己出了个馊主意，便怒气冲冲地找到高允，揶揄道："我真心实意请教于你，你给我出了个臭点子，如果按照你指的道儿往前走，那是死路一条啊！你对朋友怎么如此奸诈呀！"从此与高允一刀两断。

太武帝拓跋焘召见翟黑子，翟黑子说假话搪塞。拓跋焘劝他说实话，翟黑子一口咬定并无收受贿赂之事，最终激怒了拓跋焘，遂将翟黑子斩首弃市。

第三件事：涕泣切谏，劝献文帝立拓跋宏为太子。

和平六年（465），文成帝拓跋濬驾崩，太子拓跋弘继位，是为献文帝。献文帝醉心于佛老，又身体羸弱，想早点儿立太子，以防不测。皇兴三年（469），献文帝召集朝中大臣，就选立太子之事征询意见。由于当时献文帝之子拓跋宏（后来的孝文帝）年龄尚幼，献文帝便想立京兆王拓跋子推（拓跋晃之子）为太子。

群臣惧怕言之有失，甚或祸从口出，大多不敢直陈己见。

高允则丝毫不隐晦自己的主张，跪在朝堂上声泪俱下地说："臣不敢多言，恐有劳皇上圣听。诚望陛下上思宗庙托付之重，追念周公辅佐成王之旧事。"于是，献文帝不再犹豫，将帝位传给了儿子拓跋宏。为此，献文帝赏赐高允绢帛千匹，以表彰他的忠直亮达，不久，又擢升其为中书监，加散骑常侍。

第四件事：遭遇车祸，乞请孝文帝免除对驭手的责罚。

孝文帝在西郊观赏风景，忽然想起高允，便诏命左右用皇帝所乘的马车接高允前来一块儿赏景叙谈。

没曾想路上辕马受惊，发疯般脱缰狂奔，一直将车子拖了个四轮朝天才停了下来。高允被重重地摔在地上，眉毛处划了三道伤口，鲜血直流。孝文帝闻报大为震怒，立即派御医携药前往护理治疗，抚慰探望，传命对驭手判处重罪。

此时的高允已90多岁，这场车祸带来的伤痛和惊吓可想而知，他却全然不顾自己的安危，赶忙上奏孝文帝，称自己并未受大伤，乞请免除对驭手的责罚。

五、清廉自守，中书令"府邸"竟在茅屋中

太安四年（458），高允被擢升为中书令，司徒陆丽上奏说："高允虽然蒙受皇上恩宠，贵为中书令，但皇上未必知道，高允家里贫穷得一塌糊涂，至今还住在透风漏雨的茅屋里，老婆孩子都无以为生。"

文成帝闻奏大感意外，生气道："怎么不早说，现在见朕用他，才告之他的贫困之状！"当即诏命安排车驾，亲临高允住宅察看。

站在高允住宅门前，文成帝几乎不敢相信自己的眼睛。这样一位朝廷重臣的"府邸"，竟然只有几间歪歪斜斜的茅屋，进到屋内，更是寒酸，唯见破破烂烂的布被旧袍，厨房中只有一点点盐巴和少许野菜，几近家徒四壁。见此情景，文成帝叹息说："古人之清贫岂有此乎！"[6]随即诏命赐给帛500匹、粟千斛，任命其长子高忱为绥远将军、长乐太守。

高允多次上表坚决辞让，文成帝不允。

北魏建国以来，一直实行"班赏有差"的分配制度，即官员的收入主要来自于战争掠夺和朝廷赏赐，以爵位的高低为标准进行分配，各自以战利品自给，这就使得官员们的贪污、掠夺、勒索和搜刮民脂民膏成为这种制度的必然补充形式，成为合理合法之举，成为官员们为官之道和为生之道的常态。直到太和八年（484）孝文帝推行改革颁行班禄制，政府官员才开始有了稳定的俸禄。高允清廉自守，不肯同流合污，自然宦囊羞涩，为了维持一家人的生计，只好让自己的几个儿子砍柴和采摘野果来供养家庭，故而几十年在朝中位居要职，却不得不将"府邸"设在茅屋之中。

高允历仕太武帝、南安王、文成帝、献文帝、孝文帝五朝，出入三省官衙，驰骋政坛50多年，先后任中书令、镇东将军、使持节、散骑常侍、征西将军、怀州刺史、镇军大将军、领中书监、光禄大夫，加封金章紫绶、咸阳公，可谓位高权重，备受荣宠，在漫长的为官生涯中，始终公正无私，清廉如水，洁身自守。

到了孝文帝朝，高允已90多岁，多次上疏请求退休，朝廷不允。孝文帝降诏，

特许高允入朝可乘车,登殿让人搀扶导引,朝贺不下拜。太和十一年(487)正月,高允辞世,追赠侍中、司空公、冀州刺史、将军,爵位如故,谥号为"文",终年98岁。

六、品评

伍员豪气董狐笔,

直书无隐修《国记》。

太武暴怒史狱兴,

毋宁断头勇徇义。

謇谔匪躬立五朝,

郊野茅屋安府邸。

力荐孝文兴魏祚,

清廉忠直感天地。

(调寄《玉楼春》)

文成帝拓跋濬谓之:"至如高允者,真忠臣矣。朕有是非,常正言面论,至朕所不乐闻者,皆侃侃言说,无所避就。"

《魏书·高允列传》谓之:"允少孤夙成,有奇度。""依仁游艺,执义守哲,其司空高允乎?蹈危祸之机,抗雷电之气,处死夷然,忘身济物,卒悟明主,保己全身。自非体邻知命,鉴照穷达,亦何能以若此?宜其光宠四世,终享百龄!"

注 释

[1] [2] [3] [4] [5] [6]《魏书·高允列传》

南梁"风月尚书"徐勉

徐勉（466—535），字修仁，东海郡郯县（今山东郯城）人，南北朝时期南梁宰相、文学家。历任西阳王国侍郎、中书侍郎、太子詹事、吏部尚书、侍中、尚书右仆射等职。徐勉年少孤贫，自幼笃志好学，居官显要几十年，为官清廉，秉公绝私，清风峻节，尤以"风月尚书"的美誉彪炳青史。

一、年少孤贫，祭酒赞叹"宰辅量"

徐勉的祖父徐长宗，为宋武帝刘裕朝太尉参军；父亲徐融，为南昌相。出生在这样一个官宦之家，徐勉本当有一个无忧无虑、幸福快乐的幼少时光，不幸的是父亲在他幼年之际竟溘然病逝。据《梁书·徐勉传》《南史·徐勉传》记载，自幼孤贫的徐勉聪颖早慧，志存高远，自强不息，生活的艰辛磨砺出他坚强的意志和清风峻节。六岁那年，家乡大雨滂沱不止，泛滥成灾，人们纷纷拜祭上苍，祈求云散雨歇，徐勉很快写了一篇文章，受到长辈宿儒的啧啧称赞。同族人徐孝嗣见到他以后感叹道："这就是人们所说的人中麒麟啊！这孩子必定鹏程万里！"

徐勉长大后，愈发笃志好学，18岁时应朝廷征召入国子监读书深造。他专心致志，刻苦攻读，赢得周围人们的钦慕，国子监祭酒王俭每当见到他时，总是以特殊的关爱的目光注视着他，目不转睛，直到他离去。王俭不无得意地对人们说，这孩子绝不是一个平庸之辈，"每称勉有宰辅之量"。

经过在国子监几年的读书学习，徐勉如虎生翼，在朝廷举行的射策考试中考取了甲科，赴任西阳王国侍郎。不久，迁任太学博士、镇军参军、尚书殿中郎，后因公事被免官。后又被起用，任中兵郎、领军长史。无论是共同探讨学问还是议论政事，徐勉在发表意见时总是理据充分，道理通透，滔滔不绝，久而久之，同僚们都习惯于以他的意见为准则。

大臣王融系东晋丞相王导的六世孙，在当时才气和名声都很高。永明九年（491），齐武帝在芳林园大宴群臣，王融受命作《曲水诗序》，词藻富丽，名噪一时，时人争相攀附。面对潮水般涌来的"粉丝"，王融大多不屑一顾。徐勉对王融一向敬而远之，而王融反倒总以不能结识徐勉为憾，不断托人前去敦请致意。徐勉呢，却总是不肯领情，变着法推脱，始终不肯前往。他对人说："王元长（王融字）名气大，声望高，但他很难收敛住自己的锋芒。"

那话里话外就一个意思：王融才高八斗，可惜人不靠谱，倘走得太近乎，当心遭殃。

不久，齐武帝萧赜病重，王融欲矫诏拥立竟陵王萧子良即位，与郁林王萧昭业争夺帝位，失败后被捉拿下狱赐死。

时人无不为徐勉的机警过人和远见卓识而深深折服。

二、忧国忘家，群犬惊吠不识主

梁武帝萧衍对徐勉非常器重赏识，当萧衍率领起义军到达京城时，徐勉前往新林谒见，萧衍给予他很高的礼遇，让他管理书记事务。中兴二年（502），萧衍接受齐和帝萧宝融"禅让"，登上帝位，徐勉随之步入升职快车道。

据《梁书·徐勉传》，萧衍登基后，徐勉"拜中书侍郎，迁建威将军、后军谘议参军、本邑中正、尚书左丞。自掌枢宪，多所纠举，时论以为称职"。没过多久，又被任命为黄门侍郎、尚书吏部郎、侍中。由于徐勉是秘书出身，满腹诗书，极富文才，又才思敏捷，下笔如神，梁武帝让他"参掌军书"。

当时，梁军频繁北伐，各地战报每日雪片般飞来，徐勉负责掌管军事情报，日理万机，夜以继日，无暇他顾，时常几个月才能回家一次。"每还，群犬惊吠。勉叹曰：'吾忧国忘家，乃至于此。若吾亡后，亦是传中一事。'"[1]大意是说，由于徐勉日复一日忙忙碌碌，顾不得回家，以至于连家里养的一群狗都不认他这个主人了，当他偶尔抽空回家时，那群狗就警惕地对着他狂叫不止。徐勉哭笑不得，感叹地说："我忧国忘家，才造成这个样子。若我死了以后，有人给写传记，倒不失为一件趣事。"

三、为官清廉，"我以清白遗子孙"

徐勉为官清廉，克己奉公，虽然几十年身居显要的官位，但从不置办家产家业，家里也没有什么积蓄，所得俸禄多用来接济亲族中的贫穷人家。他的学生故旧劝他置办些产业，给子女积攒些财富，他却不以为然，回答道："人遗子孙以财，我遗之以清白。子孙才也，则自致辎軿；如其不才，终为他有。"[2]

徐勉在给儿子徐崧的《诫子书》中深情地写道："吾家世清廉，故常居贫素，至于产业之事，所未尝言，非直不经营而已。薄躬遭逢，遂至今日，尊官厚禄，可谓备之。每念叨窃若斯，岂由才致，仰借先代风范及以福庆，故臻此耳。古人所谓：'以清白遗子孙，不亦厚乎！'又云：'遗子黄金满籝，不如一经。'详求此言，信非徒语。吾虽不敏，实有本志，庶得遵奉斯义，不敢坠失。"[3]

徐勉的清白为官和清廉家风，对后世产生了深远影响，为缅怀其高风亮节，后世称其郡望堂号为"风月堂"。

四、秉公绝私，"风月尚书"誉千古

天监六年（507），徐勉迁任给事中、五兵尚书、吏部尚书。吏部尚书掌握着朝廷选人用人大权，徐勉门前顿时热闹起来，那些谋求官职和企望升官的人纷至沓来，一天到晚络绎不绝。不管是谁来跑官要官，也不管他背后靠山是谁，徐勉一概不予理睬。有一个叫虞嵩的人，仗着和徐勉的关系较好，一天晚上找上门来，请求担任詹事五官。徐勉沉下脸来严肃地说："今夕止可谈风月，不宜及公事。"[4]

虞暠讨了个没趣，只好悻悻而去。

此事传开，时人对徐勉的公正无私佩服之至，自此，"风月尚书"的雅号不胫而走，也给后世留下了"止谈风月"的历史典故。

后来，徐勉又改任太子右卫率、太子詹事、云骑将军等职，不久，又加封散骑常侍，迁尚书右仆射，仍保留太子詹事职务。此后又改任侍中，多次请求解除宫中职务，齐武帝不同意他辞职，下诏书劝慰他继续留任。

中大通三年（531），徐勉因病请求辞去官职，改任特进、右光禄大夫、侍中、中尉将军，朝廷为他设置佐史，其他待遇和从前一样，并增加亲信四十人。宫庭来探望的人，车子首尾相连，冠盖相望；饭食医药与皇室相同。梁武帝下诏要亲临看望，徐勉以跪拜不方便为由，多次恳请皇上不要前来，皇上同意了他的请求。

大同元年（535），徐勉溘然长逝，终年70岁。"高祖闻而流涕，即日车驾临殡，乃诏赠特进、右光禄大夫、开府仪同三司，余并如故。给东园秘器，朝服一具，衣一袭。赠钱二十万，布百匹。皇太子亦举哀朝堂。谥曰简肃公。"[5]

五、品评

踔厉风发幼孤贫，

天降大任于斯人。

忧国忘家犬吠主，

止谈风月客惊魂。

人积财宝为胄裔，

我以清白遗子孙。

自古圣贤不寂寞，

弘农不孤德有邻。

（七律）

南朝文学家和史学家、南陈吏部尚书姚察谓之："徐勉少而厉志忘食，发愤修身，慎言行，择交游；加运属兴王，依光日月，故能明经术以绾青紫，出闾阎而取卿相。及居重任，竭诚事主，动师古始，依则先王，提衡端轨，物无异议，为梁宗臣，盛矣。"

《南史·徐勉传》谓之："徐勉少而励志，发愤忘食，修身慎行，运属兴王，依光日月，致位公辅，提衡端执，时无异议，为梁氏宗臣，信为美矣。"

注　释：

[1] [2] [3] [4] [5]《梁书·徐勉传》

南梁第一廉吏何远

何远（470—521），字义方，东海郡郯县（今山东郯城西北）人。何远最初以南齐江夏王国侍郎步入仕途，后在南梁历任建康令、步兵校尉、建武将军、武昌太守、武康县令、始兴内史、仁威长史、信武将军、东阳太守、征西咨议参军、中抚司马等职。何远做人为官笃实敦厚，立身清俭，恤民不倦，政绩卓著，以清廉公正名垂青史。《梁书·何远列传》称赞他"清公实为天下第一"。

一、初仕南齐，叛齐逃匿归依梁武

何远的父亲何慧炬，在南齐为官，曾任尚书郎。何远的宦海生涯，起步于南齐江夏王国侍郎，在江夏王萧宝玄属下为官，不久，又调任奉朝请。

江夏王萧宝玄是齐明帝萧鸾的第三个儿子，其岳父为南齐宰相徐孝嗣。永元二年（500），萧宝玄发动兵变，联合南齐名将崔慧景起兵东伐建康，企图推翻东昏侯萧宝卷，取而代之。促成这次事变的直接原因是，东昏侯萧宝卷残酷暴虐，对宰辅大臣稍不如意便滥加诛杀，搞得满朝文武人人自危，他不仅诛杀了宰相徐孝嗣，并且将徐孝嗣的女儿萧宝玄的妻子徐氏赐死。萧宝玄由此产生怨恨，一怒之下铤而走险。豫州刺史萧懿闻变急急率军驰援建康，经过激烈交战，崔慧景战败被杀，这场轰轰烈烈的军事政变被镇压下去。

一场政变落下帷幕，相继而来的必是目不忍睹的腥风血雨，何况东昏侯萧宝卷本性就残暴至极。于是，萧宝玄及其一大批追随者做了刀下之鬼。作为萧宝玄的幕僚和参与谋划政变的重要成员，何远自然在劫难逃，东昏侯在全国通缉捉拿何远。

何远先是逃到长沙宣武王那里藏匿，后又逃到桂阳王萧融处躲避起来。不久，朝廷发觉了何远的藏身之地，遂派兵追捕，当追捕的人赶到桂阳王府，何远仓皇跳墙逃脱。东昏侯萧宝卷派出捕快四处捉拿何远，何远这条漏网之鱼使尽浑身解数，东躲西藏，最终渡过长江，逃入北魏。

何远一路北逃，径直前往寿阳投靠刺史王肃。王肃原为南齐司徒主簿，出身于琅琊王氏，东晋丞相王导的后代，永明十一年（493）因父兄遇害，投奔北魏。何远劝说王肃共举义旗，创兴大业，王肃不为所动；何远又请求迎接梁武帝萧衍，王肃慨然应允。

于是，王肃派出一队人马护送何远到梁武帝萧衍处。

梁武帝看见何远，欣喜异常，高兴地对身边的幕僚说："何远美丈夫，而能破家报旧德，未易及也。"[1]当即任命何远为辅国将军，命其随军东下，向东昏侯萧宝卷的军队发起攻击，何远不负重托，为建立南梁立下了赫赫战功。

攻克建康后，梁武帝任命何远为建康令。梁武帝代齐称帝后，任命何远为步兵校尉，封广兴男，食邑300户，后又升任建武将军、后军将军鄱阳王萧恢的录事参军。

二、武昌太守，清廉自守恤民不倦

南齐建立不久，何远调任武昌郡太守。何远为人原本崇侠尚义，风流倜傥，不受世俗礼法的约束，现在做了主政一方的父母官，决心一改此前所为。他变得小心谨慎，凡事谨言慎行，断绝了许多旧日交往，为官当政、处理公务更是如履薄冰，拒绝任何人的请托。如遇有人前来馈送东西，不管是谁，也不管礼物轻重，任你说破天，无论如何也不肯接受。

武昌人世代饮长江水，到了炎热的盛夏，水温陡然升高，自幼在北方长大的何远喝不惯这种温热的江水，就自己出钱派差役到百姓家去买井水喝。有些人不肯收钱，何远便吩咐差役将水送回去。更有人知道新来的太守喜欢喝井水，径直挑着井水送上门去。何远就坚守一条：你不收钱，我就不喝，绝无例外。

其时，社会动乱，天地翻覆，城头变幻大王旗，官场腐败奢华之风盛行，作为武昌太守的何远却清介自守，生活极其简朴。据《梁书·何远列传》，何远坐的车子和穿的衣服粗劣不堪，所用的器物中找不到一件铜器和漆器，一日三餐更是永远不变的粗茶淡饭，粗陋得叫人难以置信。武昌临江多湖，水产丰盛，价钱也很便宜，何远每天只吃几片干鱼就自以为非常享受了。

在乱世之中盼来这样一位清廉自守、恤民不倦的太守，武昌百姓大喜过望，庆幸不已，自发地为何远立生祠，终日叩拜祷告，为其虔诚祈福，歌功颂德。

三、任职四方，三起三落矢志不移

何远生性正气凛然，刚直严厉，铁面无私，无论对谁都不肯讲半点情面，许多武昌官吏和百姓因为不大的过失受到鞭挞。于是，其中一些人衔恨在心，结伙告发何远。朝廷追究下来，将何远下廷尉治罪。当时，士大夫犯了罪，都不受成法限制。何远心里清楚自己从来不曾贪赃受贿，不会有什么大事，便接受了审查三天的条款，但最终还是以私藏禁杖的罪名被罢免官职。

梁武帝萧衍对何远既往不咎，没过多久，又起用何远为镇南将军、武康县令。从武昌太守到武康县令，何远没有丝毫失落感，一如既往以身作则、廉洁奉公、清风惠政，受到武康百姓的拥戴称颂。

太守王彬巡视下属各县，走到任何一县，都是高接远送，盛宴款待，珍馐佳肴，觥筹交错，临别又有厚礼馈送。而到武康县时，何远却只准备了干粮和白开水来迎接招待太守王彬一行。好在王彬不是那种鼠肚鸡肠之辈。王彬离开武康，何远送到县界，王彬跟他开玩笑说："你的礼节比陆纳还过分，难道不怕被古人笑话吗？"

这个陆纳是何许人也？他是东晋后期名士，曾任吴兴太守，累迁尚书令。据《晋书·列传第四十七》，大名鼎鼎的卫将军谢安前往拜访陆纳，陆纳的侄子陆俶嫌叔父仅仅以茶果招待太小气，便自作主张，暗暗备下丰盛的酒宴。客人走后，陆纳大为光火，怒斥侄子，并打了他40大板，将他狠狠教训了一顿。史称陆纳"贞厉绝俗，尚矣。其辞俸也，不啻辞粟之原思。其赴任也，不啻赴郡之孔奂。其对物也，不啻封金之关公。其供客也，不啻供母之茅容。其杖侄也，不啻杖徒之顾协。廉德孔多"。

王彬把何远比作陆纳，可见何远在其心目中的分量。

由于在武康深孚民望，政绩卓著，何远被擢升为宣城太守。从县令直接提升为邻近京城的大郡太守，在当时绝无先例。宣城郡此前曾遭战火洗劫，百孔千疮，百废待兴，何远到任后殚精竭虑，尽心治理，使其渐渐又恢复了生机。一年之后，何远升任树功将军、始兴内史。当时，泉陵侯萧渊朗赴任桂州刺史，仗恃自己宗室权贵的身份，倨傲不羁，沿途大肆劫掠，肆无忌惮，进入始兴郡境内时，慑于何远的政声威名，严令麾下规规矩矩，不敢妄动一草一木。

天监十六年（517），梁武帝萧衍降诏："何远前在武康，已著廉平；复莅二邦，弥尽清白。政先治道，惠留民爱，虽古之良二千石，无以过也。宜升内荣，以显外绩。可给事黄门侍郎。"[2]何远随即被召回朝廷，升任仁威长史。不久，又出任信武将军，监领吴郡。

当时的吴郡在梁朝举足轻重，梁武帝派何远主政吴郡，足见他对何远的信任和器重。令人遗憾的是上任不久，何远在吴郡因为酗酒的过失被调离，调任东阳太守。履职东阳，何远一如曩昔，依然是爱憎分明、嫉恶如仇、执法如山，视豪强富人为仇敌，视穷人弱者为子弟，很让豪强权贵感到畏惧，成为他们的眼中钉。何远主政东阳一年多，又因为执法严厉得罪了豪强权贵，遭到他们的诽谤诬告，再一次被罢免回籍。

后来，何远再一次被朝廷起用，担任征西咨议参军、中抚司马。普通二年（521），何远病逝，享年52岁。梁武帝对他的家属给予了丰厚的赠赐。

四、宦海一生，清廉公正天下第一

何远一生，宦海沉浮，三起三落，任职四方，无论是立身朝堂，还是主政一方，也无论是身在何处,职务高低,都是一身正气,两袖清风,尽心竭力,频施惠政,造福一方百姓。

据《梁书·何远列传》——

何远恤民不倦,笃志不移。"当官要为民做主"是何远宦海生涯始终不变的信条,虽因得罪豪强权贵屡遭罢官降职,他依然正气凛然,无所畏惧,踔厉风发,勇于担当,不肯摧眉折腰事权贵。其胸中激荡的浩然之气越挫越勇,永葆其云水襟怀和松柏气节,无论走到哪里,都做到了为官一任、振兴一方,着着实实践行了"行己有耻,使于四方,不辱君命,可谓士矣"。

何远每到一地,都十分重视城市的统一规划和建设。他一生任职四方,无论走到哪里,都喜欢兴修道路、整理街巷、修葺房屋、开辟新的街区,在他主政的地方,居民住宅、庙宇、市场、马厩、库房、城墙、护城河等都排列有序,井井有条,就像经营自己的家一样尽心尽力。

何远轻财好义,躬行俭约。他多年为官,不管职务如何变化,永远不变的是粗衣粝食,是使用朴陋的器物,是居陋室安天下。他自己的俸禄一点都不肯动用,总是每到年终之时,拿来周济特别贫困的百姓,而自己的妻子儿女有时也忍饥受寒,跟贫穷的老百姓没有什么两样。

何远耿直清高,却平民情结浓重。在公务之外,他拒绝任何人请谒,也从不拜访别人,一生清廉公正,不徇私情,给别人写信,无论贫富贵贱、地位高低,都平等相待,所用的称谓礼节都一样。

何远做人为官笃实敦厚,精诚守信。言必信,行必果,是何远终其一生谨守的人生信条,几十年间从无一句虚妄之语。他曾跟身边的朋友开玩笑说:"你如果能够听到我说一句假话,我就送你一匹细绢。"彼时一匹细绢价值十分昂贵,朋友们都明里暗里用心观察,结果始终没能逮住何远一句虚妄之语,只能"望绢兴叹"。

《梁书·何远列传》称赞何远"清公实为天下第一",在他主政的所有地方,当地吏民都自发地为其建立起生祠。

五、品评

高举义旗诛东昏，

矢志旋乾坤。

恤民不倦镇武昌，

干鱼佐餐惠政得人心。

三起三落志愈坚，

天下第一廉。

生祠如林今安在？

但见清气激荡冲云天。

（调寄《虞美人》）

梁武帝萧衍谓之："何远前在武康，已著廉平；复莅二邦，弥尽清白。政先治道，惠留民爱，虽古之良二千石，无以过也。"

《梁书·何远列传》谓之："远耿介无私曲，居人间，绝请谒，不造诣。与贵贱书疏，抗礼如一。其所会遇，未尝以颜色下人，以此多为俗士所恶。其清公实为天下第一。居数郡，见可欲终不变其心，妻子饥寒，如下贫者。及去东阳归家，经年岁口不言荣辱，士类益以此多之。其轻财好义，周人之急，言不虚妄，盖天性也。"

注　释：

[1][2]《梁书·何远列传》

袁聿修：百姓称誉"清郎""清卿"的北朝名臣

袁聿修（511—582），字叔德，陈郡阳夏（今河南太康）人。历经北魏、东魏、北齐、北周、隋朝五个朝代，历任北魏尚书左民郎中、东魏太子中舍人、北齐信州刺史和吏部尚书、北周仪同大将军和吏部下大夫、隋朝都官尚书和熊州刺史等职。袁聿修为官一生，清风两袖，廉洁奉公，以"清郎""清卿"的雅号名播青史。

一、任职四方，百姓为其立德政碑

袁聿修出身名门望族陈郡袁氏，祖父为南朝宋青州主簿袁宣，父亲为北魏中书令袁翻，堪称家世背景显赫的"官二代"。史载，袁聿修"性深沉有鉴识，清净寡欲，与物无竞，深为尚书崔休所赏识"[1]。魏晋南北朝时期实行九品中正制，主要依据家庭出身和背景来选官。袁聿修九岁被州里委任为主簿，北魏孝武帝太昌年间，任太保开府西阁祭酒，18岁时就被擢升为本州中正。州中正主掌识别荐举本州人才之责，负责考察评议的官员直属尚书台，不受地方官府辖制。不久，袁聿修调任尚书台度支郎、五兵郎中、左民郎中等职。

东魏孝静帝武定末年，袁聿修担任太子中舍人。

北齐文宣帝天保初年，袁聿修任太子庶子，并以本官兼任博陵太守。其时，王朝更替频繁，社会动乱，官场特别黑暗，贿赂公行，袁聿修却是官场上的"另类"，他为政清廉，处事公道，既不收受馈赠，更不攀附权贵，谨慎履职，关心民瘼，大有政绩，很快便声誉鹊起，深受远近百姓的称赞与拥戴。

天保八年（557），朝廷降诏命袁聿修兼太府少卿，不久，转任大司农少卿，又改任太常少卿。北齐孝昭帝皇建二年（561），袁聿修因母亲离世，依制去职守丧，不久，朝廷下诏命令恢复其职务，先后加冠军将军、辅国将军，调任吏部郎中。很快，又迁任司徒左长史，加骠骑大将军，领兼御史中丞。此后，又迁任秘书监。

齐后主天统年间，袁聿修出任信州刺史。信州是他的家乡，能回到自己的家乡主政一方，当时的人们都认为是一种至高的荣耀。在生育和养育自己成长的这片土地上，他仁政爱民，轻徭薄赋，心系百姓，频施清风惠政，自长吏以下，直至鳏寡孤幼，无不欢欣鼓舞。后主武平年间，朝廷派御史巡视各地，梁州、郑州、兖州、豫州等与信州疆域相接的州，都有官员被御史纠举惩处，而御史竟然不到信州来，由此可见袁聿修所受到的信任。

袁聿修在信州任期届满，朝廷召他卸职还京。信州百姓闻讯，纷纷赶来为他送行，包括僧人在内的人流绵延数里，填满了州衙通往京都邺城的道路，有人带来美酒，有人带来肉脯水果等，人们惜别的热泪长流，一个个全都依依不舍。其时正当盛暑，烈日当头，袁聿修恐百姓们过于劳累，多次下马，向送行的人们揖别，并喝一杯酒，表示已领受他们的好意，感谢他们的深情厚谊，恳切劝他们赶快回家。

袁聿修回京后，信州百姓郑播宗等700余人上书朝廷，请求为他立功德碑，齐后主高纬下诏同意了百姓的请求，由名儒中书侍郎李德林撰写碑文，历述他德政泽民、造福一方的功绩，其政声人望传布四方。不久，袁聿修被擢升为吏部尚书、仪同三司。

二、为官廉谨，"清郎"雅号不胫而走

袁聿修生性温润儒雅，立身清俭，在任何时候任何情况下都谨言慎行，恪守规矩法度，这在当时社会混乱、官场黑暗的大背景下实属罕见，特别是在士族高门子弟中，更属凤毛麟角。他在朝廷多个部门和多个地方担任要职，其中许多职务都是"肥差"，却从不以权谋私，一贯清廉自守、尽职尽责，当时许多名士都很赏识他，称许他的风采与见识。

袁聿修的诚朴敦厚更是为人们所称道。袁聿修在宫中宿卫值守时，与水部郎中赵彦深同住一院，两人志趣相投，相处融洽，便结为好友。后来，赵彦深遭人构陷，被罢官遣放回籍，顿时"门前冷落鞍马稀"，亲朋故旧多敬而远之，以至于门口台阶都长满杂草。袁聿修却依旧不忘旧情，经常前往赵彦深家中拜望，嘘寒问暖，与此前没有什么两样。后来，赵彦深重又得到朝廷重用，感慨良多，也对袁聿修的品行风节有了更深刻的切身体验。

据《北齐书·袁聿修列传》，袁聿修淡泊寡欲，"在官廉谨，当时少匹"。其时的官场，乌烟瘴气，政治生态险恶，稍不留神，得罪了显贵权要，轻则乌纱帽难保，重则有性命之忧。尚书台的官员们多不免于相互请托送礼，或者利用手中权力收受贿赂，中饱私囊，"聿修在尚书十年，未受升酒之馈"[2]。尚书邢邵与袁聿修是多年的老朋友，两人私下见面经常相互开玩笑、寻开心，每次在尚书省开玩笑时，邢邵都拿他的清廉自守说事，戏称袁聿修为"清郎"。

事情传开，袁聿修"清郎"的雅号遂不胫而走。

三、奉诏巡察，"清卿"之誉传遍四方

齐武成帝大宁年间，袁聿修奉诏以太常少卿出使各地巡察，并受命考核官员的优劣得失。

其时，邢邵正担任兖州刺史。袁聿修来到兖州，两个老朋友久别重逢，分外亲切，握手言欢，相互倾吐衷肠。处理完公务，两人依依惜别。邢邵早已准

备好了些许白绸，作为送给老朋友的礼物，他知道袁聿修的秉性，不好意思当面送给他，更怕当面遭拒难堪，便在与袁聿修揖别后，派人携带白绸快马追过去恳切相送。

袁聿修自然不肯接受。他不仅立即退回了白绸，还附带给邢邵写了一封意味深长的信。信中说："今日仰过，有异常行，瓜田李下，古人所慎，多言可畏，譬之防川，愿得此心，不贻厚责。"[3]大意是说，今日恭恭敬敬从你处经过，与往日出行不同，瓜田李下，必须避嫌，古代圣贤对此都是十分谨慎的。人言可畏，应当像防御水患一样谨慎自律，丝毫不能忽视细微末节，千里之堤，溃于蚁穴，愿你体谅我的苦心，不要过分责怪。

邢邵收到袁聿修的来信和退回的白绸，毫无不快之意，更增添了对他的敬重与钦佩，也为自己的轻率深深自责，遂挥笔写下《报袁聿修书》，派人飞马送达。信中说，先前的赠送，过于轻率，老夫匆忙之间，思虑不周，没有想清这个问题。敬承来信之意，我并无不快。谨此祝贺，弟昔日为清郎，今日复作清卿了。

自此，袁聿修又有"清卿"的雅号传遍四方。

北齐灭亡之后，袁聿修入仕北周，任职仪同大将军、吏部下大夫。周静帝大象末年，改任东京司宗中大夫。

周灭隋兴，袁聿修迁任东京都官尚书，加官仪同三司。东京被废后，又入朝任都官尚书。开皇二年（582），出任熊州刺史，不久，溘然长逝，终年72岁。

四、品评

历仕五朝心系民，

一官洁清耀乾坤。

清郎清卿标青史，

德碑不见泪满襟。

（古风）

《北齐书·袁聿修列传》谓之："聿修少平和温润，素流之中，最有规检。

以名家子历任清华,时望多相器待,许其风鉴。""在官廉谨,当时少匹。魏、齐世,台郎多不免交通馈遗,聿修在尚书十年,未受升酒之馈。"

注　释:

[1] [2] [3]《北齐书·袁聿修列传》

柳庆：自比于公的北朝名臣

柳庆（516—566），字更兴，河东郡解县（今山西省永济市）人。历仕北魏、西魏和北周，历任奉朝请、大行台郎中领北华州长史、尚书都兵、骠骑大将军、开府仪同三司、尚书右仆射、尚书左仆射、司会中大夫、京兆尹、宜州刺史等职。柳庆自幼博览群书，过目成诵，为官清廉抗直，以刚正不阿、断案如神彪炳青史。

一、聪颖倜傥，爱读书过目不忘

柳庆出身于名门望族河东柳氏，其五世祖柳恭为后赵河东郡守，曾祖父柳绍为刘宋国钟离郡守，祖父柳缉为刘宋国宋安郡守，父亲柳僧习为萧齐国兖州司马，后归北魏任北地郡守、颍川郡守、扬州大中正。柳庆自幼天资聪颖，酷爱读书，饱览经史，但不拘泥于章句，开朗倜傥，思维敏捷，善于言谈应酬。

柳家世代书香，家中藏书非常丰富。某日，风轻日朗，13岁的柳庆帮父亲在天井里晒书，忙里忙外，在书堆里跑来跑去，累得满头大汗，小脸在和煦的阳光下泛着红光。看着儿子跑来跑去的身影，父亲突然想考考他，摸摸他的功底，于是，便把柳庆叫到身边，对他说："别人都说你聪明机敏，可是我还没有验证过呐，不知是真是假，今天呀，就来考考你。"说着，随手从书堆里抽出一本《杂赋集》，指着目录中一篇赋的题目说："你就背诵这一篇吧。"这篇赋有1000余字，柳庆接过书，当即读了三遍，把书本一合，交给父亲，便一字不漏地将全篇背诵下来。

父亲柳僧习喜出望外。

其时，柳僧习官居颍川（今河南许昌）郡守，颍川毗邻京都洛阳，权贵豪富颇多。在选聘乡官时，这些权贵豪富之家倚财仗势，穿梭于郡府衙门，你方说罢我登场，互不服气，郡府衙门成为他们竞相比拼的角力场，柳僧习成为他们集中围猎的对象。

柳僧习是个忠贞刚直之士，他把四个儿子叫到跟前，对他们说："权贵们私相嘱托，这些绣花枕头我一个也不用，用了误国。但是他们的使者就要回去了，必须一一有个答复。你们各以自己的意思为我起草一封信，谁写得好，我就用谁的。"不大的工夫，儿子们陆续完成了父亲布置的任务，柳僧习逐篇阅读，以为四儿子柳庆写得最好。

打动柳僧习的，是柳庆回信中的这样几句话："下官受委大邦，选吏之日，有能者进，不肖者退。此乃朝廷恒典。"其父读罢，十分赞赏柳庆的直率，感叹道："此儿有意气，丈夫理当如是。"[1]

二、力劝孝武，舍荆襄西迁长安

柳庆以门荫入仕，就职奉朝请步入仕途，后被任命为中坚将军。

永熙三年（534），北魏孝武帝元修迫于权臣高欢的强大压力，将都城由洛阳西迁长安，投奔关中大行台宇文泰。孝武帝任命柳庆为散骑侍郎，乘驿站车马先行入关，前往关中会见宇文泰，共商西迁相关事宜。柳庆受命，策马疾驰，行至高平，与宇文泰相遇。宇文泰热情接待了柳庆，随即做好迎驾准备，要柳庆先返回复命。

此时的孝武帝虽已行进在西迁途中，心中却依然充满疑虑，在究竟是西入关中投靠宇文泰还是东奔荆襄投靠贺拔胜的问题上犹豫徘徊，心里一直在打鼓：这个宇文泰靠谱吗？特别是踏上西迁之途的当夜，人马呼啦啦立时逃亡就超过了一半，使得他更加忧心忡忡，不得不重新审视当初西迁的决策。

孝武帝屏退左右随从，悄悄问柳庆："高欢已屯兵黄河以北，关中兵马尚未赶到，我想东去荆襄，你觉得如何？"

柳庆上奏说："关中金城千里，天下之强国也。宇文泰忠诚奋发，朝廷之良臣也。以陛下之圣明，仗宇文泰之力用，进可以东向而制群雄，退可以闭关而固天府。此万全之计也。荆州地非要害，众又寡弱，外迫梁寇，内拒欢党，斯乃危亡是惧，宁足以固鸿基？以臣断之，未见其可。"[2]

一席话说的孝武帝频频颔首，遂打消了顾虑，坚定了西迁长安的决心。

柳庆的判断没错。此后没多久，高欢便派出大军打垮了贺拔胜，占领了荆州，贺拔胜被迫逃到南方，投降于南梁。不过，柳庆的建议也没能挽救孝武帝元修的厄运，逃到长安后，当年年底他便被宇文泰下黑手毒死了。我们已无从知道，孝武帝在生命弥留之际，是将自己的死归因于柳庆的西迁建议，还是宇文泰的心狠手毒，抑或是自己天生就不是甘心做傀儡皇帝的那种主儿。

三、敢碰硬茬，惩凶犯贵戚敛手

孝武帝入关后，柳庆被任命为相府东阁祭酒，兼任记室，后转任户曹参军。西魏文帝大统八年（542），被擢升为大行台郎中，领北华州长史，大统十年（544）任尚书都兵。

广陵王元欣的外甥孟氏，是个无法无天的小混混，仗势称霸乡里，屡屡横行不法，作恶为虐，成了远近闻名的害群之马。前任官员都知道这小混混背靠大树，是个硬茬，没人敢招惹，都睁一只眼闭一只眼。这更加助长了孟氏的嚣张气焰，愈发肆无忌惮。某日，又有人告发孟氏盗窃耕牛，柳庆命捕快将其缉拿归案，经审讯，人赃俱获，孟氏供认不讳，柳庆立即下令把他监禁起来。

一贯嚣张跋扈的孟氏毫无惧色，气势汹汹地对柳庆说："我倒要看看，你今天把我关起来，明天怎么放出来！"此时，广陵王元欣派来的使者也找上门来，愣是说孟氏无罪。孟氏知道后，更加有恃无恐，口出狂言，要柳庆"吃不了，兜着走"。

属下吏员将孟氏的骄躁狂妄向柳庆报告，柳庆微微一笑，立即召集僚属吏员到大堂集中,公开宣布孟氏倚仗皇亲虐害百姓的种种罪状。宣读完毕,宣布立即行刑,孟氏立时毙命于杖下。

慑于柳庆的朝野人望,元欣也不敢就此案再说三道四。元欣是北魏献文帝拓跋弘的孙子,随孝武帝入关后,历任太傅、录尚书事、太宰、中军大都督、司徒、大丞相等职,位高权重,其礼遇位居西魏诸宗王之冠,连他的面子柳庆都不肯给,更不用说其他人了。

自此以后,"贵戚敛手,不敢侵暴"[3]。

四、自比于公,施妙策断案如神

柳庆一生为官清正廉明,一身正气,两袖清风,决讼断狱,秉公无私,每每有奇思妙想,都能出人意料,于细微处寻突破,堪称断案如神。《周书·柳庆列传》记载了两个柳庆断案的故事。

第一个故事:不翼而飞的铜钱。

有个商人带了20斤铜钱到京都洛阳做生意,租住在一户人家。商人非常谨慎,每次外出,都是自己拿着钥匙,慎之又慎,从来不曾马虎。可是突然有一天,商人回到房间,发现自己的铜钱竟全部不翼而飞。房门及锁丝毫无损,究竟是谁盗走了铜钱呢?

商人将房主告到了官府。

郡县官府立即派出捕快将房主抓获,经过拷讯审问,房主承认是自己偷了商人的钱。

柳庆听了案情汇报,觉得此案太过蹊跷,决定亲自审问。

他命人把商人召来,问道:"你的钥匙经常放在哪儿?"商人答道:"总是自己带着。"又问:"近期你同别人一块儿住宿过吗?"商人答:"没有。"再问:"可同别人一块儿喝过酒?"商人答:"前一阵儿曾和一个和尚两次聚餐,酒逢知己,开怀畅饮,不知不觉间喝得我大白天都睡着了。"

柳庆一拍几案,十分有把握地说:"房主不是贼,他是因为经不住拷打而不得不招认,真正的贼是那个和尚!"

于是，他立即派人去捉拿和尚，发现和尚偷了钱早已逃之夭夭。后来，和尚被缉捕归案，在他身上缴获了商人的全部铜钱。

第二个故事：诓贼投案自首。

有一户人家深夜遭群贼抢劫，郡县派员察访，许久查不到贼人踪迹，便怀疑邻居有作案嫌疑。于是，官府将左邻右舍很多人囚禁起来，众人大呼冤枉。

柳庆认为，贼人晚间结伙抢劫，应当是临时纠合，他们彼此间没有深交，必然互相猜疑，可以利用这一点，以诈术诓贼，寻求突破。

于是，柳庆命人写了大量匿名信，在官府门口、商铺周围、街巷要道广泛张贴。信中写道："我一时脑袋发热，参与了共同抢劫，天底下没有不透风的墙，何况抢劫者人员混杂，恐怕早晚要走漏消息。如今想投案自首，又害怕得不到宽大处理，更害怕被处死。如果官府允诺赦免最先自首者的罪过，我就准备前往自首。"

第二天，柳庆又命人贴出官府文告，声称最先自首者可以免罪。文告上的官府大红印章十分醒目。

没承想这一招竟然特别灵验，两天后，广陵王元欣的一个家奴自缚前来，在榜文下自首。柳庆趁热打铁，严加审讯，很快将众贼一网打尽。

柳庆断案，诸如此类，不可胜数。他常常感叹说："汉朝的于公，以秉公无私善于断狱而闻名于世。他命人将大门修得宽阔高大，以待后世迎受封赏，后来，他的儿子于定国做了丞相。同于公相比，我也差不多吧。"

大统十三年（547），朝廷封柳庆为清河县男，食邑200户，兼任尚书右丞，代行计部事。

五、天性抗直，宇文泰倚为股肱

大丞相宇文泰对大臣王茂成见很深，以至于下决心要杀掉他，而王茂并没有犯死罪。群臣都知道王茂是冤枉的，可是慑于宇文泰的淫威，谁也不敢站出来为王茂鸣冤，或者去劝说宇文泰宽大为怀，得饶人处且饶人。

柳庆可不管这一套。他径直找到宇文泰，梗着脖子说："王茂没有犯罪，为什么要将他处死？"宇文泰不由火冒三丈，声色俱厉地呵斥柳庆说："王茂罪当处死，如果你敢替他开脱，声言他没罪，那就是你也有罪，必须严惩！"说罢，命令左右立即将柳庆绑缚起来。

柳庆面无惧色，圆睁双目大声对宇文泰抗辩道："窃闻君有不达者为不明，臣有不争者为不忠。庆谨竭愚诚，实不敢爱死，但惧公为不明之君耳。愿深察之。"[4]

一句话使宇文泰恍然大悟，遂下令给柳庆松绑，赦免王茂，但已经来不及了——王茂的人头已然落地。宇文泰闻报，久久沉默不语。

第二天，宇文泰召见柳庆，不无歉意地说："我没能及时采纳你的建议，使得王茂含冤而死。亡羊补牢，现今能做的只能是多多赏赐王茂的家眷钱帛，以表明我的过错。"随后宣布，晋封柳庆为子爵，食邑增加300户。

自此，大丞相宇文泰将柳庆倚为股肱，厚加赏赐。据《周书·柳庆列传》："庆威仪端肃，枢机明辨。太祖（宇文泰）每发号令，常使庆宣之。天性抗直，无所回避。太祖亦以此深委仗焉。二年（553），授车骑大将军、仪同三司。魏恭帝初，进位骠骑大将军、开府仪同三司、尚书右仆射，转左仆射，领著作。六官建，拜司会中大夫。"

六、不畏权贵，拒晋公不上贼船

西魏恭帝三年（556）十月，宇文泰在北巡途中溘然病逝，其子宇文觉嗣其位为太师、大冢宰，由其侄晋公宇文护辅政。

其时，宇文觉只是个14岁的娃娃，朝廷大权全部落入宇文护手中，炙手可热，满朝文武竞相攀附者趋之若鹜。宇文护野心勃勃，对柳庆的品格能力和超高人望十分佩服，便想拉笼柳庆为心腹，没想到柳庆竟"不识抬举"，直言推辞，不肯上宇文护的贼船，令宇文护大感意外，也十分恼火。

孝闵帝元年（557）九月，晋公宇文护废黜孝闵帝宇文觉，此后三年内，宇文护连杀宇文觉、拓跋廓、宇文毓三帝，于武成二年（560）迎立宇文泰第四子宇文邕为帝，一时权倾朝野，成为北周的实际主宰者。

权奸当道，忠清亮直之士自然没有好日子过。柳庆先是被贬为万州刺史，不久又召回任雍州别驾，兼任京兆尹，北周世宗武成二年（560），调任宜州刺史。

柳庆因秉公执法与小冢宰杨宽结下梁子，杨宽处心积虑，寻机报复。柳庆曾长期掌管朝廷府库，杨宽组建起一个清查班子，将府库历年的账本查了个底儿朝天，还寻找借口，囚禁了数名柳庆当年的老部下，威逼利诱，要他们伪造构陷柳庆贪赃枉法的罪证。清仓查账审讯拷问持续了60多天，有的吏员被拷打致死，最终没有一个人肯昧着良心诬陷柳庆。查来查去，最终只在府库中找到多出账面的几匹彩绢。消息传开，人们无不佩服柳庆的清正廉洁。

北周武帝天和元年（566）十二月，柳庆病逝，享年50岁，赠鄜、绥、丹三州刺史，谥号曰"景"。

七、品评

生于河东名门柳，

昂首乱世傲王侯。

晋公邀入伙，

泾渭明清浊。

决狱悬秦镜，

自比汉于公。

奸佞瑟瑟抖，

贵戚俱敛手。

（调寄《菩萨蛮》）

《周书·柳庆列传》谓之："柳庆束带立朝，怀匪躬之节；莅官从政，著清白之美。并遭逢兴运，各展志能，誉重搢绅，望隆端揆，非虚云也。然庆畏避权宠，违忤宰臣，虽取诎于一时，实获申于千载矣。"

注 释：

[1] [2] [3] [4]《周书·柳庆列传》

裴侠："独立使君"的为官风范

裴侠（？—559），字嵩和，河东解县（今山西临猗）人，南北朝时期官员。历任州府主簿、义阳郡守、东郡太守、丞相府士曹参军、河北郡守、郢州刺史、大将军、拓州刺史、司邑下大夫、骠骑大将军、开府仪同三司、户部中大夫、工部中大夫等职，晋爵为公。裴侠原名裴协，因作战冲锋陷阵勇猛无畏，丞相宇文泰为其改名为"侠"，为官清正廉直，以"独立使君"名垂青史。

一、名门冑裔，坚拒元颢效忠北魏

裴侠出身于名门望族河东裴氏。据现存于山西闻喜县档案馆的《裴氏世谱》记载，河东裴氏是中国封建社会史上盛名久负的一大世家，其始祖为周朝诸侯国秦国开国君主秦非子。自秦汉以来，裴氏家族历六朝而盛，至隋唐而盛极，五代以后余芳犹存，名卿贤相摩肩接踵、茂郁如林，其家族人物之盛、德业文章之隆，在中外历史上堪称绝无仅有。其中著名的政治家有裴休、裴楷、裴蕴、裴矩、裴佗、裴让之、裴政、裴寂、裴胄、裴度、裴枢等；军事家有裴行俭、裴茂、裴潜、裴叔业、裴邃、裴骏、裴衍、裴宽、裴果、裴文举、裴镜民、裴济等，法学家有裴政，外交家有裴矩、裴世清等。仅在唐朝，河东裴氏就出了

17位宰相。

裴侠的祖父裴思齐，在北魏时任议郎；父亲裴欣，自幼博览经史，任北魏昌乐王府司马、西河郡守，死后追赠晋州刺史。裴侠自幼聪明慧敏，只是长到7岁还不会讲话。某日，洛城上空群鸟遮天蔽日从西方飞来，裴侠仰望天空高兴地手舞足蹈，骤然间手指群鸟开口说话。裴侠13岁的时候，父亲裴欣遽然病逝，他哀痛悲苦，埋葬了父亲，仿佛一夜之间长成了大人。

几年以后，裴侠被聘为州府主簿，举荐为秀才。北魏正光年间（520—525），裴侠以门荫得到散官奉朝请，不久，又被擢升为义阳郡守。

孝昌四年（528），时任北魏右仆射、车骑大将军的元颢受命前往邺城镇压葛荣起义军，恰逢尔朱荣攻破洛阳，发动河阴之变，溺死胡太后和幼帝元钊，纵兵围杀王公百官2000多人，天下震恐，朝局动荡。元颢顿觉前途未卜，为求自保，身为宗室重臣，他竟孤注一掷，叛投了南梁。是年十月，梁武帝萧衍派名将陈庆之率领7000余甲兵，随同元颢杀回北魏。元颢率领的联军一路攻城略地，所向披靡，不久，称帝于睢阳，大有旋转乾坤、取代孝庄帝元子攸之势。

永安二年（529），元颢攻破洛阳，改元建武，派出使者前往义阳招裴侠入伙。裴侠毫不犹豫，当即烧掉了元颢送来的书信，以示坚定不移地效忠孝庄帝的决心。孝庄帝对裴侠非常赞赏，任命他为轻车将军、东郡太守，兼任防城别将。

二、"既食人禄，宁以妻子易图也？"

中兴二年（532），第三镇酋长、晋州刺史高欢击败尔朱氏，废黜尔朱氏拥立的节闵帝元恭，拥立平阳王元修为帝，是为孝武帝。高欢以大丞相、渤海王的身份牢牢控制着北魏朝政，一手遮天。孝武帝元修不甘心做一个俯首帖耳的傀儡皇帝，与高欢之间的矛盾冲突不断升级，渐渐发展到势不两立的地步。

永熙三年（534）七月，孝武帝动员所有可以动员的部众，西迁关中。武卫将军王思政向孝武帝推荐了裴侠，孝武帝授予裴侠左中郎将。

孝武帝率领的西迁队伍出发之际，裴侠的妻儿老小还都住在东郡，此去关中,千里之遥,日后之事不可逆料。裴侠的麾下将领郑伟劝他说:"良禽择木而栖,这话无疑是对的。可是,目前天下动乱,朝不虑夕,你最好还是先到东郡找到家人,然后再慢慢地寻找良木栖止。"裴侠顿时严肃起来,神色庄重地说:"既食人禄,宁以妻子易图也?"[1]——既然拿人家的俸禄,又怎么能因为妻子儿女改变自己的主意呢?

于是,裴侠舍下妻儿老小,孤身一人随孝武帝入关。朝廷任命裴侠为丞相府士曹参军,赐予他清河县伯的爵位。

三、勇冠三军,宇文泰为其改名"侠"

大统三年（537）,东魏丞相高欢亲率大军讨伐西魏,爆发了决定东西魏命运的沙苑之战。沙苑一战,西魏丞相宇文泰以不满 1 万的兵马,以少胜多,击败了高欢率领的 20 余万兵马,奠定了日后北周统一北方以及隋唐王朝强盛的基础。在此次战役中,裴侠率部身先士卒,血染征袍,勇冠三军,立下赫赫战功。战后,因功晋爵为侯。丞相宇文泰赞叹说:"仁者必有勇。如此弥天大勇,以后你就叫裴侠吧!"裴侠此前名裴协,自此改名裴侠。

大统八年（542）,高欢再次率军进攻西魏,宇文泰任命侍中兼东道行台王思政坚守玉璧,任命裴侠为其长史。高欢写信给王思政,许以高官厚禄,企图招降他,达到不战而屈人之兵的目的。王思政令裴侠起草回信。裴侠的回信写得慷慨激昂、掷地有声,高欢读之不仅绝了招降之念,而且揽书大加赞叹。

西魏丞相宇文泰知道了这件事欣喜异常,高兴地对裴侠说:"虽鲁仲连无以加也。"[2]——就是像助田单复兴齐国的鲁仲连那样的高士,也无法赶得上你呀!

四、河北郡守,"独立使君"朝野叹服

大统十二年（546）,裴侠因戍守玉璧之功,被擢升为河北郡守。由驰骋沙场的骁将到主政一方的父母官,裴侠很快适应了自己角色的转换,克己奉公,励精图治,频施清风惠政。《北史·裴侠列传》称赞他:"侠躬履俭素,爱人如子,

所食唯菽麦盐菜而已，吏人莫不怀之。"

　　在裴侠之前的历任河北郡守，都有30名渔夫猎人为郡守打鱼狩猎，30名兵丁充当警卫和侍役，早已成为定例。裴侠到任后，发现每天有这么多人围绕自己辛苦劳作，深感不安，叹息道："以口腹役人，吾所不为也。"[3]于是，宣布当即解除猎人渔夫的劳役，安排担任自己警卫和侍役的30名兵丁去买卖官马。后来，马匹不断增多，渐渐形成了一个马群。裴侠离职的时候，一匹马也不肯带，任何公物一无所取。河北百姓十分怀念他，于是便编了一首歌谣四方传颂："肥鲜不食，丁庸不取，裴公贞惠，为世规矩。"[4]——不吃鲜肥味美的食物，不用兵丁为自己服役，裴公如此的清明廉洁，实在堪为世人典范。

　　裴侠曾与各郡的太守们一起前往拜谒宇文泰，宇文泰非常欣赏裴侠清政爱民的风范，想趁此机会给众郡守树立一个榜样。于是，他吩咐裴侠单独站在一边，转过脸去对其他郡守说："裴侠清廉谨慎，节用爱民，奉公守法，堪称天下第一，你们谁觉得能比得上他，就走过去同他站在一起。"众人你看看我，我看看你，都默然不语，没有一个人敢应声，更没有一个人敢站到裴侠身边。

　　于是，宇文泰对裴侠厚加赏赐，号召其他官员以他为楷模，朝野上下都十分叹服，称他为"独立使君"。

五、频调吏职，为官一任振兴一方

　　大统十五年（549），朝廷调裴侠出任郢州刺史，加仪同三司。上任不久，南梁竟陵郡守孙暠、鄢城郡守张健举郡前来降附。裴侠通过察言观色，认为孙暠言谈间眼珠骨碌骨碌乱转，说话也没有分寸，不像是真心降附；张健沉稳持重，神情镇定，不会有二心。有人将此事报告了宇文泰，宇文泰听了裴侠的判断频频领首，认为裴侠颇有识人之明，于是派大都督符贵前往镇守竟陵，而对鄢城不派军队，依然命前郡守张健镇守。

　　事态的发展正如裴侠所料，第二年，南梁遣将领柳仲礼率军救安陆，兵临竟陵，孙暠又随风倒戈，暗中策划将符贵绑缚起来，叛魏重又归梁。

此后不久，裴侠转任大将军、拓州刺史，后又被任命为雍州别驾。

北周孝闵帝即位（557）后，朝廷任命裴侠为司邑下大夫，加骠骑大将军、开府仪同三司，晋爵为公。此后不久，裴侠又相继调任户部中大夫、工部中大夫。裴侠甫一上任，便掀起了肃贪风暴，使贪官污吏人人震恐，惶惶不可终日。裴侠揭发查办的贪腐案件触目惊心，树立了清廉严政的名声。大司空的掌钱物典李贵贪污了500万钱，吓得躲在家中号啕大哭，不知如何是好。裴侠获知后，允许他自首，责令其退回全部赃物。

六、撰《贞侯传》，追绍前贤踔厉风发

裴侠的九世伯祖裴潜是三国时曹魏大臣，在曹操平定荆州时归附曹操，并出任丞相府军参谋，历任三县县令；魏明帝时出任尚书、太尉军师、大司农、尚书令、光禄大夫，封清阳亭侯。裴潜为官清廉，勤政爱民，在任期间使得"北边大震，百姓归心"，死后追封太常，谥号"贞侯"。为弘扬裴潜清公爱民的为官品德，让后辈从前贤修身报国的光辉业绩和经验中汲取前进的力量，同时给裴氏后世子孙树立学习的榜样，裴侠夜以继日，历尽艰辛，撰成了《贞侯潜传》，并且在传中附载了裴氏宗族中有清名者的感人事迹。

裴侠认为，裴氏的清廉公正，是从贞侯裴潜开始的，为使裴氏后人继承和发扬裴潜的精神，使裴潜开创的清廉之风绵延不绝，凡本族中的知名之士，裴侠都给他们送去一本。

裴侠的堂弟裴伯凤、裴世彦当时都在丞相府担任府佐，他们从裴侠手中接过《贞侯潜传》，讥笑他说："人生仕进，为的就是荣华富贵、声名显赫，像你这样清苦，作践自己，不知究竟想干什么？"裴侠回答说："清廉是做官的根本，节俭是立身的基础。何况我们裴家是名门望族，世世代代都有美誉，所以能被朝廷称道和重用，并流芳于文章册籍。现今，我侥幸以平庸的才能蒙受朝廷的殊遇，坚持过清贫穷困的生活，不是希求名誉，而是立志于自我修省，

害怕辱没了祖先，被世人嘲笑，这样做难道有什么不妥吗？"

裴伯凤、裴世彦听罢，满面羞愧地悻悻离去。

裴侠为官一生，任职四方，职务多次变换，但无论身在何方，也无论在朝在野，永远不变的是其"独立使君"的公正无私和清风峻节。到了晚年，裴侠身染沉疴，大司空许国公宇文贵、小司空北海公申征一起前往其家中探望，发现作为朝廷重臣的他，位列公卿，竟然住在透风漏雨的房子里，家中所有陈设及使用器物都极其简陋。他们深受感动，立即将情况如实向明帝宇文毓禀报。于是，明帝降诏抚慰，诏命为裴侠建造房屋，并赐给良田十顷，以及仆人、耕作农具、粮食等，以旌表其清风峻节。

裴侠困于病榻期间，终日昏迷不醒，某日，听到五更鼓响起，突然惊醒，跃然起身，对守护在床边的人说："可以去府衙了"，他的病也随之痊愈了。晋公宇文护听到这件事后叹息着说"裴侠病情如此危重，心里却依然放不下公事，听到五更鼓响，随之大病痊愈，这难道不是上天保佑他的夙夜在公和勤勉谨慎吗？"

武成元年（559），裴侠卒于任上，赠太子少师、蒲州刺史，谥号曰"贞"。

七、品评

河东裴氏，钟灵毓秀，

裴侠继起竞风流。

义阳烧书拒元颢，

沙苑鏖兵万兜鍪。

独立使君，颂歌悠悠，

公卿重臣居室陋。

吏畏其威人怀惠，

清廉公忠冠千秋。

（调寄《踏莎行》）

《北史·裴侠列传》谓之："嵩和廉约居身，忠勤奉上，人怀其惠，吏畏其威，虽古之良吏，何以加此。"

注　释：

[1] [2] [3] [4]《北史·裴侠列传》

苏琼:"悬瓜太守"誉千秋

苏琼,生卒年月不详,字珍之,长乐郡武强(今河北武强)人,南北朝时期官员。历任长流参军、刑狱参军、南清河郡太守、三公郎中、大理寺卿、徐州行台左丞、代理徐州刺史等职。苏琼为官一生,两袖清风,一尘不染,忧国恤民,甚有政声,尤以"悬瓜太守"享誉千秋。

一、随父访友,出语惊人入仕途

据《北史·苏琼列传》,苏琼的父亲苏备是北魏的官员,官至卫尉少卿,苏琼自幼便跟随父亲在边境生活。苏备的朋友曹芝时任东荆州刺史,某日,苏琼随父前往探访。曹芝见苏琼生得一表人才,聪明伶俐,便跟他开玩笑说:"小伙子,想当官不?"没想到苏琼顿时严肃起来,一本正经地说:"朝廷设立官职选人充任,并不是要人去求官做。"

一句话使曹芝惊叹不已,随即聘请苏琼做了自己府中的长流参军。苏琼自此踏入仕途。

其时,权臣高欢在朝野一手遮天,挟天子以令诸侯,其子高澄凭借父亲的威势进位开府仪同三司,组建官署设置属官,苏琼被征召为刑狱参军。所谓惺惺惜惺惺,少年得志、智慧超群的高澄对年轻能干的苏琼甚为爱重,经常鼓励慰劳他。苏琼任职不久,并州地区发生一起抢劫大案,由长流参军张龙负责侦办。张龙办案风风火火,指挥麾下办案人员抓了一大批嫌疑人,经过拷打审问,这些被怀疑为强盗的人供认不讳,被抢劫人家也都认定就是这些"强盗"偷了自己的东西,但是,从始至终没有找到任何抢劫的赃物。

案子审结,张龙报到高澄那里。高澄认为此案缺少证据,疑点甚多,转手交给苏琼重新审理。

苏琼经过缜密侦察,推翻原判,查明作案者另有其人,随即将真正的嫌犯元景融等十多人全部缉捕归案,同时也缴获了全部赃物作为证据。高澄闻报大笑,对先前那些被冤枉为强盗的人说:"尔辈若不遇我好参军,几致枉死。"[1]

二、主政州郡,百姓誉称"保护神"

南清河郡盗贼蜂起,社会动乱,百姓终日惶恐不安,朝廷急命苏琼为南清河郡太守,前往捕盗靖乱,稳定局势。

苏琼履职后,频出奇招,顺藤摸瓜,理清了境内盗贼作乱的脉络,立即将几个罪大恶极者绳之以法,很快稳住了局面。南清河郡由乱到治,民风大变,吏民无不欢欣鼓舞,称颂其功德。此前,南清河郡有偷盗前科的有100多人,现在他们不仅洗心革面,重新做人,而且都乐于为苏琼充当耳目,民间发生的无论是好事还是坏事,甚至连官吏们拿了谁家什么东西,喝了谁家一杯酒,苏琼无不立时就能知道。更为令人惊奇的是外郡的奸诈不法之徒,逃到南清河郡躲藏,或从这里经过,如果被当地百姓发现,他们都自发地到官府告发,或者将其捉住扭送官府。

乡民魏双成丢失了一头牛,怀疑被同村人魏子宾偷去,便纠集几个哥们将魏子宾扭送到郡府衙门。苏琼经过仔细审问,知道魏子宾不是偷牛贼,随即便把他放了。这一下魏双成急了,冲苏琼喊道:"府君府君,您把贼放跑了,我找谁去要牛啊!"苏琼笑笑说:"不急不急,偷牛贼会找到的。"没过几天,苏琼派人下去明察暗访,很快便找到了偷牛贼,魏双成的牛失而复得。从此以后,

107

百姓放牧牲畜大都不加点验，他们说："丢就丢，不可怕，我们有苏府君这位保护神，终会找回来的。"

苏琼十分重视郡府官员和百姓的读书教化。每年春季，苏琼都召集当地大儒卫觊隆、田元凤等在郡学堂讲学，要求郡吏们必须准时前来听讲，督促他们在处理完公务后认真读书。当时的人们都把官署称为学生宿舍。针对当地一些陋习，苏琼发布命令：禁止不合礼法的祭祀；规定婚礼丧葬必须遵守礼仪制度，厉行节约，反对铺张浪费；在养蚕的季节到来之前，预先公布绵绢的长度式样；张榜公布百姓各自应负担徭役赋税的数额和先后次序，防止贪官污吏从中渔利，祸害百姓。

苏琼在南清河郡任职六年，政通人和，百姓都归心于他，在此期间，当地没有一个人越过郡府前往州府告状。苏琼先后四次上表作述职报告，每次政绩都名列最上等，这使得苏琼政声满天下。随同苏琼扬名天下的还有南清河郡，当时全国其他不少州郡都纷纷派人到南清河郡来，询问和学习苏琼处理政事的方法与经验。

三、忧国恤民，频施惠政勇担当

北齐文宣帝天保年间（550—559），南清河郡爆发洪灾，百姓流离失所，纷纷八方逃难，有1000多户食物彻底断绝，陷入饿肚皮的窘境。苏琼立即将郡内的富人全都召集来，以个人名义向他们贷粮，然后将贷来的粮食全都分给挨饿的饥民。大灾之年，州府依然循例按户征收租税，由于苏琼贷粮使州府的租税征缴举步维艰，州府官员放出狠话，将严厉追究贷粮之事。郡府主簿忧心忡忡地对苏琼说："府君您虽然是一片忧国恤民的苦心，要拯救那些处在水深火热中的百姓，这一回恐怕要连累您啊。"苏琼淡淡地说："一人获罪，而救活千家，难道不是很值得么！"于是，苏琼上疏朝廷，如实陈明灾情，恳请朝廷体恤遭难百姓，最终使征税和追究贷粮之事胎死腹中。这些得救的饥民在抚爱自己儿女时都深情地说："一定要终生铭记，是苏府君救了你们一条命啊。"

苏琼在南清河郡声誉日隆，受到百姓的倾心爱戴，因丁忧归家守丧去职。过了不久，朝廷起复，苏琼奉调入朝，先后出任司直、廷尉正，朝中官员都感叹对他不公平。后来，苏琼又迁任三公郎中，不久，被擢升为大理寺卿。

在此期间，不断有人前来告发赵州、清河及南中郎府管区发生谋反案，这些案子都交付苏琼来审理。对于每一个案件，苏琼都认真仔细地摸清事情真相，明察秋毫，依据事实秉公审理，被诬告的人多得到申雪。眼见苏琼推翻了一个又一个谋反案，尚书崔昂不禁为他捏着一把汗，悄悄对他说："你如果想要建立功名，当动动脑筋，想想别的法子，三番五次为谋反作乱的人洗雪罪名，你有几个脑袋？"苏琼严肃庄重地回答说："我所昭雪的都是被冤枉的人，实实在在，如果真的有人谋反作乱，岂有放过之理！"崔昂听了，惭愧不已。京师的人们为此流传说："断决无疑苏珍之。"[2]

北齐孝昭帝皇建年间（560—561），朝廷敕封苏琼为安定县男，任命其为徐州行台左丞，代理徐州刺史。苏琼赴任不久，徐州城中五级寺发生盗窃案，寺中100座铜佛像不翼而飞。官署紧急缉盗，迅速将数十名嫌疑人捉拿关押，交给苏琼审讯。苏琼问明情况，将他们全都释放。寺院僧人找上门来，口出怨言，抱怨苏琼不明不白放走了盗贼，将致铜佛像无从寻觅。苏琼劝他们回寺，微笑着对他们说："你们尽管放宽心，用不了多久，我自会找到铜佛像，派人送还。"谁也没有想到，十天之后，苏琼将盗贼姓名与赃物存放地点写在一张纸上，派人按照线索直接去搜捕，果然人赃俱获，盗贼们从实招供。僧人百姓无不惊叹称奇。

早在苏琼主政徐州之前，朝廷就曾明文规定，淮河两岸商贩不得擅自过河交易，一旦发现违禁渡河者，严惩不贷。苏琼到任后，淮南地区遭灾歉收，苏琼上疏朝廷，请求允准淮南人到淮北籴粮；后来，淮北地区又遭遇饥荒，他又奏请准予淮北人到淮南籴粮。于是，淮河两岸相互隔绝，各自画地为牢的局面被打破，商贸往来畅通，交易频繁，两岸各自都得到了水陆交通便利的好处，灾年变丰年。徐州百姓无不为之雀跃，交口称赞苏琼的惠民德政。

四、脂膏不润,"悬瓜太守"誉千秋

苏琼为官清廉,无论是履职朝堂,还是主政一方,也无论是担任何种职务,从来都是两袖清风,一尘不染。据《北史·苏琼列传》,亲朋好友请托苏琼帮忙办私事的信件,他连信封都不拆,便吩咐属吏尽快毁掉。

其时,不法僧侣勾结贪官污吏欺压百姓,虐民谋利,成为社会一大祸害,百姓不堪其苦。和尚道研是济州的沙门统(北魏所设统监僧尼事务的僧官),靠坑害百姓坐拥巨额财产,富甲一方。他在当地放了许多债,买通官府,常请郡县官吏帮他催债收利,官吏们也非常乐意做这种权钱交易的营生,与道研狼狈为奸,合伙盘剥百姓。苏琼就任南清河郡太守后,道研仍想故伎重施,频繁上门"拜访"苏琼。苏琼早就洞悉道研葫芦里卖的什么药,他每来求见,苏琼都同他大谈佛法,汪洋恣肆,滔滔不绝,根本不给他插言的机会。于是,道研每每乘兴而来,败兴而去,始终不能达到目的。久而久之,道研不得不放弃了这个念头。道研的弟子感到奇怪,问他个中缘由,"研曰:'每见府君,径将我入青云间,何由得论地上事。'师徒还归,遂焚债券"[3]。

乐陵太守赵颖,为南清河郡人,80多岁退休回到老家。赵颖久闻苏琼在南清河郡的官德政声,非常仰慕,他知道苏琼为官清廉自守,不会收礼,便从园圃中摘了两只瓜,亲自送去,借以表达自己的心意。苏琼自然不肯收,经三番五次推让之后,赵颖依然态度坚决,不肯罢休,竭力请求苏琼收下。面对着这位80多岁德高望重的退休太守的固执与坚请,苏琼第一次感到辞穷和无奈,不得不违心地将两只瓜收下。赵颖如释重负,道谢告辞,苏琼却犯了难:难道真的为这两只瓜而放弃做人为官的底线?他忽然灵机一动,吩咐左右将瓜悬挂在了郡府议事堂的屋梁上。苏琼素以为政清廉闻名遐迩,"收瓜事件"随之引起轩然大波。"苏琼接受了赵颖馈赠的两只瓜!"消息像长了翅膀,很快在南清河郡传播开来,人们也纷纷采摘些新鲜瓜果,急冲冲地送来。来到郡府一打听,才知道赵颖送的瓜仍然悬挂在议事堂的屋梁上迎风摇曳,便相视离去。从此,苏琼"悬瓜太守"的雅号不胫而走。

五、品评

汉有羊续悬鱼,

又闻苏琼悬瓜。

吏民携礼倚门窥,

一瞥悬瓜撒丫。

决讼断狱如神,

恤民踔厉风发。

惠政清风绍召杜,

造福黎庶万家。

(调寄《西江月》)

《资治通鉴》谓之:"有司讯囚,莫不严酷,或烧犁耳,使立其上,或烧车釭,使以臂贯之,既不胜苦,皆至诬伏。唯三公郎中武强苏琼,历职中外,所至皆以宽平为治。"

《北史·苏琼列传》谓之:"在郡六年,人庶怀之,遂无一人经州。前后四表,列为尤最。遭忧解职,故人赠遗,一无所受。"

注 释:

[1] [2] [3]《北史·苏琼列传》

唐朝

忠心不改的直臣萧瑀

萧瑀（575—648），字时文，南兰陵（今江苏常州市武进区）人，南朝西梁明帝萧岿第七子、靖帝萧琮异母弟、隋炀帝萧皇后胞弟，隋朝大臣，唐高祖、太宗朝宰相。萧瑀在唐太宗朝先后六次拜相、又六遭罢相，甚至被罢免全部封爵、封邑，逐出京都。尽管如此，他依然矢志不移，不改忠贞报国的初心，刚直不阿、嫉恶如仇、骨鲠亮直的铁石品格毫不褪色。

一、西梁皇子，入隋归唐两连跳

萧瑀出生于帝王之家，高祖父是南朝梁武帝萧衍，曾祖父是大名鼎鼎的昭明太子萧统，祖父是西梁宣帝萧詧，父亲是西梁明帝萧岿，哥哥是西梁靖帝萧琮，姐姐是隋炀帝杨广萧皇后。

萧瑀9岁之时，被封为新安郡王。难能可贵的是生于帝王之家、长于富贵窝中的萧瑀，丝毫没有沾染浮靡放荡之气，自幼"爱经术，善属文。性鲠急，鄙远浮华"[1]。

隋文帝开皇七年（587），12岁的萧瑀随哥哥萧琮入隋，定居长安。隋炀帝杨广，"美姿仪，少聪慧"，仅比萧瑀年长6岁，两人志趣相投，关系甚为融洽，在一起生活多年。杨广为太子时，萧瑀被任命为右千牛（皇帝身边的高级禁卫武官）。

萧瑀的妻子独孤氏，是隋文帝杨坚独孤皇后的娘家侄女，而李渊的母亲是独孤皇后的姐姐。这样论起来，唐高祖李渊和隋炀帝杨广是姨表兄弟，两人同萧瑀之妻独孤氏都是姑舅表兄妹，李渊比杨广大三岁，在隋文帝杨坚当朝为帝之时，李渊、杨广和萧瑀，是三个交情笃厚的好哥们。

仁寿四年（604）七月，杨广继位为帝，是为隋炀帝。姐夫作了皇帝，姐姐当了皇后，萧瑀的身价也随之水涨船高，先后被擢升为尚衣奉御、检校左翊卫鹰扬郎将、银青光禄大夫、内史（中书）侍郎。

杨广登上帝位之后，骄奢淫逸，昏庸无道，萧瑀屡屡抗颜直谏，数度搞得杨广当众下不了台，大为憋气窝火。

大业十一年（615）八月，隋炀帝杨广巡行北部边塞，被突厥大军层层围困于雁门关，形势十分危急。萧瑀劝谏杨广"下诏赦高丽，专讨突厥，则人自奋矣"[2]。杨广身陷重围之中，当务之急是如何冲出重围逃命，于是当众允诺同意萧瑀的奏请。可是，当突厥大军退去，杨广又懊悔采纳萧瑀的建议，不由气愤难平，当即传旨，罢免萧瑀的内史侍郎之职，贬为河池（今陕西凤县）郡守，并命他不得有片刻滞留，立即前往赴任。

所谓"祸兮福所倚"。隋炀帝杨广冲天一怒，负气将萧瑀贬出京都，使萧瑀侥幸躲过一劫，避免了日后陪同杨广殉葬的悲惨厄运。

隋末，天下大乱。大业十三年（617），唐国公李渊起兵于晋阳，率三万士卒庄严誓师，以"废昏立明，拥立代王，匡复隋室"的名义，挥师直趋关中，攻占长安。第二年，李世民率军进攻割据一方、自称西秦霸王的薛举，特地前往河池拜会萧瑀夫妇，萧瑀和妻子独孤氏热情设家宴款待。

席间，酒酣耳热之际，李世民忽然神色诡秘，双手捧出父亲的亲笔书信，恭恭敬敬地呈给萧瑀。萧瑀小心翼翼地打开信封，李渊熟悉的笔迹映入眼帘："……瑀弟胸怀万机，才智过人，请速来京师，共辅社稷……"读罢，萧瑀的视线依旧久久凝滞在书信上，神情肃然，像是喃喃自语，又像是对李世民说："社稷危之，明主有出。表哥相召，岂敢违命！"

萧瑀立即饱蘸浓墨，修书一封，向李渊表明心迹，派人飞马送往长安。随后，收拾行囊，立即启程，奔赴长安。

李渊见萧瑀夫妇来归，欣喜异常，安排设盛宴款待，任命萧瑀为光禄大夫，封宋国公，拜为民（户）部尚书。

二、力谏高祖，立李世民为太子

唐高祖李渊对萧瑀极为器重，据《旧唐书·萧瑀列传》："时军国草创，方隅未宁，高祖乃委以心腹，凡诸政务，莫不关掌。高祖每临轩听政，必赐升御榻，瑀既独孤氏之婿，与语呼之为萧郎。国典朝仪，亦责成于瑀，瑀孜孜自勉，绳违举过，人皆惮之。"

唐朝初创，百业待兴，萧瑀熟识国典朝仪，又忠心耿耿，殚精竭虑，孜孜自勉，素有直声之誉，深得李渊信任。在临朝听政这样隆重严肃的场合，李渊既不称呼萧瑀的职务，也不称呼其名姓，而是信口直呼"萧郎"，而且每次临朝，必赐坐御榻，朝中大小所有政务，悉数交给他掌管，这样的信赖与恩宠实属罕见。

武德五年（622），萧瑀迁任内史（中书）令，不久又被任为尚书右仆射，位列宰相。

李渊生有22子19女，围绕皇位继承权问题，诸皇子间展开了激烈的明争暗斗，特别是随着李渊渐入老年，这种斗争更加日趋白热化。李渊早在称帝之初的武德元年，就立李建成为太子。次子李世民由于在长期征战中建立起卓著功勋，帐前名将高士云集，羽翼丰满，呼声日高，对于立李建成为太子颇为不服，于是想尽千方百计取而代之。

究竟选谁继嗣践祚？

朝中大臣阵线分明，形成了针锋相对的两大阵营。

李渊内心偏向于长子李建成，对次子李世民则心存疑忌。

萧瑀是李世民坚定的"铁杆粉丝"。他不顾个人安危，屡屡向高祖李渊诤谏，劝李渊早下决心，改立李世民为太子。

唐高祖武德九年六月初四（626年7月2日），秦王李世民在都城长安发动玄武门政变，杀死胞兄皇太子李建成和胞弟齐王李元吉，逼迫父亲李渊立自己为皇太子。两个月后，高祖李渊禅位于李世民，是为唐太宗，李渊退位为太上皇。

对于萧瑀的鼎力支持，李世民心存感激，他曾在群臣面前饱含深情地盛赞萧瑀："武德六年以后，太上皇有废立之心而不之定也，我当此日，不为兄弟所容，实有功高不赏之惧。此人不可以厚利诱之，不可以刑戮惧之，真社稷臣也。"并且赋诗《赐萧瑀》相赠："疾风知劲草，板荡识诚臣。勇夫安知义，智者必怀仁。"[3]

三、骨鲠亮直，六遭罢相守初心

唐太宗李世民继位之初，即任命萧瑀为尚书左仆射，此后20年间，萧瑀他作为宰相活跃在朝廷权力中心，可谓风光无限，牛气冲天。

萧瑀究竟有多牛？据唐人李亢撰《独异志》记载，某日，李世民设宫宴招待几位重臣，他端起酒杯，扫一眼满座臣僚，兴致勃勃地说："你们几位都是朕的腹心重臣，谁觉得自己最为贵幸，便先把酒杯端起来。"在座的长孙无忌、房玄龄等都相顾无语，静默不动，只有萧瑀翩然起身，趾高气扬，旁若无人般举杯相迎，口中还念念有词："臣乃梁朝天子儿、隋朝皇后弟、尚书左仆射、天子亲家翁。"

太宗闻之，抚掌大笑，举座欢颜。

然而，"高处不胜寒"。虽贵为百官之长的宰相，萧瑀的仕宦之路并不平坦，20年间先后六次拜相，六次罢相，起起落落，甚至被削去爵位，逐出京都。

萧瑀素来刚直不阿，心高气傲，疾恶如仇，处事严厉刻板，铁面无私，上至皇上，下至群臣，对任何人都不肯留半点情面，甚至屡屡在朝堂上将太宗戗得下不来台。某日，朝堂议事，萧瑀与陈叔达意见不合，两人互不相让，激烈地争论起来，同僚勉力相劝，两人置若罔闻，继续争吵不休。太宗忍无可忍，亲自出面劝阻，怎奈数度制止，依然无济于事，整个朝堂乱作一团。太宗初登帝位，正欲树威震慑群臣，见两人如此放肆，目无朝纲，顿时火起，一怒之下推倒御案，拂袖而去。

群臣面面相觑，太宗随即传出一道圣旨：萧瑀、陈叔达身居相位，朝堂言语失态，有失大臣之体，皆有对皇上不恭之罪，一并罢去所有官职，回家闭门思过。

这是萧瑀在唐太宗贞观年间第一次被罢相。

自己竭诚尽忠，心系朝廷，义无反顾，反遭罢官，萧瑀大感憋屈，越想越气，悲伤不已，竟至大病不起。消息传出，太宗大为不安，觉得萧瑀虽一时行为欠妥，毕竟是一片忠心，自己实在有些过激，遂传旨任命萧瑀为太子少师，不久，又把女儿襄城公主许配萧瑀之子萧锐。

贞观元年（627）六月，尚书右仆射封德彝突发疾病离世，萧瑀被罢尚书左仆射之后，也一直无人继任。尚书省二仆射之位皆虚，百官无首，于是，太宗诏命萧瑀恢复尚书左仆射职务。

这是萧瑀在贞观年间第二次拜相。

贞观元年十一月末，朝廷派鸿胪卿唐俭出使突厥，其时，萧瑀的姐姐萧皇后在突厥避难，萧瑀思念姐姐心切，便写了一封家书私下请托唐俭带给姐姐。由于萧瑀平素疾恶如仇，凡事过于刻板较真，得罪了不少朝臣，包括太宗朝的新锐重臣房玄龄、杜如晦等，这些人正在处心积虑地寻找攻击萧瑀的把柄。得到这个消息，他们便纷纷上疏朝廷，告发萧瑀私通书信于亡隋皇后，并借机编派出诸多莫须有的罪名，发起了"倒萧"运动。于是，萧瑀第二次被罢相。

事后，太宗查明情况，又第三次任命萧瑀为宰相。

对于萧瑀的骨鲠亮直，太宗赞许有加，有时又嫌他太过分，曾告诫他说："公守道耿介，古无以过，然善恶太明，或有时而失。"[4]萧瑀虽口称"蒙教"，却始终"屡教不改"，禀性难移。贞观四年（630），萧瑀因弹劾兵部尚书李靖，与朝臣再起冲突，惹怒了唐太宗，又第三次被罢相。

如此"拜相——罢相——再拜相——再罢相——"，到贞观二十年（646），萧瑀先后六次拜相，六次罢相，大起大落，屡罢屡拜，又屡拜屡罢。

萧瑀就是萧瑀，不管被罢免多少回，也不管遭到什么样的惩罚、赋闲多久，一旦重新被起用，依然是一身浩然正气，无所畏惧，就像战士重又冲上了战场，持盾仗戟，奋勇拼杀，必欲同一切敌人血战到底。20年间，变化的是宦海沉浮、人情冷暖，不变的是萧瑀公正无私、忠贞亮直、刚直不阿的品格，是任凭风吹浪打永远坚定不移的报国初心。

四、立身清俭，临终遗书嘱薄葬

贞观二十年（646），萧瑀最后一次被罢相，且被罢免了全部封爵、封邑，逐出京都，被派往商州去当刺史。后来，太宗动了恻隐之心，授萧瑀金紫光禄大夫，复封宋国公，加特进。贞观二十二年（648），萧瑀病逝，终年74岁，追赠司空、荆州都督，陪葬昭陵，赐谥号"贞褊"。

萧瑀虽贵为西梁皇子、隋朝重臣、唐朝宰相、隋唐两朝外戚，一生都置身于富贵窝中，贵幸无比，但却持身清廉，视金钱如粪土。据《旧唐书·萧瑀列传》，萧瑀仕隋之时，名下拥有巨额田宅，这是因为他作为隋朝重臣和外戚，受到了隋炀帝的特别优渥。唐高祖李渊攻入长安后，将隋朝旧臣的田宅悉数充公，重新分封给李唐王朝的开国功臣，萧瑀的田宅自然也随之荡然无存。萧瑀归唐后，李渊念及旧情，将萧瑀的旧日田宅全部归还给他，萧瑀却毫不含糊，将这些田宅全都分赠给亲族子弟，只留下一座庙堂作为祭祀之所。

难能可贵的是，终其一生，直至生命的最后一息，萧瑀依然初心不改，历久弥坚。贞观二十二年（648），萧瑀预感到自己走到了生命的尽头，"临终遗书曰：'生而必死，理之常分。气绝后可著单服一通，以充小敛。棺内施单席而已，冀其速朽，不得别加一物。无假卜日，惟在速办。自古贤哲，非无等例，尔宜勉之。'诸子遵其遗志，敛葬俭薄"[5]。

五、品评

骨鲠亮直冰莹心，
感天动地泣鬼神。
隋炀斗筲逐忠直，

唐祖慧眼迎铮臣。
武德力谏立英主，
贞观之治彰殊勋。
二十年间六罢相，
两朝隆兴慰忠魂。

（七律）

唐高祖李渊谓之："公之言，社稷所赖。"
唐太宗李世民谓之："疾风知劲草，板荡识诚臣。"
《旧唐书·萧瑀列传》谓之："萧瑀骨鲠亮直，儒术清明。"

（原载《学习时报》2019年10月11日）

注　释：
[1] [2] [4]《新唐书·萧·列传》
[3] [5]《旧唐书·萧·列传》

唐临：菩萨心肠执法如山的司法官

唐临（601—659），字本德，京兆长安（今陕西西安市）人，祖籍北海郡平寿县（今山东潍坊市潍城区），历任万泉县丞、侍御史、大理卿、御史大夫、吏部尚书、潮州刺史等职，宦海一生，大部分时间奉职于司法领域，立身清俭，刚正不阿。唐临严格执法、宽厚仁爱、慈悯爱民的故事传为美谈。

一、官宦世家，万泉丞释狱囚回家春播

唐临出身于官宦世家，少有美名，高祖父唐轮，为青州太守；曾祖父唐永，为东雍州刺史，封平寿忠武公；祖父唐瑾，先后任西魏、北周吏部尚书、骠骑大将军、开府仪同三司、内史令。外祖父高颎，隋朝开国元勋，名相，杰出的政治家、战略家和军事家，有"真宰相"之誉。

唐高祖武德初年，太子李建成统兵东征，进攻割据洛阳一带的王世充。唐临前往投军，并奉献破敌之策，得到李建成的垂青，当即被召入太子府智囊班子典书坊。不久，转入太子府警卫部队右卫率府任铠曹参军，掌管武库，成为东宫重要嫡系班底，前程似锦，眼看发展势头强劲。

然而，天有不测之风云，武德九年（626）六月发生了玄武门之变，李建成、李世民兄弟阋墙，太子李建成一命呜呼，秦王李世民夺位登基，是为唐太宗。

身为太子李建成嫡系的唐临，自然免不了要运交华盖，被逐出京师，安置到万泉县（今山西万荣县一带）去做县丞。

虽时乖运蹇，仕途意外受挫，唐临丝毫没有自暴自弃，自到任之日起，便踏踏实实，恪尽职守，在县丞的职位上干得风生水起。

这年暮春时节的一天，久旱无雨的万泉县突降甘霖。"好雨知时节，当春乃发生"，必须趁春雨滋润大地的宝贵时间及时播种，否则，人误地一时，地误人一年。唐临向县令请求：趁当前春播的黄金茬口，把狱中关押的十几个囚犯放出去，让他们赶回家中帮助耕耘播种，然后再回来服刑。

什么？把官府囚犯都放回家去？真是天大的胆子！县令被吓了一跳，铁青着脸对唐临呵斥道："你疯啦？擅放官府囚犯，如此天大罪责，谁能承担得起！"

唐临依然坚持己见，不肯示弱，一再向县令坚请立即释放囚犯，并且坦言"明公若有所疑，临请自当其罪"。于是，"令因请假，临召囚悉令归家耕种，与之约，令归系所。囚等皆感恩贷，至时毕集诣狱，临因是知名"[1]。——县令为规避承担罪责，请求休假，由时任县丞的唐临代行县令职责，唐临毫不含糊，立即召集囚犯，令他们全都回家耕种，并明确规定回监狱的时间。囚犯们一个个感激涕零，在限定的时间内全都回到了监狱。

唐临因此闻名遐迩。

二、持节南巡，侍御史平冤狱救三千人

万泉县释囚春播，使唐临立时成为朝野瞩目的"政治明星"，不久，朝廷擢升唐临为侍御史。

唐临执法持正不阿，不避权贵。

唐临刚刚就任，便被朝廷委以重任，持节远赴交州（辖境在今越南中北部和广东、广西南部），对交州刺史李道彦审结的一桩谋反案进行审理督察。经过细致入微的侦查复核和调查研究，唐临做出一个大胆的决定，为该案拘押的3000多人平反昭雪。李道彦是唐高祖李渊的堂侄，正宗的宗室贵胄，唐临敢于将他审结的案子彻底推翻，可以说是在"太岁头上动土"，使朝野对这位新上

任的侍御史更加刮目相看。

据《新唐书·唐临列传》，某日朝会，大夫韦挺在朝堂与江夏王李道宗频频交头接耳，周围的大臣虽都烦恶其有违规矩，不成体统，但却没有一个人敢吭气儿，因为这个江夏王李道宗乃当朝皇帝李世民的堂弟，且战功赫赫，德高望重。

唐临可不管这一套，悄悄靠过去，正言厉色地对李道宗说："请自尊自重，您已扰乱了朝堂秩序。"李道宗大为不满，回敬说："我与大夫说说话，不至于如此严重吧！"唐临加重了语气："大夫也扰乱了朝堂的秩序！"韦挺闻言吓得脸色都变了，群臣"皆悚伏"，朝堂立马安静了下来。

不久，唐临迁任黄门侍郎，加银青光禄大夫。黄门侍郎是门下省的副长官，而门下省是唐朝前期中央政务运行的核心枢纽，由此可见太宗皇帝对唐临的信任和器重。

三、执法如山，大理卿掌刑狱明镜高悬

贞观二十三年（649）五月，唐太宗李世民驾崩于终南山翠微宫含风殿，六月，高宗李治即位，擢升唐临为检校吏部侍郎，不久，又迁任大理卿。其时，大理卿为大理寺最高长官，位列九卿，从三品，掌邦国折狱详刑之事，位高权重。

唐临履职大理卿不久，高宗向他询问狱中在押囚犯数目，唐临不仅回答得一清二楚，而且对相关情况了如指掌，高宗闻之，大喜过望，高兴地对唐临说："朕过去在东宫做太子的时候，卿就侍奉我，现在朕践祚帝位，卿又在我身边任职，我一直对你充满信任，所以才授给你这一要职。治国之要，在于刑法，执法过于严苛，将会使人民不堪忍受；过于宽松，则又会使犯罪行为逃脱惩罚。卿执法判案，一定要适情折中，称朕的心意。"

某日，高宗亲自去大理寺"录系囚"。"录囚"是中国封建时代由皇帝或有关官吏讯察囚犯并决定可否原宥的制度，皇帝亲录囚徒，即皇帝到监狱视察，了解司法情况，亲自听取囚犯尤其是死刑犯的申诉，以免滥杀无辜。经调查询问，前任大理卿所判处的犯人有不少鸣冤叫屈，唐临主政大理寺后判处的犯人则个

个口服心服。"帝怪问状,囚曰:'罪实自犯,唐卿所断,既非冤滥,所以绝意耳。'帝叹息良久曰:'为狱者不当如此耶!'"[2]——高宗觉得奇怪,便向囚犯详细询问个中状况,一个囚犯说:"罪行确实是自己犯的,唐大理卿秉公执法,明察秋毫,既无冤判,也没有滥用刑罚,我从内心深处服从判决,绝没别的什么想法。"高宗感叹良久说:"主掌刑狱的官员难道不应当如此吗!"

高宗遂将唐临树为依律定罪的榜样,在当年的年终官员考绩中,亲自给唐临写下"形如死灰,心若铁石"的评语。

永徽元年(650),唐临迁任御史大夫,后相继迁任刑部尚书、兵部尚书、度支(户部)尚书、吏部尚书,显庆四年(659),因事获罪,被贬为潮州刺史,显庆五年(660),病逝于任上。

四、菩萨心肠,严律己宽待人传为美谈

据《旧唐书·唐临列传》,唐临"俭薄寡欲,不治第宅,服用简素,宽于待物"。有许多唐临严于律己、宽以待人、掩恶扬善的故事传为美谈。

唐临闻知一位朋友家遭遇丧事,便急急命随从回家去取白衫,准备前往吊唁。随从应命而去,急急慌慌跑回家,将衣服取回,打开布包将要递给唐临时才发现,取回的罩衫竟不是白色。随从顿时傻了眼,既不敢将罩衫呈给唐临,也不敢去当面复命。唐临知道了这种情况,便吩咐人把随从叫过来,若无其事地对他说:"今日气逆,不宜哀泣,向取白衫,且止之也。"[3]——今天我感觉呼吸不顺畅,不适合哀悼哭泣,先前让你取白衫的事,暂且就不取了吧。

唐临患病,吩咐仆人煎药。仆人近期家里有烦心事,心事重重,竟稀里糊涂将一副价值昂贵的药给糟蹋了。闯了祸的仆人惶惧不已,生怕自己会遭到什么惩罚。唐临知道了事情原委,和颜悦色地对仆人说:"你看今天这天气啊,阴森森的,灰暗无边,根本不适合吃药,你把那药都倒掉吧。"

五、品评

《淮南子·主术训》曰:"非淡泊无以明德,非宁静无以致远,非宽大无

以兼覆,非慈厚无以怀众,非平正无以制断。"自古俭以养德,出身于官宦富贵之家的唐临,一生立身清俭,砥砺风节,铸就了光明磊落、至大至刚的浩然之气,铸就了宽以待人、慈悯爱民的菩萨心肠,铸就了刚正不阿、疾恶如仇的铮铮铁骨,铸就了为官行政仗义执法的鲜明品格,铸就了初心不改、无惧生死、勇于担当的家国情怀,也铸就了他一生的卓著政绩和人生辉煌。

《旧唐书·唐临列传》谓之:"俭薄寡欲,不治第宅,服用简素,宽于待物……"

注 释:

[1] [2] [3]《旧唐书·唐临列传》

卢怀慎：善于团结同僚的"伴食宰相"

卢怀慎（？—716），滑州灵昌（今河南滑县）人。进士及第，历任监察御史、吏部员外郎、侍御史、右御史台中丞、兵部侍郎、黄门侍郎、黄门监（侍中）、吏部尚书等职，唐玄宗朝宰相。卢怀慎为相之时，姚崇任首相，他自叹弗如，凡事推让，被讥为"伴食宰相"。其实，卢怀慎不仅是享誉四方的一代廉吏，而且是一位善于团结同僚共谋大业的出色副职，千余年来，卢怀慎背着"伴食宰相"的黑锅备受世人讥诮，实在是千古奇冤。

一、进士及第，屡屡上疏献筹策

卢怀慎祖籍范阳，是名门望族"范阳卢氏"的后裔，自幼聪颖过人，刻苦向学，气宇不凡。某日，他父亲的朋友监察御史韩思彦到卢家做客，见到卢怀慎，甚为惊异，慨然叹息道："此儿器不可量！"[1]后来，卢怀慎进士及第，被任命为监察御史，迁任吏部员外郎、右御史台中丞。

神龙元年（705）冬，太子李显与宰相张柬之、崔玄暐等大臣发动神龙政变，逼迫武则天退位，传位于太子李显，是为唐中宗。武则天退居上阳宫，中宗李显每十天前往谒见一次。卢怀慎劝谏说："往昔汉高祖受命为帝，每隔五天去栎阳宫朝见太公一次，是因为由布衣一跃而登上皇位，为表示将尊贵归于父亲，所以才这么做。现今陛下荣登大宝，是继承皇统，怎么可以效法呢？何况应天门距提象门仅二里之路，骑马不能成列，乘车不能并行，万一有歹人图谋作乱，虽将他拿下问罪，也于事无补。愚臣以为，应将太后接到内朝居住，既可尽陛下孝养之情，也可免除陛下频繁出入的危险和烦难。"

中宗不为所动。

唐中宗景龙年间（705—707），卢怀慎改任右御史台中丞，又上疏朝廷，评论时政得失，提出三条主张——

其一，强化任期制，官员任职不满四年一律不准升迁。必须加强对官员的考课，考绩优异，且任期届满，方可提升任用。如果任期过短，"人知吏之不久，则不从其教；吏知迁之不遥，又不尽其力，偷安爵禄，但养资望……此国之病也"[2]。经朝廷考课，对于那些政绩优异者，可赐给其车马裘服，可提高其俸禄，可派使节慰问，可下诏书嘉勉，以资鼓励；对于那些尸位素餐、贪腐暴虐者，则毫不手软，不管任期长短，坚决将其免官放归田里。

其二，淘庸选优，清理正式编制之外添置的员外官。这些员外官"多不司案牍，空尸禄俸，滞其才而不申其用，尊其位而不尽其力"[3]。经清理核查，对于员外官中有才能担任地方长官或高级僚佐者，量才任用，使各得其位，充分发挥其聪明才智，并由朝廷核查其政绩；对于德薄才疏无力胜任及年老体衰者，一概罢免。

其三，严惩贪官滑吏，凡被罢免不满十年以上者一律不得起复录用。贪官滑吏犯罪被罢免，仅仅过了不长的时间，又起复任用，或原地履职，或由此地转任彼地，或调任小州远郡，或派往少数民族地区。这种做法积弊日久，必须彻底改变。

这些建议都实实在在，也无一不切中时弊，寄托着卢怀慎心忧天下赤诚报国的一片深情，只可惜唐中宗李显是个昏庸之主，终日昏昏噩噩，窝囊透顶，无论提出多么好的筹策建议，也只能是对牛弹琴。

二、"伴食宰相"，绰号源自《旧唐书》

景云元年（710），唐睿宗李旦继位，任命姚崇为兵部尚书，卢怀慎为兵部侍郎,负责整顿自中宗以来武官选举制度混乱的局面,革除积弊,建立新秩序。

延和元年(712)八月,唐睿宗李旦传位于太子李隆基,退为太上皇,改元先天。先天二年(713)十月,姚崇拜相,封梁国公,后又升任紫微(中书)令,不久,卢怀慎也被玄宗任命为宰相,后又兼任黄门监、吏部尚书。二人虽同为宰相,但姚崇是首相,各自地位和职责有很大不同。再加上玄宗李隆基对姚崇的高度倚重和信任,以及姚崇的精于吏事、善于应变、精明强干,相形之下,在当时的政治舞台上,卢怀慎比之于姚崇自然要逊色得多。

然而,红花还需绿叶扶。难能可贵的是卢怀慎颇有自知之明,他深知自己为官之道远不及姚崇,对姚崇心悦诚服,每遇大事,都一股脑推给姚崇。姚崇儿子去世,请假十余天,卢怀慎失去了主心骨,一下子无所适从,以至于案头积卷如山,一大堆政务等待处理。卢怀慎为此惶恐不已,诚惶诚恐地向玄宗李隆基请罪。没想到玄宗竟毫不在意,微笑着说:"朕将天下之事委付姚崇,只是想让你对雅士俗人起镇抚作用而已。"

我们不得不为玄宗李隆基搭配领导班子的高超艺术而赞叹!他给姚崇配了卢怀慎这样一个副手,两人相辅相成,相知相惜,优势互补,姚崇多谋善断而雷厉风行,卢怀慎则无条件鼎力支持,竭尽全力当好配角,始终把姚崇拱卫在舞台中央,堪称绝妙的黄金搭档。倘或配备一个刚烈武断型副手,或者一个凡事总爱出风头的"抢镜头"型副手,甚或一个"我没本事干事你也别想弄成事"的搅屎棍子型副手,那后果是不难想见的。

《旧唐书·卢怀慎列传》留下了这样一段记载:"怀慎与紫微令姚崇对掌枢密,怀慎自以为吏道不及崇,每事皆推让之,时人谓之'伴食宰相'。"后来,《新唐书》又沿袭了这一说法。

自此,千余年来,卢怀慎就一直背着"伴食宰相"的黑锅。

当然,如果"伴食宰相"仅仅是指"怀慎自以为吏道不及崇,每事皆推让之",这绰号倒也说不上"黑"或"不黑",问题是当人们每每提及"伴食宰相"的时候,它几近成了懒政、怠政、不作为、偷懒耍滑、占着茅坑不拉屎等一系列不光彩甚至有些污秽色彩的代名词。

据考，历史上的卢怀慎与上述这些名词根本不沾边，《新唐书·卢怀慎列传》记载了这样一桩史实——

薛王李业是玄宗的同父异母弟弟，其舅父王仙童仗势作恶，侵凌欺侮百姓，遭到御史弹劾。王仙童求救于李业，李业为舅父向玄宗求情。此案本已有定论，玄宗不忍直接驳回皇弟的面子，命中书门下进行复审。卢怀慎和姚崇上奏玄宗说："王仙童的罪状证据确凿，事实清楚，如果连御史的弹劾都要质疑的话，那还有什么人可以相信呢？"于是，王仙童被依法处置。

三、一代廉吏，死后无钱葬尸骨

卢怀慎为官一生，两袖清风，一身正气。据《新唐书·卢怀慎列传》："怀慎清俭不营产，服器无金玉文绮之饰，虽贵而妻子犹寒饥，所得禄赐，于故人亲戚无所计惜，随散辄尽。"身为吏部尚书，受命前往东都洛阳考察官员，选拔人才，随身用具只有一个斑斑驳驳的旧布口袋，见者无不惊奇叹服。

卢怀慎生病卧床，作为同僚的宋璟和卢从愿前往家中探望，只见房屋低矮破旧，门口连个帘子都没挂，卢怀慎躺在薄薄的席子上，面黄肌瘦，适逢一阵风雨吹来，卢怀慎只好掀起席子遮挡自己。宋璟和卢从愿见状，唏嘘不已，守在床边看着他，嘘寒问暖，不忍离去。不觉天色已晚，卢怀慎"设宴"招待，端上餐桌的只有两盆蒸豆、几碟蔬菜而已。

临别，卢怀慎久久握着两人的手说："皇上急于求得天下大治，然而在位年久，对勤勉稍有些厌倦，恐怕要有险恶之人乘机迷惑皇上，窃据要职而为非作歹了。你们可要记住我的话啊！"

开元四年（716），卢怀慎病重，上表请求退休，得到玄宗恩准。同年十一月，卢怀慎病逝。临终，上遗表，向玄宗荐举宋璟、李杰、李朝隐、卢从愿。唐玄宗览表，喟叹不已，降诏追赠卢怀慎为荆州大都督，谥号"文成"。

卢怀慎撒手人寰，一下子将这个高官之家推进了尴尬的漩涡。他贵为宰相，又兼任侍中、吏部尚书，宦海一生，竟家徒四壁，一贫如洗，以至死后竟无钱殓葬。四门博士张星上奏玄宗："怀慎忠清，以直道始终，不加优锡，无以劝善。"[4]——

卢怀慎忠心耿耿，为官清廉，始终坚守正直之道为政处世，如果不给予他优厚的赏赐，就不能劝人从善。于是，玄宗降诏，赐其家织物百段，米粟二百石，资助料理后事。

开元六年（718），唐玄宗外出游猎，远远望见一户人家在低矮粗陋的院墙内举行什么仪式，便派使者前去询问。不一会儿，使者回来报告说，这是卢怀慎的家，家人正在为他举行逝世两周年祭礼。玄宗赶快命人前去赏赐缣帛等物，以寄哀思，并因此停止了打猎。

在回宫的路上，途经卢怀慎的墓地，玄宗立马墓前，久久凝视，但见斜阳残照，寒烟飘渺，衰草摇曳，一抔新土兀然突起，竟不见有墓碑，不由泫然泪下。回宫后，玄宗命中书侍郎苏颋为卢怀慎草拟碑文，并亲自执笔书写，又命官府为其立碑。

四、品评

卢怀慎是精忠报国的社稷之臣。唐中宗时期，他刚正不阿，屡屡上疏，指斥时弊，建言献策；玄宗时期，他与姚崇戮力同心，辅佐玄宗开创开元盛世；重病之中，他嘱托同僚务须勉力劝谏玄宗勤于国事，防止佞臣窃权祸国；临终之际，他留下遗表，荐贤举能，念念不忘国家之安危兴衰。

卢怀慎是享誉四方的一代廉吏。他贵为宰相，兼侍中、吏部尚书，可谓位高权重，权倾朝野，令人难以置信的是这样一位顶级朝廷重臣，宦海一生，竟穷得叮当响，"虽贵而妻子犹寒饥"，死后家徒四壁，以至竟无钱敛葬，不得不靠朝廷赏赐办理后事，使尸骨入土为安。

卢怀慎还是一位优秀出色的"第二提琴手"，一位心胸博大、善于团结同僚共谋大业的模范。在宰相的职位上，他以自己精准的角色定位，以自己的退让、包容和无私的鼎力支持，始终把首相姚崇拱卫在舞台中央，成就了他"救时宰相"的千秋功业，成就了玄宗李隆基的励精图治，也在一定意义上成就了开元盛世的鼎盛与辉煌。

唐玄宗李隆基非常器重卢怀慎，称赞其为"国宝"。只可惜《旧唐书》编篡者一句"伴食宰相"的调侃，使得卢怀慎背了千余年的黑锅，实在是千古奇冤。

王夫之谓之："卢怀慎清而慎。"

司马光谓之："崇，唐之贤相，怀慎与之同心戮力，以济明皇太平之政，夫何罪哉！"

《旧唐书·卢怀慎列传》谓之："怀慎清俭，不营产业，器用服饰，无金玉绮文之丽。所得禄俸，皆随时分散，而家无余蓄，妻子匮乏。"

（原载《文史天地》2020 年第 4 期）

注　释：

[1][4]《新唐书·卢怀慎列传》

[2][3]《旧唐书·卢怀慎列传》

裴宽：一个"准宰相"的瘗鹿姻缘和宦海沉浮

裴宽（679—754），河东闻喜（今山西闻喜）人，唐朝大臣。历任润州司法参军、刑部员外郎、御史中丞、兵部侍郎、蒲州刺史、太原尹、户部尚书兼御史大夫、睢阳太守、礼部尚书等职。裴宽一生宦海沉浮，为后世留下了裴宽瘗鹿的典故千古流传，更以其冰清玉洁的高尚人格和卓越政绩名标青史。

一、花圃瘗鹿，"碧鹳雀"喜结良缘

裴宽出身于名门望族河东裴氏，父亲裴无晦为袁州刺史。他博学聪敏，骑射、弹琴、投壶等技艺样样精通，写得一手好文章。唐睿宗景云年间（710—712），裴宽在润州（今江苏镇江）刺史韦诜麾下任司法参军。

某日，韦诜处理完政务，带上几个随从登上城楼，居高临下，俯瞰远方，观赏风景，影影绰绰看见两个人正在远方的花圃里埋什么东西。韦诜觉得蹊跷，询问身边属吏，属吏说参军裴宽就住在那个地方。韦诜今日难得闲暇无事，忽然来了情致，便遣属吏前去花圃召裴宽过来，一问究竟。

裴宽不知道刺史有什么吩咐，立即随属吏匆匆赶来。

"你在那里忙忙活活捣鼓什么？"裴宽喘着粗气，脚还没站稳，韦诜劈头就问。

裴宽不知道刺史缘何如此关注自己的行动，不敢不如实回答："回禀大人，我刚刚在埋鹿肉。"

"什么？埋鹿肉？"韦诜大惑不解，瞪大眼睛盯着裴宽。

"大人，是这么回事。昨天突然有人来送鹿肉，东西往门口一放，人就不见影了，我早就发誓绝不收受贿赂玷污家门，如今面对天上掉下来的鹿肉，不敢自己欺骗自己，只好把它埋了，以保全自己的操守。"

"哦，明白了。没事了，你回去吧，明天上午到我家里来一趟。"韦诜沉默一阵儿，不动声色，内心却欣喜异常，觉得眼前这个年轻人的形象陡然高大起来。

原来，韦诜有一个才貌出众的女儿，被他视若掌上明珠，可他千挑万选，一直寻觅不到如意郎君。听裴宽讲了埋鹿肉的事儿，韦诜顿觉眼前一亮，在内心深处自己对自己说了一句：就是他了。

裴宽颇觉纳闷，不知刺史葫芦里卖的什么药，也只能如约前往，为表示对刺史的尊重，特意穿一身碧绿的九品官服。在裴宽所处的时代，无论男女，皆以肥为美，裴宽长得又高又瘦，按照当时的审美标准，特别不合时宜，宽大的官服往身上一套，更显得特别滑稽。

韦诜早已安排女儿和女眷们躲在帷幕后面偷觑，自己坐在堂上陪裴宽闲聊。裴宽走后，韦诜征询家眷们的意见，大家纷纷嬉笑着说："好大一只碧鹳雀！"韦诜的夫人甚至啜泣起来，嗔怪韦诜召来了一个"丑八怪"。韦诜大不以为然，感叹道："爱其女，必以为贤公侯妻也，何可以貌求人？"[1]毫不犹豫地将女儿许配给裴宽。

二、廉明能吏，"香饽饽"频频换岗

后来，裴宽顺利通过了书判拔萃科考试，先后调任河南尹丞、长安尉，不久，又应征入朝擢升为太常博士。裴宽饱读诗书，博学多闻，精通礼乐，对于朝廷多年沿袭的礼仪，往往引经据典，提出自己的新见解。据《旧唐书·裴宽列传》，有一次，礼部打算在先皇帝的忌日那天在宗庙配乐祭奠，事情交给太常寺。裴宽建议，不是所有的祭奠仪式都配乐演奏，庙尊忌卑可以奏乐登堂而歌，庙卑忌尊则应只准备音乐，并不演奏。宰相张说称赞裴宽博古通今，识见高明，提议遵照裴宽的建议施行。

难能可贵的是裴宽不仅满腹诗书，学识广博，更是一位善于治事理政的干才。

他一生宦海沉浮，先后任刑部员外郎、中书舍人、御史中丞、兵部侍郎、吏部侍郎、蒲州刺史、河南尹、左金吾卫大将军、太原尹、陈留太守兼采访使、范阳节度使兼河北采访使、御史大夫、户部尚书兼御史大夫、睢阳太守、东海太守、襄州采访使、礼部尚书等职，职务频繁变换，一个很重要的原因就是他具有卓尔不群的治政才能，且素来清正刚直，为官一任，振兴一方，脚脖子上拴铃铛走到哪里响到哪里，从而，成为长官们争相抢夺的"香饽饽"。

开元九年（721），针对当时土地兼并严重、人口流失、税收严重不足的困难，时任监察御史的宇文融上奏玄宗，请求重新登记户籍和丈量天下土地。玄宗采纳了宇文融的建议，并任命他为劝农使，率劝农判官出使各地。宇文融深知裴宽精明强干，率先推荐他担任江南东道勾当租庸地税使兼括田判官，将裴宽纳入自己麾下。

开元十五年（727），吐蕃大将悉诺逻恭禄、烛龙莽布支攻陷瓜州，生擒刺史田元献，回纥也乘机发难，兵犯河西，杀死河西节度使王君㚟，河西陇右告急，举国震悚。玄宗紧急任命萧嵩为兵部尚书、河西节度使，判凉州事，调集军队，御敌靖边。萧嵩上任第一件事就是上奏朝廷，调裴宽入幕府，充任判官。不久，裴宽又被擢升为兵部侍郎，成为萧嵩的得力助手。

开元二十一年（733），关中淫雨成灾，长安发生严重饥荒。玄宗召见时任京兆尹的裴耀卿，询问赈灾之策。裴耀卿向玄宗建议迅速疏通漕运，征调江淮粮赋，紧急充实关中。十月，玄宗任命裴耀卿为黄门侍郎、同中书门下平章事（宰相），并充任江淮河南转运使，主持漕运。裴耀卿遂奏请玄宗调裴宽为户部侍郎，作为自己的副手协助办理漕运赈灾。裴宽不负重托，全力协助裴耀卿，采用分段运输的方法，首先组织东南船队将粮秣物资运到洛口仓，再组织力量转运入河洛，然后经黄河、渭水运抵长安。裴宽负责全程督办，每日经他手里出入的钱财不计其数，他每一笔都清清楚楚，且一尘不染，一时传为佳话。

裴宽为官"不附权贵，务于恤隐，政乃大理"。赴任太原尹之际，玄宗亲

135

自为他饯行,赐给紫金鱼袋,并赋诗相赠,称赞他"德比岱云布,心如晋水清"[2]。

三、秉公无私,"铁相公"执法如山

裴宽持身公正,疾恶如仇,秉公尽职,执法如山,一身凛然正气充塞于天地之间,有"铁相公"之誉。从《旧唐书·裴宽列传》刊载的以下几件史实,我们可窥全豹之一斑——

万骑将军马崇素来仗势骄纵不法,甚至在光天化日之下行凶杀人,本当被缉拿归案,但由于他同左金吾卫大将军霍国公王毛仲关系密切,王毛仲便想尽千方百计包庇袒护他。王毛仲在唐隆政变中诛杀韦后集团立下大功,深得玄宗宠信,没人敢招惹,于是,马崇在王毛仲的保护伞下悠哉游哉地逍遥法外。裴宽赴任刑部侍郎后,不管三七二十一,排除重重阻挠,拘捕马崇,将之绳之以法,捍卫了法律的尊严。

天宝初年,裴宽时任范阳节度使兼河北采访使,加御史大夫。其麾下的北平军使乌承恩与宦官勾结,屡次索贿受贿,中饱私囊,裴宽毫不留情,依法予以严惩。当时,这一地区属多民族聚居区,裴宽公平执法,宽以待民,赢得了各民族百姓的尊崇和爱戴。后来,安禄山接替裴宽任范阳节度使,其麾下的将军们入朝觐见唐玄宗,无不称赞裴宽在范阳的政绩,说裴宽在范阳为官一任,至今"华房犹思之"。

天宝三载(744)四月,裴敦复挥师平定了在东南沿海为虐作恶的海贼吴令光,回朝后虚报战功,并且到处做虚假宣传,为自己捞取荣誉声望和升迁的资本。裴宽虽与裴敦复同族同宗,依然对其毫不姑息,不但对他进行了严厉批评,还将事情真相上奏玄宗。后来,裴敦复的属吏程藏曜、郎将曹鉴依仗权势,胡作非为,触犯了刑律,时任户部尚书兼御史大夫的裴宽,依法将二人抓捕。裴敦复托人找裴宽说情,裴宽铁面冷对,执法如山,丝毫不肯通融。

四、德望日隆,"准宰相"遭谗被贬

裴宽"为政务清简,所莅人爱之,世皆冀其得宰相"[3],玄宗更是"素重宽,日加恩顾""嗟赏久之"[4]。

朝野仰重，皇帝嗟赏信赖，眼看裴宽就要登上相位。

奸相李林甫惴惴不安：如此精明强干众望所归的泰斗级人物，一旦他做了宰相，朝廷之上岂有我李林甫的立锥之地！再加上裴宽深得玄宗信任，与宰相李适之素来交情笃厚，更加坚定了李林甫的决心，无论如何要把裴宽这位"准宰相"拦截在入阁拜相的大门之外。

李林甫真不愧是精通构陷谗谄之道的超级高手，他知道裴宽铁腕执法得罪了裴敦复，更清楚裴敦复是个心胸狭隘的斗筲之徒，正寻机报复裴宽而找不到机会，便私下撺掇裴敦复共同发起"倒裴行动"。两人一拍即合。于是，李林甫与裴敦复狼狈为奸，结成统一战线，"倒裴行动"拉开了序幕。

两人精心策划，裴敦复出手阔绰，秘遣其女婿持500两黄金去贿赂杨贵妃的姐姐杨三娘，以陷害裴宽之事相托。长袖善舞的杨三娘收了贿物，屡屡在玄宗面前多方罗织裴宽之过。此时的玄宗已渐渐变得怠慢朝政，宠信奸佞，听信谗言，任人摆布，终日陷入骄奢荒淫的享乐之中，经杨三娘几番舌头扇风，遂降诏贬裴宽为睢阳（今河南商丘）太守。此后不久，再贬裴宽为安陆别驾。

口蜜腹剑的李林甫依然不肯罢手。

天宝六载（747），李林甫派御史罗希奭南下宜春，去杀害被贬为宜春太守的李适之，特命罗希奭过道安陆，先杀掉裴宽。万幸的是经裴宽苦苦劝导，罗希奭不忍下手，裴宽才捡回一条性命。

裴宽本崇佛，眼见朝廷昏暗，奸佞当道，如今又随时面临遭暗杀的威胁，渐渐心灰意冷，于是他上表玄宗，请求出家为僧，玄宗不许。后来，玄宗起用裴宽为东海太守、襄州采访使，又调任冯翊太守，入拜礼部尚书。天宝十四载（755），裴宽病逝，享年75岁，追赠太子少傅。

五、品评

河东裴氏代冕疏，

裴宽高名耀千秋。

瘗鹿碧鹊结良缘，

三慎盛德润九州。

壮志难酬遭谗害，

但得报国欲何求。

岱云晋水竹帛上，

激励后世竞风流。

（七律）

唐玄宗李隆基谓之："德比岱云布，心如晋水清。"

《旧唐书·裴宽列传》谓之："宽以清简为政，故所莅人皆爱之。当时望为宰辅。"

《新唐书·裴宽列传》："其为政务清简，所莅人爱之，世皆冀其得宰相。天宝间称旧德，以宽为首。"

注　释：

[1] [3]《新唐书·裴宽列传》

[2] [4]《旧唐书·裴宽列传》

鲁山县令元德秀

元德秀（约695—约754），字紫芝，时人尊之为元夫子、元鲁山，唐朝河南（今河南洛阳市）人。开元二十一年（733）进士及第，历任南和县尉、龙武军录事参军、鲁山县令等职，亦是诗人。元德秀虽一生官位不显，却以其"琴台善政"等卓越政绩和嘉德懿行名满天下，千古流芳。

一、负母赶考，金榜题名中进士

元德秀本姓拓跋，系北魏皇裔，太和二十年（496），北魏孝文帝拓跋宏推行汉化改革，将皇族拓跋姓统一改为元姓。元德秀的父亲曾任延州刺史，居官清正廉洁，两袖清风，在元德秀幼年时便撒手人寰，留给元德秀的全部遗产除了两间破草舍，还有一张世代相传的古琴。

"穷且益坚，不坠青云之志。"生活的贫困窘迫，家庭的不幸，使得自幼聪颖倔强的元德秀愈发自强不息、奋发向上，在老母的悉心教诲下寒窗苦读，孜孜以求，渐有所成。他腹藏万卷，满腹经纶，还将一张古琴弹得出神入化，《击壤歌》《尧戒》《南风歌》《禹王牒辞》《夏后铸鼎繇》等古曲，每每在他灵巧神奇的指尖潺潺流淌，莺舌百啭，余音绕梁。

元德秀与母亲相依为命，以孝行闻名遐迩。开元二十一年（733），元德秀被郡府举荐参加进士考试,他不忍别母远行,便背负母亲西行长安,进京赶考。

令人遗憾的是元德秀金榜题名,高中进士,母亲却遽然离世。

元德秀悲痛欲绝,"庐于墓所,食无盐酪,藉无茵席,刺血画像写佛经"[1]。——在母亲的坟墓旁边搭建起一间茅棚,日夜守护。饭食中没有盐巴和乳浆,坐卧之处没有褥垫和席子,刺破自己的手指用血来画佛像写佛经。

服丧期满,元德秀被朝廷任为邢州南和县尉。他恪尽职守,奋发努力,很快在工作岗位做出不凡业绩,负责考核官员政绩的黜陟使上奏朝廷,元德秀被擢升为龙武军录事参军。

二、勇于担当,义释狱囚除虎患

元德秀调任鲁山县令。鲁山地处伏牛山东麓,西南北三面环山,据《读史方舆纪要》,此地"山高耸,回生群山",山势陡峭,林木茂盛,涧溪纵横,是飞禽走兽群居的天然乐园。元德秀赴任之时,当地正闹虎患,一只蛰伏深山的猛虎时常出没四方,为害百姓,搞得附近居民人人自危,终日惶恐异常。

如何尽快消除虎患还百姓以清静平安?作为新任县令,元德秀寝食难安。

由于元德秀曾在乘车时脚部受伤,他拖着一只跛脚东奔西走,寻求良策,接连开了几次"诸葛亮会"依旧没能想出好的对策。正在一筹莫展之际,有一狱卒前来禀报,说是狱中关押的一名犯盗窃罪的囚犯,近日口出狂言,自称能擒住老虎,以将功赎罪。

元德秀闻之大喜,立即前往监狱探访罪囚。"盗自陈曰:'愿格杀猛兽以自赎。'德秀许之。胥吏曰:'盗诡计苟免,擅放官囚,无乃累乎?'德秀曰:'吾不欲负约,累则吾坐,必请不及诸君。'"[2]——罪囚向元德秀请求说:"请求大人放我出去,我愿拼死一搏,去击杀猛虎,立功赎罪。"元德秀随即答应了他的请求。属下小吏赶忙劝他说:"这盗贼老奸巨猾,只是要花招想借机逃跑,大人千万别中了他的诡计,况且,擅自放了官府狱囚,您不是自寻牵累吗?"元德秀坚定地回答:"既已以允诺于他,我不能负约,若事出意外,我自当受罚,决不连累各位。"

于是，元德秀命人打开罪囚枷锁，立即将他释放。

罪囚大摇大摆走出县衙大院。望着罪囚渐去渐远的身影，县衙上下，人们议论纷纷。

谁也没有想到，第二天一大早，在人们一片惊诧的目光中，罪囚背着一只死虎前来县衙复命。

消息不胫而走，举县为之嗟叹，吏民无不佩服元德秀的勇于担当和料事如神。

三、琴台善政，"贤侯德政爱民深"

鲁山县的百姓很快发现，新来的这位县太爷是一位"奇葩县令"，他不像其他县太爷一样，每天整整齐齐穿上官服，端端正正坐在大堂之上，把惊堂木拍得噼啪作响，声色俱厉地发号施令，而是常常一身便服，与百姓们厮混在一起。更令人们惊奇的是每当政务之余，他便拖着一只跛脚来到县衙大门外，轻舒双臂，放飞十指，拨弄那床古琴，顿时，悠扬的琴声响起，召来了附近的百姓。

当聚拢的百姓越来越多，元德秀便停止了弹奏，或嘘寒问暖，或征询百姓心声，或发表施政演说，然后，再又倾情弹奏，如是循环往复，他的"知音"越聚越多。他就在这悠扬的琴声中弘扬美德，遏恶扬善，劝勉百姓发展农桑，兴修水利，招抚流民从速归业，使鲁山县政通人和，百业隆兴。

鲁山百姓被深深地感动了，他们自发地在城墙根下筑起一座琴台，使元德秀拥有了专属的"琴室"兼"政务厅"。此后，他便每天登上琴台，纵情抚琴、处理政务。1200多年过去了，如今，在鲁山县第二高级中学西墙外，当年的琴台遗迹犹存，向一代又一代的人们无声地诉说着元德秀勤政爱民的故事，历代文人骚客在这里留下了难以计数的诗词华章，以表达对元德秀的深切缅怀和无限景仰。

开元二十三年（735），唐朝对回纥用兵取得胜利，为庆贺边塞大捷，唐玄宗李隆基巡幸东都洛阳，在五凤楼下搭设舞台，举行盛大文艺会演，命令300里以内州县官吏带艺人前来表演献艺，并传下话说，朝廷将以此次演出的优劣，来确定对官员的升降赏罚。

为拔得头筹取悦皇帝、讨得封赏，各地大员较上了劲，一个比一个阵容庞大，服饰道具更是奢华瑰丽、争奇斗艳。特别是河内太守，他带来了一个长长的车队，装载着几百个演员，全部着绫罗锦缎，戴环佩珠翠，连拉车的马牛都披红挂彩，装扮成犀牛、大象、虎豹之状，阵容十分新奇抢眼。只有元德秀带着几十个乐工和他的祖传古琴低调亮相，他们穿着平日的便服，联袂登台，演唱一曲元德秀创作的《于蔿于》，借以反映百姓疾苦，呼吁关爱民生，然后翩然而去。

唐玄宗李隆基是一位精通音律的超级大师，他对《于蔿于》展现的艺术极为欣赏，对其弦外之音更是心领神会，边观赏演出，边连连赞叹："贤人之言哉！""又谓宰相曰：'河内人其涂炭乎？'"[3] 随后，传旨罢免了河内太守。

此后，元德秀更加声名远播。

元德秀治鲁山，在悠扬的琴声中布德四方，开创了音乐教化的一代新风。他为官清廉，终日破衲疏粝，"所得奉禄，悉衣食人之孤遗者"[4]。——他将自己所得的俸禄，全都用来救助那些孤儿和无依无靠的人。司马光在《资治通鉴》中赞之为"琴台善政"，到了明代成化年间（1465—1487），鲁山教谕陈孜感慕前贤，赋《琴台善政》诗一首——

> 贤侯德政爱民深，
> 百尺高台静抚琴。
> 一曲清风弦上调，
> 满腔和气轸中吟。
> 伯牙昔日堪同操？
> 单父当年不易心。
> 高山流水非独乐，
> 至今追慕仰德音。

四、紫芝眉宇，千古"以此洗浮薄"

随着开元盛世渐近尾声，朝中李林甫等一伙儿奸佞当道，朝纲紊乱，元德秀深感政事已不可为，此时他正好在鲁山任期届满，遂无意仕宦，挥笔写下《归隐》，赶着一辆破旧柴车，缓缓驶离鲁山，从此隐居于陆浑山中。诗曰——

> 缓步巾车出鲁山，
>
> 陆浑佳处恣安闲；
>
> 家无仆妾饥忘馔，
>
> 自有琴书兴不阑。

元德秀幼年失怙，考取进士后，母亲又溘然长逝，未能在父母健在之日完婚，于是便抱定独身主义，以七弦为妻。朋友们苦心相劝，告诫他切不可断了元家香火，他回答说："我哥哥有儿子，先祖可以得到祭祀。"遗憾的是这个侄子尚在襁褓之中，兄嫂便相继去世，侄子成了孤儿。元德秀素来清贫，没钱雇请奶妈，便亲自喂养抚育侄子，一直将侄子抚养成人，为他娶妻成家。

陆浑山山清水秀，峰峦叠嶂，水波潋滟，风光旖旎，元德秀早就心向往之，如今终于如愿以偿，便在这里筑茅屋定居。据《新唐书·元德秀列传》，其居处无围墙，无门锁，无妻妾，无仆役，有的只是枕头、鞋子、竹盆和水瓢一类粗陋用具。遇到荒年，元德秀有时一整天都不烧火做饭。他每日伴着阳光、山风和淙淙涧溪抚琴、饮酒、读书、赋诗、著书立说、教授学生、传道受业，孜孜不倦，乐在其中。时人仰其高行，不称其名，尊之为元夫子、元鲁山。其著作主要有《破阵乐辞》《季子听乐论》《广吴公子观乐》《于蔿于》《蹇士赋》《道演》《礼咏》等，门下高徒主要有萧颖士、李华、元结、马宇、李萼等。

自古"山不在高，有仙则名"。自打元德秀入山隐居，一向沉寂冷清的陆浑山便热闹起来，时常车马喧阗，来访者大多为附近百姓，也不乏朝中显贵、名流高士。不管贵贱贫富，元德秀都一样热情相待，与来客抚琴歌舞，举杯痛饮，赋诗唱和，敞开胸襟纵情畅叙情怀。

"房琯每见德秀，叹息曰：'见紫芝眉宇，使人名利之心都尽。'苏源明常语人曰：'吾不幸生衰俗，所不耻者，识元紫芝也。'"[5]——宰相房琯每次见到元德秀，总是情难自已，喟然长叹："一看见元德秀眉宇间散发出的高洁纯正之气，使人的名利之心顿时冰消雪融。"太子谕德、诗人苏源明也常常对人说："此生不幸，生活在衰败庸俗的环境之中，使我不感到耻辱的，就是有幸结识了元德秀啊。"

由此衍生出成语"紫芝眉宇"。

天宝十三载（754），元德秀于陆浑山中病逝，终年59岁。李华为之撰《墓碣铭》，元结为之撰《墓表》，颜真卿为之书丹，李阳冰为之篆额，后人称之为"四绝碑"。其弟子、族弟大诗人元结闻噩耗，抚膺恸哭道："大夫弱无固，性无专，老无在，死无余，人情所耽溺、喜爱、可恶者，大夫无之。生六十年未尝识女色、视锦绣，未尝求足苟辞、佚色，未尝有十亩之地、十尺之舍、十岁之童，未尝完布帛而衣，具五味而餐。吾哀之，以戒荒淫贪佞、绮纨粱肉之徒耳。"[6]孟郊闻噩耗，挥笔写下长诗《吊元鲁山》，其中几句这样写道——

    搏鸷有余饱，

    鲁山长饥空。

    豪人饫鲜肥，

    鲁山饭蒿蓬。

    ……

    箫韶太平乐，

    鲁山不虚作。

    千古若有知，

    百年幸如昨。

    谁能嗣教化，

    以此洗浮薄。

五、品评

元德秀治鲁山，琴台善政千古传为美谈。他以仁孝清俭立身，奉母至孝，捐出全部薪俸救助孤遗，"老吾老以及人之老，幼吾幼以及人之幼"；勇于担当，义释狱囚除虎患，可谓胸怀天下；以音乐化民，独辟蹊径，革旧俗，树新风，劝农桑，兴百业，可谓为官一任，造福一方；眼见政事不可为，翩然隐居于陆浑山中，高卧草庐，绳床瓦灶，抚琴吟诗，著书立说，传道受业，自得其乐，使我们不由想起孟子盛赞孔子的名言——"可以仕则仕,可以止则止,可以久则久,可以速则速",可谓圣贤气象。

《旧唐书》将元德秀与李白、杜甫、王维、王昌龄、孟浩然、崔颢、李商隐、温庭筠、李华、萧颖士等泰斗级高士列为合传,《新唐书》专门辟设《卓行列传》,收入元德秀、权皋、甄济、阳城、司空图五人的传记,元德秀名列榜首。以区区七品县令入正史,亘古罕见。

欧阳修谓之:"其志凛凛与秋霜争严,真丈夫哉!"

司马光谓之:"德秀性介洁质朴,士大夫皆服其高。"

皮日休谓之:"吾爱元紫芝,清介如伯夷。辇母远之官,宰邑无玷疵……尽日一菜食,穷年一布衣。清似匣中镜,直如琴上丝。"

《旧唐书·元德秀列传》谓之:"陶陶然遗身物外。琴觞之余,间以文咏,率情而书,语无雕刻。所著《季子听乐论》《蹇士赋》,为高人所称。"

注 释:

[1] [2]《旧唐书·元德秀列传》

[3] [4] [5] [6]《新唐书·元德秀列传》

李元纮执法如山

李元纮（？—733），字大纲，京兆万年（今陕西西安）人，祖籍滑州（今河南滑县）。历任泾州司兵参军、雍州司户参军、好畤县令、润州司马、万年县令、京兆尹、工部侍郎、兵部侍郎、吏部侍郎、户部侍郎，中书侍郎，唐玄宗朝宰相。李元纮立身清俭、不畏权贵、执法如山的故事流芳百世，震烁千古。

一、相门之子，为官"所历咸有声绩"

李元纮出身于世代官宦之家。曾祖父李粲，为隋朝屯卫大将军，深得隋炀帝的信任，在隋末群雄逐鹿的时代风潮中，率众归附唐高祖李渊，被任为宗正卿，封应国公，赐姓李氏（李粲原本姓丙），不久，迁为左监门大将军；祖父李宽，高宗朝为太常卿，封陇西郡公；父亲李道广，武则天时期为汴州刺史，万岁通天元年（696）迁任宰相，封金城县侯。

李元纮以门荫入仕，初为泾州（今甘肃泾川县）司兵参军。身为相门之子，李元纮却丝毫没有一般世家纨绔子弟轻浮奢靡的毛病，《旧唐书·李元纮列传》称赞他"少谨厚"，"性清俭。既知政事，稍抑奔竞之路，务进者颇惮之"。——李元纮自幼为人谨慎笃厚，品性清廉俭仆，做宰相以后，更加正气凛然，稍稍压抑追逐名利的风气，那些企图通过歪门邪道谋求升迁的人都十分忌惮惧怕他。

李元纮的"少谨厚","性清俭",一身凛然正气,使得他口碑载道,政声大振,深受百姓的敬仰和爱戴。他为官一任,振兴一方,仕途也一帆风顺。他由泾州司兵参军起步,继而任雍州司户参军、好畤县令、润州司马、万年县令、京兆尹、工部侍郎、兵部侍郎、吏部侍郎、户部侍郎,无论是身在朝堂还是主政一方,都干得风生水起,红红火火,"所历咸有声绩"[1]。

二、司户参军,"南山可移,判不可摇"

唐中宗神龙二年(706),时任雍州司户参军的李元纮接到普仁寺方丈的投诉,称寺庙一盘大石磨被太平公主看中,正准备安排人将其强行运往京城。这盘大石磨是寺院僧人们用来加工粮食的唯一器具,一旦失去它,将给寺院百余名僧众的生活带来极大不便。方丈请求官府明镜高悬,为寺僧主持公道,向太平公主讨回石磨。

原来,太平公主游普仁寺,先烧香拜佛,再游览寺院,无意间发现了安卧寺中一隅的石磨。石磨本是加工粮食的寻常之物,没什么稀奇,然这盘石磨却非同一般,实在是太漂亮了,堪称石磨中的尤物,太平公主一瞥见它就不由眼前一亮,遂吩咐左右,将石磨搬运到京城公主府中。

太平公主凭什么如此骄横跋扈,明火执仗地将普仁寺传承数百年的石磨攫为己有?她是唐高宗李治与武则天的小女儿,唐中宗李显和唐睿宗李旦的妹妹,生平极受父母兄长的宠爱,极善权谋,连武则天都称赞其"类我",其时正炙手可热,权倾朝野,满朝达官显贵争相攀附。别说是一盘石磨,她即使要霸占整座寺院,恐怕也鲜有人敢说"不"字。

然而,这一回太平公主碰上一个仗义执法不要命的主儿,李元纮明明知道太平公主权势正盛,老虎的屁股摸不得,依旧公正执法,将石磨判归普仁寺。

李元纮的判决把他的顶头上司雍州长史窦怀贞吓了一跳:李元纮啊李元纮,你给我闯大祸了,对太平公主,咱攀缘巴结正愁没机会,岂敢太岁头上动土,咱还在官场上混不混啦!于是,他赶忙去找李元纮,软硬兼施,警告他不要忒死心眼儿,愣是拿鸡蛋往石头上碰,当心为自己招灾惹祸。

李元纮义愤填膺，对窦怀贞这种恃强凌弱、媚上欺下的行径嗤之以鼻，遂在原判决书空白处挥笔写下："南山可移，判不可摇也。"[2] 意即终南山或许可以移动，但此案判决绝对不能更改。——由此衍生出成语"执法如山""南山铁案"。

窦怀贞气得直翻白眼儿，面对李元纮的大义凛然也无可奈何。

行文至此，顺便提一句，窦怀贞与李元纮一样，都是宰相之子。再套用一句流行语：都是宰相之子，咋就差别这么大呢！

三、主政京兆，拆除碾硙造福一方

雍州"南山铁案"使得李元纮名声大振。此后不久，李元纮迁任好畤县令、润州司马，开元初年，转任万年县令，不久后又升任京兆尹，可见唐玄宗李隆基对李元纮的信任和器重。

李元纮甫一到任，便接到朝廷诏令：立即疏通关中地区所有河渠。

这道诏令事出有因。

其时，关中地区的河渠之上碾硙密布，泛滥成灾，壅塞水流，严重影响农田灌溉，威胁农业生产和百姓生活，百姓忧心忡忡，纷纷上书，呼吁朝廷尽快采取果断措施，使田野能够通水灌溉。

碾硙即利用水力驱动的石磨。据考，古代人类的粮食加工器具大体经历了石磨盘、杵臼—手推磨、踏碓—畜力磨—水碓、水磨等几个阶段，唐朝时期，关中的碾硙业已相当发达。由于利用水力进行粮食加工的碾硙业利润丰厚，富商大贾、王公权贵、宦官僧侣纷纷霸占水源，架设碾硙，经营谋利，太平公主、高力士、李林甫等显赫一时的人物皆参与其中，其规模很大，利润也相当可观。其时，整个关中河渠之上，碾硙林立，百姓眼睁睁看着水流被强行截断，水田禾苗枯焦，心急如焚。

碾硙不除，水田将面临干涸之虞，百姓将陷入断炊之忧；如果拆除碾硙，那碾硙背后的主人不是世家贵胄，便是王公权贵，岂有一个是好惹的！

怎么办？李元纮义无反顾，急百姓之所急，迅速组织起专门队伍，将关中地区河渠之上所有碾硙全部拆除。《新唐书·李元纮列传》载："元纮敕吏尽毁之，分溉渠下田，民赖其恩。"

唐玄宗李隆基闻报，大加赞赏。"元纮因条奏人间利害及时政得失以奏之，上大悦，因赐衣一副、绢二百匹。"[3]

四、担任宰相，立身清俭家无储积

开元十四年（726），李元纮升任中书侍郎、同中书门下平章事（宰相），又加银青光禄大夫，封清水县男。

"元纮在政事累年，不改第宅，仆马弊劣，未曾改饰，所得封物，皆散之亲族。右丞相宋璟尝嘉叹之，每谓人曰：'李侍郎引宋遥之美才，黜刘晃之贪冒，贵为国相，家无储积。虽季文子之德，何以加也！'"[4]——李元纮做宰相多年，不改换住宅，使用的车马老弱破旧，也不曾更换装饰，得到的封赏都悉数分赠给亲族。右丞相宋璟对他赞赏有加，经常对人说："李侍郎引荐宋遥这样的美才，黜退刘晃这样的贪官，贵为宰相，家无积蓄。即使是季文子的德行，也不能超过啊！"

开元十七年（729），李元纮罢相，外放为曹州刺史。

开元二十一年（733），李元纮被起复为太子詹事，不幸的是不到十日便因病离世，追赠太子少傅，谥号"文忠"。

五、品评

在等级森严的封建社会，面对至高无上无可逾越的皇权统治，面对王公显贵的强权压制，对其稍有冒犯，便随时面临着被降职、罢官甚或杀头灭族的风险。在骄横跋扈的太平公主面前，在王公权贵的霸凌行径面前，李元纮没有任何犹豫，没有丝毫妥协和退让，官可丢、头可断，一定要把公平正义进行到底。李元纮"少谨厚"，"性清俭"，砥砺风节，浩气贯长虹，以其"威武不能屈"的坚毅果敢和无惧生死的担当精神，捍卫了法律的尊严和当事人的权益，成就了中国法制史上的一段佳话——

"南山可移，判不可摇"，一判邪佞夹尾去，万古清风徐徐来。

"尽毁碾硙，决水溉田"，王公心内如汤煮，禾苗迎风郁郁摇。

《旧唐书·李元纮列传》谓之："李元纮在政事累年，不改第宅，仆马弊劣，未曾改饰，所得封物，皆散之亲族。""元纮性清俭。既知政事，稍抑奔竞之路，务进者颇惮之。"

（原载《学习时报》2020年5月8日）

注　释：

[1] [3] [4] 《旧唐书·李元纮列传》

[2]《新唐书·李元纮列传》

唐朝宰相杜暹的两个雅号

杜暹（？—740），濮州濮阳（今河南濮阳）人，历任婺州参军、监察御史、给事中、黄门侍郎兼安西副大都护、荆州长史、魏州刺史、太原尹、户部尚书、长安留守、礼部尚书等职，唐玄宗朝宰相，封魏县侯。杜暹曾主政西域，深得民心，并平定了于阗王尉迟眺叛乱，尤以"百纸参军"和"埋金御史"名垂青史。

一、明经入仕，"百纸参军"人敬仰

杜暹的父亲杜承志在武则天初年任监察御史，后辞官归田。杜暹生活在一个五世同堂的大家族中，对长辈特别恭谨孝顺，以孝悌仁爱闻名乡里，备受赞誉。唐中宗景云年间（710—711），杜暹参加明经考试中举，被授为婺州参军。

杜暹为官，恪尽职守，清正廉明，深受当地百姓爱戴。"秩满将归，州吏以纸万余张以赠之，暹惟受一百，余悉还之。"[1]——任期届满，将要还乡之际，州吏赠送给杜暹一万多张纸，他只接受了一百张，其余全部还给了他们。前来告别送行的同僚都大为惊奇，喟叹说："文不爱钱，武不惜命，名垂青史的古代清官也不过如此吧！"

其时，婺州所产纸张非常名贵，储存纸张相当于储存贵金属，相互馈送婺州纸也是官场寻常惯例，但杜暹却只收取了一百张，以示领受了同僚们的情谊。

151

杜暹因此而名垂青史，赢得了"百纸参军"的美名。

不久，杜暹迁任郑县尉，一如既往，刚直不阿，以清直之声享誉遐迩。他的顶头上司华州司马杨孚，也是一位公正耿直之士，对杜暹非常赏识。后来，杨孚升任大理正，杜暹因公事受牵累送法司问罪，杨孚看见自己的昔日爱将坐在被告席上，感慨万千，叹息着对左右的人说："若此尉得罪，则公清之士何以劝矣？"[2]——倘若这么好的县尉都要被治罪，那么公正清廉之士怎么会不心灰意冷呢？结果，不但没有降罪于杜暹，反而将他推荐给朝廷。

杜暹因祸得福，被擢升为大理评事。

二、三赴安西，"埋金御史"扬美名

开元四年（716），杜暹升任监察御史，奉命前往碛西（西域）检查屯田驻军。

此时，屯驻安西的副都护郭虔瓘与西突厥可汗史献、镇守使刘遐庆等因事发生矛盾，闹得不可开交，各自频频上书朝廷，相互攻讦指责对方。朝廷头疼不已，为澄清是非，诏令已远在西域的杜暹查明事实真相。

杜暹接到诏令之时已在返归途中，走到了凉州，于是，立即调转马头，策马西行，昼夜兼程。经数日奔波，进入西突厥突骑施营帐，调查了解他们与郭虔瓘等人发生矛盾冲突的情况。

番人见朝廷钦差大臣驾到，欣喜异常，遂杀牛宰羊，设歌舞盛宴，盛情款待。宴罢，番人以黄金相赠，杜暹不肯接受。番人频频苦苦相劝，杜暹屡屡坚决拒绝，推辞再三，左右的人悄悄劝他说："您远道出使这边远荒蛮之地，千万不可辜负了番人的情意，当心引起他们的误解猜忌，惹来麻烦。"杜暹听了心里一惊，不得不违心地接受了礼物。夜深人静之时，杜暹命人将接受的黄金埋在自己居住的幕帐之下，做好标记。

安顿下来之后，杜暹与矛盾各方沟通晤谈，斡旋调解，坚守原则底线，实事求是，理顺个中是非曲直，消除纷争，敦促各方相互谅解，化解矛盾，增进友谊，实现和好如初，并将情况如实上报朝廷。

完成了使命，杜暹告别番人，踏上归途。走出沙漠以后，杜暹派使者传书番人,告知他们尽快去幕帐收取埋藏的黄金。"番人大惊,度碛追之,不及而止。"[3]——番人闻之大惊,急派人骑快马越过沙漠一路狂追,怎奈杜暹早已走远,追赶不上,只好作罢。杜暹幕帐埋金的佳话不胫而走。

杜暹从碛西回朝后几经升迁,被任为给事中。不久,因继母离世,杜暹辞去官职,居家守丧。

开元十二年(724),安西都护张孝嵩调任太原尹。由于杜暹的崇高声望,几位大臣同声举荐杜暹前往安西接任,西域百姓佩服杜暹的清廉谨慎,十分思念仰慕他,热切期盼杜暹能到安西任职。张孝嵩把西域百姓的这种意愿报告朝廷。于是,玄宗诏命酌情起用杜暹为黄门侍郎,兼安西副大都护。

杜暹服丧期未满,便奉诏匆匆离家,千里单骑赶往安西赴任。

此次远赴安西非同以往,是肩负着朝廷重托与百姓的期望而来。当时的安西地域辽阔,多民族混杂居住,冲突不断,各国商贾川流不息。杜暹深知自己肩上责任重大,自履职之日,竭忠尽智,尽职尽责,安抚将士,不辞辛劳,持身清廉,深得各民族百姓拥戴,遂使士气大振,安西都护府面貌为之一新。

开元十三年(725),"于阗王尉迟眺阴结突厥及诸蕃国图为叛乱,暹密知其谋,发兵捕而斩之,并诛其党羽五十余人,更立君长,于阗遂安。暹以功特加光禄大夫。"[4]

三、入朝拜相,宦海沉浮屡建功

开元十四年(726),唐玄宗李隆基召拜杜暹为宰相,并赐绢二百匹、马一匹、宅院一处。由于杜暹与同任宰相的李元纮不和,两人在政事上屡屡发生争执,以致纷争不断,惹恼了玄宗,于开元十七年(729),将两人同时罢相。

杜暹被贬为荆州大都督府长史。玄宗虽罢免了杜暹的宰相职务,但对他并无嫌弃之意,杜暹自己也毫不自馁,依旧意气风发,昂然自若,罢相后屡任要职,在每一任上都干得风生水起,政绩卓然。

不久,杜暹又先后被委任为魏州刺史、太原尹。

开元二十年(732),玄宗巡幸北都太原,拜杜暹为户部尚书;离开太原时,玄宗又命杜暹扈驾返回长安。

开元二十二年（734），玄宗巡幸东都洛阳，任命杜暹为京都留守。杜暹尽心竭诚、兢兢业业，组织人力物力修缮三宫，加固城池，加强京都警戒戍卫，并亲自登上城头巡逻检查，从不懈怠。"上闻而嘉之，赐敕书曰：'卿素以清直，兼之勤干。自委居守，每事多能，政肃官僚，惠及黎庶。城隍宫室，随事修营，且有成功，不疲人力。甚善甚善，慰朕怀也。'"[5]——玄宗得知此情，特赐敕书嘉奖杜暹道："爱卿一向清廉耿直，勤奋能干。自从委任为留守以来，事事都能竭力尽职，治政能使下属整肃，恩惠能施及百姓。城池宫室，时时修饰，很有成绩，又不过分劳累人力。很好很好，朕甚感欣慰。"

开元二十四年（736），杜暹迁任礼部尚书，封魏县侯。

开元二十八年（740），杜暹病逝，玄宗甚为悲痛惋惜，追赠其为尚书右丞相，赐谥号"贞孝"，又派出使者前往其家协助办理丧事，并赏赐绢帛300匹。杜暹之子杜孝友深知其父一生以公清勤俭为己任，年轻时便立誓不接受任何馈赠，遵守父亲的志向和教诲，一概婉拒不受。

四、品评

杜暹少时明经入仕，以清正廉明、勤政爱民闻名遐迩，从基层小吏一步步做到宰相，又以宰相屈身改做州郡牧守，任职四方，后又履职户部尚书、礼部尚书，无论是立身朝堂，还是主政一方，无论是奉职京畿，还是远戍边陲，也无论职务是升是降，都不负朝廷重托，始终坚守初心，不改其清廉之志，为官一任，振兴一方。杜暹衔命三赴安西，建功边陲，深得西域各民族百姓拥戴，平定了于阗王尉迟眺叛乱，劳苦功高，尤以"百纸参军"和"埋金御史"名垂青史，千古流芳。

亘古以来的为官者，究竟应当如何对待金钱，如何对待名位，如何对待职务升降和利益得失，如何践行自己肩负的职责和使命，认真读一读《旧唐书·杜暹列传》，或许会有所裨益。

南宋学者徐钧赋诗赞曰——

婺女初官辞贶纸，安西按虏复埋金。

公清勤约自宜相，文墨何须较浅深。

《旧唐书·杜暹列传》谓之："远财劾奸，清风肃然"，"常以公清勤俭为己任"，"以清白垂美简书"。

注　释：

[1] [2] [3] [4] [5]《旧唐书·杜暹列传》

段秀实：夺笏击贼壮烈殉国

段秀实（719—783），字成公，陇州汧阳（今陕西千阳）人，原籍姑臧（今甘肃武威市）。历任安西府别将、节度使判官、泾州刺史兼御史大夫、四镇北庭行军及泾原郑颍节度使、司农卿等职，封张掖郡王，追授太尉，谥号"忠烈"。段秀实是唐朝中叶名将，功绩卓著，以夺取象笏痛击叛臣朱泚而壮烈殉国，名标青史，光耀千秋。

一、少以孝闻，弃文从戎赴安西

段秀实幼年以至孝闻名乡里。据《旧唐书·段秀实列传》，段秀实六岁时，母亲病重卧床，他忧心忡忡，终日守护在母亲床边，七天不吃不喝，直到母亲病情有了转机，能进浆水，他才开始进食，时人誉之为"孝童"。段秀实长大后，深沉忠厚，刚毅果敢，善做决断。

由于段秀实在当地声名鹊起，郡府推荐他参加明经考试。当时的唐朝正处在内外交困的多事之秋，边患接连不断，藩镇屡屡作乱，朝廷式微，颇有大厦将倾之势，段秀实无意科举，志在靖国平天下，怅然叹道："搜章摘句，不足以立功。"[1]果断地放弃了科举入仕之路，投身到安西节度使马灵詧麾下，做了一名普通士卒。

段秀实作战勇敢，屡立战功，赢得了安西节度使马灵詧的青睐，天宝四载（745），擢升段秀实为代理别将。不久，段秀实随从马灵察讨伐护蜜国（今阿富汗境内），再立新功，遂被任命为安西府别将。

天宝七载（748），高仙芝接替马灵詧任安西节度使。天宝十载（751），高仙芝率安西兵发起了围攻怛逻斯城（今哈萨克斯坦江布尔州首府塔拉兹）之战，由于大食国援军及时赶到，高仙芝军大败，将士丢盔弃甲，一路溃逃。

在漆黑的夜晚，安西军队如决堤的潮水一路狂逃，段秀实听见溃败逃跑的队伍中有副将李嗣业的声音，就冲着李嗣业高喊道："兵败只顾逃命，不是大丈夫！"李嗣业闻之，羞愧难当，随即转身和段秀实一起召集失散兵将，稳住局势，又重整旗鼓，整编成军。

段秀实临危不惧，处变不惊，在兵溃如潮之际力挽狂澜，部队归来，李嗣业请求高仙芝擢升段秀实为判官，高仙芝授段秀实为斥候府果毅官。

二、三任判官，德才兼隆众服膺

天宝十四载（755），兼任平卢、范阳和河东三镇节度使的安禄山举旗悍然造反，安史之乱爆发，唐玄宗仓皇逃往蜀地，长安、洛阳两京陷落。至德元载（756）七月，唐肃宗李亨于灵武即皇帝位，遥尊唐玄宗李隆基为太上皇，征召安西节度使梁宰率军前往拱卫。

其时，天下纷乱，梁宰打起了小算盘，想按兵不动，继续观望天下形势变化，然后再做决断。李嗣业暗中支持梁宰的决定。

段秀实大为不满，急急找到李嗣业，责备他说："天子方急，臣下乃欲晏然，公常自称大丈夫，今诚儿女耳。"[2]李嗣业顿时羞红了脸，立即去求见梁宰，说服他派出了步骑兵5000人的队伍，由李嗣业和段秀实率领前往勤王，星夜奔驰，为保卫唐肃宗流亡朝廷屡立战功。

李嗣业战功卓著，被擢升为节度使，视段秀实为左右手，任命他为节度使判官。后来，李嗣业兼任怀州刺史，充任镇西、北庭行营节度使，上表奏请段秀实为怀州长史，暂时管理军州，并兼节度留守后方，负责提供后援粮草。段秀实接连不断地招兵买马，筹集粮草，源源不断地运往前线。乾元二年（759）正月，李嗣业在攻打邺城时，身中流矢，伤势严重，不久，金疮迸裂身亡。

朝廷任命裨将荔非元礼继任节度使。荔非元礼敬重段秀实的忠义豪气，奏请朝廷任命他为光禄少卿，仍兼任节度使判官。宝应元年（762），荔非元礼兵败邙山，移驻翼城，部队发生哗变，乱军之中，荔非元礼被部下杀害。荔非元礼麾下将佐也大多被害，"惟秀实以恩信为士卒所服，皆罗拜不敢害"[3]。

荔非元礼被害后，将士们推举白孝德继任节度使，人心稍稍安定。白孝德依然奏请朝廷，任命段秀实任光禄卿，节度使判官。

段秀实接连在三任节度使麾下任判官，在每一任上都干得有声有色，深得军中将士拥戴。

三、卖马交租，焦令谌羞愧毙命

大历元年（766），马璘接替白孝德兼任邠宁节度使，段秀实一如既往，尽心竭力协助马璘治军理政，马璘上奏朝廷加封段秀实为开府仪同三司，后段秀实又因功加封为御史中丞。其时，军队中有位能拉开24石弓的士卒犯了偷盗罪，论律当斩，马璘爱惜他是个人才，拟法外开恩，段秀实劝谏说："将有私爱，则法令不一，虽韩、白复生，亦不能为理。"[4]——"将领有偏爱，法令就不一致，即使韩信、白起再生，也无法把部队治理好。"马璘幡然醒悟，传令立即依律斩杀了那名士卒。

作为节度使麾下佐吏，段秀实一如既往，凡马璘决定的事务中有不合理的，段秀实一定要坚持争辩到底，直到马璘纠错改正为止。

大历十二年（777）九月，段秀实被任命为泾州刺史，兼御史大夫，四镇、北庭行军和泾原、郑颍节度使。其时，天下大乱，官场腐败，拥兵一方的将领更是无法无天，然而，手握重兵坐镇一方的封疆大吏段秀实则洁身自好，清廉简朴得令人难以置信。据《新唐书·段秀实列传》，他"非公会不举乐饮酒，室无妓媵，无赢财，宾佐至，议军政，不及私"。

据柳宗元《段太尉逸事状》，此前段秀实任泾州营田副使，泾州大将焦令谌掠夺强占他人土地几十顷，租给当地农民，在每年谷物成熟的季节，强行收取产量的一半为租粮。这年大旱，田野寸草不生，焦令谌派出的催租队依然严加威逼，张牙舞爪，强迫农民交租。农民焦急万分，纷纷前往焦府向焦令谌报告灾情，苦苦求告，恳请焦令谌手下留情，给自己留一条活路。焦令谌铁青着脸说："我只知道收租的数量，不知道天旱不旱。"催逼更急。

一农民被逼无奈，向段秀实求援。

段秀实闻之嗟叹不已，立即修书一封，派人送到焦府。写信的口吻十分温和谦逊，劝焦令谌适可而止。

焦令谌见信大发雷霆，立马派人叫来这位农民，向他吼道："你小子眼瞎啦，到处去败坏我的名声，难道我怕他姓段的么！"说着，命人将他按到地上，把来信铺在其脊背上，重重打了20大棒，只打得这农民奄奄一息，皮开肉绽，然后将他扛到段秀实门前，一丢了之。

焦令谌以这种方式向段秀实示威。

段秀实见状痛惜万分，大哭着说："是我害了你呀！"赶紧上前亲手为他洗去身上的血迹，敷上药，撕碎自己的衣服为他包扎伤口，安排他住在自己府中，每餐先喂他进食，然后自己才吃饭。

这位农民终日忧心忡忡，生怕焦令谌再来找麻烦。

段秀实唤来随从，命他将自己唯一的一匹驽马牵出去卖掉，换回粮食，叫这位农民去交清所欠的租子，并嘱咐他说，此事不要叫焦令谌知道。

驻扎在邠州的淮西军主帅尹少荣是个刚直豪放之士，闻知此事，愤愤不平，闯到焦府，指着焦令谌鼻子大骂道："姓焦的，你还是人吗？泾州赤地千里，颗粒无收，百姓濒临绝境，你收租却一粒不少，还抓人打人，天理何存！段公是位大仁大义的长者，你却不知敬重，他只有一匹马，毅然狠心贱卖，换成谷子交给你，你居然坦然收下。你知道天下还有'羞耻'二字吗！"

焦令谌听了这番话，顿时羞赧难当，以致汗流浃背，自言自语道："愧对苍天啊，从此之后，再无颜面见段公。"自此，萎靡不振，不能进食，第二天，竟无疾而终。

四、无惧生死，都虞候执法如山

段秀实任泾州刺史时，郭子仪任天下兵马副元帅、尚书左仆射、兵部尚书、同平章事，权倾朝野。郭子仪第三子郭晞，为检校尚书、领行营节度使，屯兵邠州（今陕西彬县）。郭晞部军纪松弛，麾下将士横行无忌，随意抢夺百姓财物、捣毁器物、蹂躏妇女，邠州百姓苦不堪言。邠州节度使白孝德虽然心里憋气，但慑于郭子仪的权威，只得睁一只眼，闭一只眼，三缄其口。

段秀实看在眼里，急在心里。他急冲冲地找到白孝德，请求担任军中执法官都虞候，以整饬军纪，惩治非法。

白孝德答应了他的请求。

段秀实走马上任，恰逢郭晞部下17名士卒到街市酗酒，发酒疯杀死了卖酒翁，捣毁了酒肆，还四处横行，大闹街市。段秀实从容执法，立即将他们悉数逮捕，斩首示众。

邠州百姓无不拍手称快。

消息不胫而走，郭晞军中士卒大为震动，不少人披上甲胄，手执兵器，准备发动兵变，去找段秀实讨要说法。段秀实闻知士兵骚动，从容不迫地解下自己的佩刀，命一名跛脚老兵牵着马跟在身后，亲赴郭晞营中一看究竟。

郭晞营中士卒闻知段秀实自己送上门来，纷纷披坚执锐，潮水般涌出，围拢过来。段秀实从容不迫，向大家拱拱手，粲然一笑，泰然自若地说道："杀一老卒，用的了这么多甲兵吗？你们看，我戴着我的脑袋来了。"众士卒见状，皆大惊，顿时愣在那里。

段秀实乘机劝他们说："郭尚书难道对不起你们吗？副元帅难道对不起你们吗？为什么要用暴乱来败坏郭家的名声？还不快快为我请出郭尚书。"

郭晞走出营门，段秀实迎上前去，对他说："副元帅功高盖世，当善始善终。您放纵士卒，恣意作恶，势必引起混乱，皇上追究下来，将祸及自身，也罪及副元帅。人们会说，您仗恃副元帅，骄纵不法。如此一来，令尊大人的一世英名将毁于一旦。灾祸恐就在眼前！"

一番话使郭晞大受感动。"晞再拜曰：'公幸教，晞愿奉军以从。'即叱左右皆解甲，令曰：'敢谨者死！'"[5]

第二天一大早，二人同到节度使白孝德处，郭晞坦诚谢罪。从此，郭晞所部再无士卒出来骚扰为害，邠州百姓恢复了往日安宁恬静的生活。

五、泾原兵变，闹伪庭夺笏击贼

唐德宗建中四年（783），发生了泾原兵变，泾原镇士卒一举攻陷长安，唐德宗李适仓皇出逃奉天（今陕西乾县），并被叛军包围一个多月，史称奉天之难。

当时，太尉朱泚罢镇，闲居在长安城晋昌里府邸。叛军头目姚令言等担心自己声名不显，难成大业，便想借用朱泚威势，前往邀请朱泚做他们的首领。双方一拍即合。于是，朱泚在叛军的簇拥下入居含元殿，冒用帝号，乃以原泾原节度使姚令言为侍中，原光禄卿源休为宰相，统摄叛军政事。

朱泚向来对段秀实钦慕有加，又因为段秀实颇得军心民望，便意欲拉拢他入伙儿。其时，段秀实遭奸佞谗害被罢免夺去兵权，在家赋闲已逾三年之久，朱泚便派出一支数十人的队伍，匆匆赶往段秀实府邸"迎接"他前来归附。

段秀实岂肯与朱泚同流合污！然而，迫于眼前形势，不得不采取了"先佯作归附，再相机锄奸"的策略。据《新唐书·段秀实列传》："秀实知不可，乃阳与合，阴结将军刘海宾、姚令言，判官岐灵岳，都虞候何明礼，欲图泚。"

不久，朱泚召集身边亲近叛臣谋议称帝事宜，段秀实也在被召集之列。正当这伙人你一言我一语热烈议论之时，段秀实猛然拍案而起，一把夺去源休的象牙朝笏，一个箭步冲向前，朝朱泚脸上啐了一口唾液，大骂道："狂贼，吾恨不斩汝万段，我岂逐汝反耶！"说着，举起手中象笏，朝朱泚面颊狠狠地砸去，朱泚躲闪不及，被击中额头，顿时鲜血直流。

段秀实与朱泚相互搏斗扭打在一起。

这一幕出现得太突然了，出乎所有人的意料，以至于在场的朱泚党羽和侍卫一个个都呆若木鸡，茫然不知所措。过了一阵儿，他们才醒悟过来，其中几个趁混乱之际逃之夭夭，几个死党慌忙上前去阻止段秀实，朱泚方才得以脱身。"秀实知事不成，谓泚党曰：'我不同汝反，何不杀我！'众争前杀之。泚一手承血，一手止其众曰：'义士也，勿杀。'秀实已死，泚哭之甚哀，以三品礼葬之……"[6]

此前，段秀实于建中元年（780）从泾州任上被征召入朝任司农卿。由泾州入京，必经朱泚主政的岐州，段秀实素知朱泚的为人，临行前告诫后去的家人："经过岐州时，朱泚必会赠送钱物，绝对不可收。"事情果如段秀实所料，当段秀实家人路过岐州时，朱泚执意要赠送300匹大绫，段秀实女婿韦晤坚决拒收，可最终还是拗不过朱泚。家人到了京城，惹得段秀实怒发冲冠，对家人大加申斥，最后喃喃自语道："无论如何，不能使这些秽物进家门！"于是，安排人将300匹大绫送往司农卿办公处，安放在屋梁上。段秀实遇害后，有人将这事报告了朱泚，朱泚将信将疑，亲往察看，大绫丝毫未少，原始封存的标识还完好无损。

唐德宗李适在奉天听到段秀实的死讯，悔恨当初没能任用他，涕泪交流，久久痛哭不已。兴元元年（784）二月，德宗降诏，追赠段秀实为太尉，谥号"忠烈"。

六、品评

段秀实少以至孝饮誉乡里，以天下兴亡为己任，悉心向学，长大后面对国家内忧外患的乱局，果断放弃了科举入仕之路，投身军旅，屡建功勋。作为唐朝中叶一代名将，段秀实恩威布于四方：他克己奉公，仁政恤民，使得惯于巧取豪夺的泾州大将焦令谌无地自容，竟至羞愧毙命；他以身许国，毛遂自荐，就任军中执法官都虞候，执法如山，杀一儆百，诚动郭晞，重振纲纪，大壮军威；他视死如归，义薄云天，大闹伪庭，夺笏拼命一击，僭位叛臣朱泚立时额头鲜血直流，而他遭群丑围攻，从容就义，实现了其辉煌人生的绚丽绽放。

据《旧唐书·段秀实列传》，唐德宗李适谓之："操行岳立，忠厚精至，义形于色，勇必有仁。顷者尝镇泾原，克著威惠，叛卒知训，咨尔以诚。贼泚藏奸，欺尔以诈。守人臣之大节,见元恶之深情,端委国门,挺身白刃。誓碎凶渠之首,以敌君父之仇,视死如归,履虎致咥。"

柳宗元谓之:"今之称太尉大节者出入,以为武人一时奋不虑死,以取名天下,不知太尉之所立如是。宗元尝出入岐周邠鄜间,过真定,北上马岭,历亭障堡戍,窃好问老校退卒,能言其事。太尉为人姁姁,常低首拱手行步,言气卑弱,未尝以色待物;人视之,儒者也。遇不可,必达其志,决非偶然者。"

王夫之谓之:"段司农自结发从军以来,其光昭之大节,在军中而军中重,在朝廷而朝廷重,夫岂一旦一夕之能然哉!""萧、曹、房、杜之治也;刘向、朱云、李固、杜乔、张九龄、陆贽之贞也;孔融、王经、段秀实之烈也……"

《新唐书·段秀实列传》谓之:"唐人柳宗元称:'世言段太尉,大抵以为武人,一时奋不虑死以取名,非也。太尉为人姁姁,常低首拱手行步,言气卑弱,未尝以色待物,人视之,儒者也。遇不可,必达其志,决非偶然者。'宗元不妄许人,谅其然邪,非孔子所谓仁者必有勇乎?……呜呼,虽千五百岁,其英烈言言,如严霜烈日,可畏而仰哉!"

(原载《文史天地》2020年第2期)

注 释:

[1] [2] [3] [5]《新唐书·段秀实列传》

[4]《旧唐书·段秀实列传》

[6]《资治通鉴·卷第二百二十八·唐纪四十四·德宗神武圣文皇帝三》

李勉：吏民为立德政碑的唐朝名相

李勉（717—788），字玄卿，陇西成纪（今甘肃秦安）人。历任开封县尉、监察御史、太常少卿、汾州刺史、江西观察使、京兆尹、御史大夫、广州刺史兼岭南节度观察使、永平军节度使、汴宋节度使、检校左仆射、同平章事等职，封汧国公，历仕唐玄宗、肃宗、代宗、德宗四朝，德宗朝宰相。李勉埋金美名耀千古，宦海沉浮50余年，德隆望尊，政绩卓著，吏民为其立德政碑。

一、少游宋州，埋金美名耀千古

李勉出身于李唐宗室，其曾祖父为唐高祖李渊第十三子郑王李元懿，父亲李择言，曾历任汉、褒、相、岐四州刺史，封安德郡公，为官以严厉干练著称于世，断狱素有平允之誉，颇有政声。李勉自幼天资聪颖，勤苦好学，受到了良好的教育，读经史，喜赋诗，精音律，善鼓琴，成年后沉静文雅、清正严峻，崇尚道家思想。

李勉少年埋金的故事千古流传。

据唐人李绰撰写的《尚书谈录》，开元年间（713—741），李勉在宋州一带游历，与一外地书生同住一家客栈，三来两往，二人互有好感。令人意想不到的是不到十天，这位书生竟突然病倒，且很快病入膏肓，奄奄一息。

书生临终，对病榻前的李勉说："我本洪州（今江西南昌）人，前往北都谋求官职，不曾想困厄于此地，眼看将不久于人世。可悲啊，大概这就是命吧！"说罢，拼尽最后的力气，示意李勉翻开自己随身的行囊，断断续续地对李勉说："这里有百两银子，我将死，请您为我办理后事，剩余的银子就奉送给您了。拜托，拜托！"言犹未尽，便撒手人寰。

李勉悲痛万分，遵循书生的嘱托，含泪为他办理了后事，只是对剩余银子的处置没有遵循书生遗嘱，而是将这些银子秘密放置于坟墓中一同埋葬。

几年以后，李勉任职开封县尉。书生的兄弟一路寻寻觅觅，终于找到了开封，向李勉询问剩余银子的事情。李勉随即带他到书生墓地，刨开坟墓，取出剩余的银子全部交给他。

二、正气凛然，贪官权宦俱怖畏

开元年间，李勉赴任开封县尉。上任伊始，李勉就贴出告示："凡受贿者，须在三日之内前来自首，逾期者舁榇相见。""舁榇"即抬着棺材。告示贴出后，百姓拍手称快，贪官污吏忧心忡忡。那些胆子小者，便纷纷赶往官衙自首；胆子大者，则大多徘徊观望；更有自恃有靠山撑腰者，满脸不屑，出口不逊。

有一个官员，贪赃枉法的事儿没少干，此时却更加胆肥气壮，放出话来："我就受贿了，爱咋的就咋的吧。"更过分的是三天期限过后，他真的命人抬着棺材，亲自找上门来，面见李勉。

这贪官居然敢明目张胆地叫板！

李勉冷笑一声，喝令左右："给我拿下，装入棺材。"这小子刚刚还气焰嚣张，猝不及防，转瞬间被塞进棺材，这才如梦方醒，拳打脚踢，拼命敲打棺材，歇斯底里地呼喊饶命。可惜为时已晚，李勉命左右将棺材钉上铁钉，抛进汴河。

从此，贪官污吏尽皆心惊肉跳，开封百姓无不欢呼雀跃。

至德元载（756），李勉随唐肃宗李亨前往灵州（今宁夏灵武），被任命为监察御史。当时，肃宗刚刚即位，都城长安沦陷，玄宗逃往蜀地，天下纷乱，朝廷崇尚武功，勋臣仗恃恩宠，大多不守礼仪，朝廷的威仪大不如前。大将管崇嗣守潼关兵败逃归灵州，被任命为鸿胪卿，居然在朝堂之上背向而坐，旁若无人般谈笑风生。

李勉愤而弹劾其不恭之罪，将他拘押起来。

肃宗鉴于天下动荡不安，百事待举，凡事不敢太较真，遂又赦免了管崇嗣。肃宗由衷感叹道："吾有李勉，始知朝廷尊也。"[1]

李勉在朝野享有盛誉，肃宗有意擢拔重用他。当时，宦官李辅国受宠弄权，威风八面，成为唐朝第一个封王拜相的宦官，他想在李勉面前摆摆谱，"意欲勉降礼于己。勉不为之屈，竟为所抑"[2]。李勉一身凛然正气，不肯卑躬屈节讨好宦官李辅国，结果，被排挤出朝廷，外放为汾州刺史，后又转任虢州刺史。

大历二年（767），李勉应召入朝，拜京兆尹，兼任御史大夫。其时，宦官鱼朝恩受宠擅权，主管内侍省，统率神策军，开府仪同三司，任观军容宣慰处置使，总监全国军队，知国子监事，权倾朝野。前任京兆尹黎干是个阿附媚上之徒，极尽攀附巴结之能事，鱼朝恩"每视学，从神策兵数百，京兆尹黎干率钱劳从者，一费数十万，而朝恩色常不足"[3]。

李勉继任京兆尹后不久，鱼朝恩又要往国子监视察，属下官员请示李勉，准备循旧例筹办数百人的宴席招待鱼朝恩。李勉立即予以阻止，对属下官员说："观军容使兼领国子监事，如果我到国子监来见他，应该他宴请我。如果观军容使驾临京兆府，那我就应当设宴招待他。"这话传到鱼朝恩的耳朵，心中忿恨不已，以后再也不说要到国子监来"视察"了。

三、礼贤下士，和军亲众人敬仰

李勉为官，素来礼贤下士，多方延揽人才，麾下人才济济，各展其长。他曾将名士李巡、张参纳入幕府，任为判官。后来，两人相继病亡，从此，李勉每举行宴饮，必在席上为二人虚设座位，摆上美酒佳肴，洒泪祭奠，言辞容色凄怆忧伤。闻者无不啧啧称道。

李勉任山南西道观察使时，发现属下小吏王晬人品才干俱佳，是个难得的好材料，便任他为代理南郑县令。王晬理政，刚直不阿，疾恶如仇，铁腕执法，得罪了南郑豪强。他们勾结朝中权贵，颠倒黑白，诬陷王晬。朝廷不明就里，下诏立即诛杀王晬。

李勉闻讯，立马将王晬拘捕起来，以保障他不受伤害，并立即飞章上奏朝廷，陈述事情原委，使得王晬得以免死。后来，李勉又上表荐举王晬为龙门县令，王晬不负厚望，治理龙门期间，勤政恤民，政绩卓然，深得百姓爱戴敬仰。

李勉任江西观察使时，麾下有位属吏，父亲身染沉疴，苦不堪言，久治不愈。他心中十分焦急，便病急乱投医，情急之中，听信了一个江湖术士的蛊惑，按照迷信的方法，制作了一个木偶人，在上面书写上李勉的姓名和官位，偷偷挖坑深埋，日日叩拜祈祷，祈求用这种方法为父亲祛病消灾。后来，此事被人告发，木偶被挖出，审问之后，他交代了实情。

大家都以为，这人实在可恶，李勉一定不会轻饶他。没想到案子报到李勉那里，他只是心不在焉地说了句："为父禳灾，亦可矜也。"[4]——他是为父亲祈福消灾，情有可原，也值得同情。此事即不了了之。

据《新唐书·李勉列传》，李勉"遣戍兵，常视其资粮，春秋存问家室，故能得人死力"。他每派兵外出执行任务，都要亲自检查他们的钱粮带够了没有，春秋两季，都要到他们家中去嘘寒问暖，所以麾下将士都肯为他拼死效命。

四、主政广州，百姓为立德政碑

大历四年（769），朝廷任命李勉为广州刺史，兼岭南节度观察使。当时的广州，混乱不堪，盗贼首领冯崇道、桂州叛将朱济时等聚众为乱，依山洞为寨，烧杀劫掠，曾攻陷周围十余座州城，纵横为害，数年间官府无力征剿。

李勉到任后做的第一件事，就是摸清敌情，集思广益，制定征剿方案。随后，派遣大将李观与容州刺史王翃合力征讨，迅速平定了叛乱，使得长期祸乱不止的广州终于恢复了平静。

广州是唐朝当时最为重要的对外贸易港口之一，由于社会动荡和官吏的贪腐盘剥，再加上冯崇道、朱济时叛乱为害，使得广州从经济繁荣商贸发达的顶峰，迅速跌落到百业凋敝萧条的深谷。"（李勉来广州）前后西域舶泛海至者岁才四五,勉性廉洁,舶来都不检阅,故末年至者四十余。在官累年,器用车服无增饰。"[5]——李勉初来广州之时,西域泛海来广州的船舶一年只有四五艘,由于李勉素来清廉,所有船舶来广州全都不检查,商船来得一年比一年多,到他在任的后几年,一年之中来的商船达40余艘。他主政广州的数年间,官府没有增加车子与任何装饰用具。

其时,朝廷黑暗,奸佞当道,宦竖为虐,腐败盛行,地方大员、军中将帅多暴虐百姓,聚敛无度。据元稹《叙诗寄乐天书》,他们"视一境如一室,刑杀其下,不啻仆畜,厚加剥夺,名为进奉,其实贡入之数百一焉"。李勉则以不贪为宝,勤政恤民,深怀爱民之心,恪守为民之责,临财不苟,不染一尘,多措并举,一心一意发展当地经济,广州渐渐商船如织,百业振兴,经济很快繁荣起来。

大历八年(773),朝廷召李勉入朝任工部尚书,封汧国公,李勉打点行装准备离广州北上赴任。许多商人闻讯赶来,想尽千方百计送来厚礼,以表感激之情,都被李勉婉言谢绝。回程途中,李勉发现家人囊中私藏有贵重物品,行至石门,他铁青着脸命令停船,"悉搜家人所贮南货犀象诸物,投之江中,耆老以为可继前朝宋璟、卢奂、李朝隐之徒。"[6]

广州官员百姓千里迢迢赶赴长安,诣阙上书,请求为李勉立德政碑。代宗大受感动,批准了他们的立碑请求。

五、任职四方,政绩卓著擢宰相

大历八年(773),永平军节度使令狐彰病死于任上,临终前上表朝廷,举荐李勉接替自己的职务。其时,永平军治今河南开封,领汴、宋、滑、濮、亳、陈、颍、泗八州,李勉以德高勋重老臣的身份坐镇永平,清正肃重,不威而治。在镇八年,政通人和,东部诸藩镇将领中即使那些桀骜不驯者,对他也都十分敬重。

大历十一年(776),汴宋节度留后田神玉病逝,李勉受命兼任汴州刺史、汴宋节度使。不久,汴州大将李灵曜勾结魏博节度使田承嗣举旗反叛,田承嗣派其侄田悦出兵援助。朝廷命李勉联合淮西节度使李忠臣、河阳节度使马燧出兵征剿，全歼田悦军。田悦仅只身逃脱，李灵曜败逃，被李勉麾下骑将杜如江生擒，代宗高兴异常，褒赏甚厚。

后来，李忠臣代镇汴州，李勉回镇。大历十四年（779），李忠臣因贪婪残虐，被部下驱逐。朝廷再次任命李勉为汴宋节度使，并将治所迁到汴州。

大历十四年（779）五月，唐德宗李适继位，加李勉为检校吏部尚书、同平章事（宰相）。建中元年（780），又加李勉为检校左仆射，充任河南、汴、宋、滑、亳、河阳等道都统。

建中三年（782），淮宁（淮西）军节度使李希烈起兵反叛，第二年，兵困汴州。李勉守城数月，城中粮草殆尽，又等不到援兵，忧心忡忡地对麾下将领们说："希烈凶逆残酷，若与较力，必多杀无辜，吾不忍也。"[7] 于是，悄悄率军突围，南奔宋州（今河南商丘）。

德宗降诏，以司徒、平章事征李勉入朝。李勉身穿一袭素服向朝廷请罪，德宗予以宽恕，恢复其原有的职位。李勉自此陷入深深自责，自惭形秽，只是备位而已，不再有所建议。

贞元初年，德宗起用新州司马卢杞为澧州刺史，命给事中袁高草拟制书。袁高认为卢杞是个十足的奸邪小人，不肯下笔拟诏。德宗改命其他官员草制，大家谁都不肯从命。德宗问李勉："大家都说卢杞奸邪，朕却不知，这是为什么？"李勉回答说："天下皆知，而陛下独不知，此所以为奸邪也。"[8] 时人皆称赞李勉正直，德宗却自此逐渐疏远于他。

贞元四年（788），李勉病逝，享年72岁，追赠太傅，赐谥号"贞简"。李勉"位将相，所得奉赐，悉遗亲党，身没，无赢藏"[9]。后人撰联赞曰："为官五十余年，清风两袖；过手万千财物，一无所取。"

六、品评

贤相德碑今安在，
史海烟云重悠悠。

> 宋州埋金耀百世，
> 石门沉宝誉千秋。
> 舁榇除恶贪官惧，
> 立朝凛然宦竖愁。
> 向使君王肯纳谏，
> 万国依旧拜冕旒。

（七律）

南宋学者徐钧赋诗赞曰："指破奸邪叵测心，一言剀切盍沉吟。主昏不听终无奈，付与清风一曲琴。"

《旧唐书·李勉列传》谓之："勉坦率素淡，好古尚奇，清廉简易，为宗臣之表。善鼓琴，好属诗，妙知音律，能自制琴，又有巧思。及在相位，向二十年，禄俸皆遗亲党，身没而无私积。其在大官，礼贤下士，终始尽心。"

《新唐书·李勉列传》谓之："位将相，所得奉赐，悉遗亲党，身没，无赢藏。……遣戍兵，常视其资粮，春秋存问家室，故能得人死力。"

注　释：

[1][2][4][5][6][7]《旧唐书·李勉列传》

[3]《新唐书·宦者传上·鱼朝恩》

[8][9]《新唐书·李勉列传》

柳宗元：踔厉风发"柳柳州"

柳宗元（773—819），字子厚，河东（今山西运城市永济）人，唐代文学家、哲学家、散文家和思想家，世称"柳河东""河东先生"。柳宗元文名炽盛，与韩愈并称为"韩柳"，与刘禹锡并称"刘柳"，与王维、孟浩然、韦应物并称"王孟韦柳"，唐宋八大家之一。永贞革新失败后，柳宗元被贬永州、柳州，病逝于柳州刺史任上，故又称"柳柳州"，政声满天下。韩愈撰写的《柳子厚墓志铭》称他"踔厉风发，率常屈其座人，名声大振"，由此衍生出成语"踔厉风发"。

一、高洁淳厚家风，化育风华奇少年

柳宗元出身于名门望族河东柳氏一个世代官宦之家，六世祖柳旦，为北周中书侍郎，封济阴公；堂高伯祖柳奭为唐高宗朝宰相，为官忠正刚直，因得罪武则天被处死；曾祖父柳从裕、祖父柳察躬曾任县令；父亲柳镇曾任唐德宗朝殿中侍御史等职。柳宗元的母亲出身于名门望族范阳卢氏，七岁通毛诗，是一位知书达理的才女。

唐代宗大历八年（773），柳宗元出生于京都长安，自幼天资聪颖，勤苦好学，志向远大。柳宗元的幼年在京都长安度过，在母亲卢氏循循善诱的启蒙教育下，他发奋苦读，像一株根植于沃土、沐浴着充足阳光雨露的小树一样茁壮成长。

其时，朝廷腐败，天下动荡不安，社会危机日益加深，守正不阿的父亲宦海沉浮，辗转于州郡任职，柳宗元12岁后开始跟随宦游四方的父亲生活，不断迁徙，先后移居宣城、夏口、洪州、夔州等多地，也亲历了藩镇割据的战火。这种漂泊徙居的生涯，平添了几许生活的艰辛与劳碌，也增添了许多情趣与新奇，给少年柳宗元打开了更多观察世界的窗口，特别是使得他对社会底层劳苦大众的生存状态及其呼声，有了更加广泛深切的认识和体悟。

高洁淳厚绵长的家风，父亲的儒雅博学和刚正不阿，母亲的温良贤淑、咏絮才高和虔诚崇佛，潜移默化地影响和滋润着柳宗元，为他后来"统合儒佛"思想的形成奠定了基础。

贞元四年（788）前后，父亲柳镇奉调回京任殿中侍御史，柳宗元随父回到了长安。

这时候的柳宗元已渐渐成长为一位卓异拔群的翩翩少年，文名播于遐迩，备受推崇。他曾向时任太常博士的文学家权德舆献诗，深受权德舆的青睐；也曾与当时有名的诗人李益唱和，受到李益的啧啧称赞。《旧唐书·柳宗元列传》称："宗元少聪警绝众，尤精西汉诗骚。下笔构思，与古为侔。精裁密致，璨若珠贝。当时流辈咸推之。" 刘禹锡《河东先生集序》称："子厚始以童子有奇名于贞元初。"

二、贞元进士及第，革新失败遭贬逐

贞元九年（793），20岁的柳宗元进士及第，同榜中进士的还有他的好友刘禹锡等。正当柳宗元摩拳擦掌欲大显身手之时，其父柳镇竟在这个当口儿与世长辞，柳宗元只能依制居家守丧。

贞元十二年（796），柳宗元丁忧期满，通过博学宏词科考试，被任命为秘书省校书郎。贞元十七年（801），柳宗元被任命为蓝田县尉。贞元十九年（803），柳宗元奉诏回到京都长安，任监察御史。

贞元二十一年（805）正月，唐德宗李适驾崩，做了25年皇太子的李诵继位，是为唐顺宗。

顺宗是一个身体羸弱、终日躺在病榻上的皇帝，弱不禁风的病体内却跳跃着一颗革弊图强的心，志在革新求治、振兴朝纲。继位后立即起用王叔文等进行改革，授王叔文翰林院待诏、度支使、盐铁转运使，主掌翰林院，时称"内相"，替代宰相机构治事行政，发号施令，史称永贞革新。

永贞革新又称"二王八司马事件"，目的是翦除宦官专权，消灭藩镇割据，加强中央集权。王叔文网罗和提拔任用了许多政见相同的人物，形成了一个推行革新的政治集团。柳宗元与王叔文政治倾向趋同，王叔文也非常欣赏柳宗元的才华，"……奇其才。及得政，引内禁近，与计事，擢礼部员外郎，欲大进用"[1]。

于是，柳宗元成为王叔文政治集团的重要成员，成为最高统治核心推动革新的活跃人物。

然而，好景不长，当年八月，宦官俱文珍等发动宫廷政变，幽禁了在位仅186天的唐顺宗李诵。顺宗被迫禅让帝位给太子李纯，史称"永贞内禅"，持续了100多天的永贞革新宣告失败。

永贞革新失败后，"二王"中的王叔文被贬为渝州司户，次年赐死；王伾被贬为开州司马，不久病死。柳宗元、刘禹锡、韩泰等八人被贬为边远八州司马。

三、谪居永州十年，踔厉风发著华章

永州（今湖南永州市零陵区）位于今湖南省南部，南岭山脉北麓，潇、湘二水汇合处，三面环山，山岗盆地相间分布，境内森林茂密，河川溪涧纵横交错。其时，永州瘴疠盛行，蚊蝇群舞，虫媒猖獗，衰草寒烟，是个极为荒凉之地。柳宗元在《笼鹰词》中形象地描述道："草中狸鼠足为患，一夕十顾惊且伤。"

柳宗元携母亲来到永州，连个栖身之所都没有，只好借住在一座破庙里，在凄风苦雨中艰难地熬煎了不到半年，年老体弱的母亲便撒手人寰。

关于柳宗元被贬永州，《新唐书·柳宗元列传》做了这样的记述："俄而叔文败，贬邵州刺史，不半道，贬永州司马。既窜斥，地又荒疠，因自放山泽间，其埋厄感郁，一寓诸文，仿《离骚》数十篇，读者咸悲恻。"——不久，王叔文发动的永贞革新就失败了,柳宗元被贬为邵州刺史,没到半路,又被贬到更为遥远偏僻的永州做司马。柳宗元既遭贬逐,又身处荒蛮瘴疠之地,于是奔走纵情于山水之间,因身陷困境,壮志难酬,将内心深处抑郁悲壮的情怀全部寄托于诗文,仿《离骚》写了几十篇文章,读者都感到哀婉凄恻。

柳宗元在永州一待就是十年。这十年是他一生中最为困厄穷蹙、最为艰难孤寂、最为激切郁愤的十年,是他涅槃重生的十年,也是成就他散文史上赫赫文名的十年。时年32岁的柳宗元,正值年富力强、精气最盛的美好年华,且早已名动京华,誉满天下,成为朝廷最高统治核心的重要成员,眼看前程似锦,风光无限,陡然间从一颗冉冉升起万众瞩目的政治新星,跌落到一个荒蛮幽凄的永州去做司马,而且是一个徒有虚名,既无职事又无存身之所的所谓司马,实际上变成了一个被管制、软禁的囚徒,其内心的凄苦、愤懑和无奈是无以言状的。

正所谓"国家不幸诗家幸,赋到沧桑句便工"。命运的陡转,险恶环境的压迫,并没有把柳宗元压垮,正是这困窘漫长的楚囚生涯,这倏忽间从顶峰到谷底乘坐过山车式的政治际遇,点燃了他炽烈的创作激情,赋予他用之不竭的创作源泉和灵感。

谪居永州的十年,柳宗元埋首苦读,广涉经史,踔厉风发,撰写的寓言、传记、山水游记以及记叙文,都像是附着上了一种征服人心的魅力,笔锋犀利,言简意赅,寓意深远,使人读之无不心弦震颤,感愤不已。创作于永州的《永州八记》《捕蛇者说》《临江之麋》《黔之驴》《永某氏之鼠》《段太尉逸事状》等几十篇文章,代表着他散文创作的最高成就,奠定了他唐代古文运动旗手的地位。

柳宗元写于永州的《江雪》:"千山鸟飞绝,万径人踪灭,孤舟蓑笠翁,独钓寒江雪。"可以看作是他对当时际遇和心境的自况,通篇仅20个字,将一幅魅力无穷的图画描绘在世世代代人们的心底,句格天成,字字绝妙,自流传之日,妇孺皆知,百代相传,堪称千古绝唱。

四、病逝柳州任上,百姓立祠祭英灵

元和十年(815)初,唐宪宗李纯欲延揽天下人才,振兴朝纲,宰相韦贯

之推荐了柳宗元、刘禹锡等在永贞革新事件中遭放逐的人。于是，谪居永州十年之久的柳宗元被召回长安。

柳宗元踌躇满志，以为从此柳暗花明，大可放开手脚，一展平生之所学，再续永贞革新的梦想。

然而，天有不测之风云，由于宰相武元衡等人的反对和阻止，起用柳宗元的奏议随之搁浅。柳宗元被改贬为柳州刺史，匆匆抵达长安的柳宗元，不得不再次匆匆踏上谪途，于这年六月下旬到达柳州。

"奸党弄权离京都，六千里外暂栖身。"这是柳宗元《别舍弟宗一》中的两句，这首诗写于元和十一年（816）春夏之交。不过，诗虽这样写，柳宗元在柳州刺史任上可没有丝毫"暂栖身"的影子。作为柳州刺史，他真正做到了为官一任，振兴一方，造福一方，鞠躬尽瘁，死而后已。

柳宗元到柳州之际，正逢大旱，数月无雨。按照当时礼制，地方长官要率领官员和百姓祈神求雨。于是，柳宗元率众前往雷塘，举行祭神求雨的仪式，并宣读了《雷塘祷雨文》。在这篇祷雨文里，他宣称身为刺史，必"廉洁自持、忠信是仗"。

这是他赴任柳州刺史后，第一次当众宣告自己的"执政宣言"。

他每天深入民众之中，了解当地风土人情，因地制宜，移风易俗，陆续制订了许多新的教谕，发布了不少禁令，为民众做实事、谋福祉，渐渐赢得了广大百姓的信赖和拥戴。

他领导和组织百姓开垦荒地，扩大作物耕种面积，植树造林，整治街巷，筑路修庙，发展生产，繁荣经济；兴办学堂，大办教育，想尽千方百计普及文化，提高民众的思想文化素养；针对当地百姓迷信落后的陋习，大力普及科学，严令禁止江湖巫医骗钱害人，并推广医学，培养当地自己的医生，提高百姓健康水平；教育民众破除惧怕穿凿地层冒犯神灵的陈腐观念，组织和带领百姓打出柳州历史上第一眼井，使民众告别了世世代代喝雨水和河水的历史，喝上了清洁甘冽的地下水。

他在柳州做的最为轰动的事情是释放奴婢。

柳州多年来一直沿袭着一种残酷的风俗，"其俗以男女质钱，约不时赎，子本相侔，则没为奴婢。子厚与设方计，悉令赎归。"[2]——民间借钱时沿袭用子女作为人质相抵押，如不能按约期赎回，等到利息与本钱相等时，子女就要沦为债主的奴婢。柳宗元到任后发布政令，"革其乡法"，规定那些正在为债主服役的人，都可以按劳动时间折算工钱，待工钱积累到可冲抵债务时，立即恢复人身自由，回家与亲人团聚；对那些已经沦为债主奴婢的人，柳宗元自掏腰包将他们赎回，归还给他们的父母。

新规一出，柳州百姓无不欢呼雀跃。

柳宗元的这一举措，深得桂管观察处置使裴行立的赞赏，他把这个做法推广到所属全部州县，不到一年，挣脱奴婢身份羁縻获得人身自由者多达千人。

柳宗元的显赫政绩和炽盛文名，使他拥有了众多的倾慕者和崇拜者，当地青年学子纷纷登门拜访求教，终日门庭若市，无论多么忙碌，柳宗元对他们都悉心教诲，循循善诱。"江岭间为进士者，不远数千里随宗元师法；凡经其门，必为名士。著述之盛，名动于时，时号'柳州'云。有文集四十卷。"[3] 他一生留下了600多篇诗文作品，广涉论说、寓言、传记、游记、诗词骚赋等诸类，有《河东先生集》传世。

元和十四年（819），唐宪宗李纯实行天下大赦，宰相裴度奏请召柳宗元回京，宪宗准奏。敕书尚未送达，十一月初八，柳宗元在柳州溘然病逝，享年47岁。

柳宗元身后家贫如洗，无钱敛葬，他的好友裴行立解囊资助，其灵柩才得以回乡安葬。当地百姓为纪念这位关心民瘼政绩卓著的刺史，在柳州罗池湖西畔修建了罗池庙，后更名为柳侯祠，前来祭奠凭吊的人们世世代代络绎不绝。

五、品评

柳宗元少年"聪警绝众"，20岁举进士，名动京华，誉满天下。32岁进入朝廷最高权力核心，矢志鼎故革新，旋转乾坤，朝廷"欲大进用"，成为一颗冉冉升起的政治新星。永贞革新失败后被贬永、柳。谪居永州十年，踔厉风发，埋首苦读，勤奋创作，实现凤凰涅槃，奠定了他唐代古文运动旗手的地位。

主政柳州期间，他清风峻节，忧国恤民，兴利除弊，移风易俗，大力发展经济，全心全意为百姓谋福祉，直至病死于任上。他深受百姓的爱戴和景仰，千百年来被奉若神明。我们未必都能拥有柳宗元卓尔不群的才智与禀赋，也未必有他那样曲折的际遇，却依然可以躬身学习他那百折不挠、踔厉风发的进取精神，拥有像他一样恤民报国的炽热家国情怀。

苏轼谓之："所贵乎枯谈者，谓其外枯而中膏，似淡而实美，渊明、子厚之流是也。"

欧阳修谓之："天于生子厚，禀予独艰哉。超凌骤拔擢，过盛辄伤摧。苦其危虑心，常使鸣声哀。投以空旷地，纵横放天才。山穷与水险，上下极沿洄。故其于文章，出语多崔嵬。"

《旧唐书·柳宗元列传》谓之："贞元、太和之间，以文学耸动缙绅之伍者，宗元、禹锡而已。其巧丽渊博，属辞比事，诚一代之宏才。"

注　释：

[1]《新唐书·柳宗元列传》

[2]〔唐〕韩愈《柳子厚墓志铭》

[3]《旧唐书·柳宗元列传》

宋朝

宋朝第一良将曹彬

曹彬（931—999），字国华，真定灵寿（今河北灵寿）人，先后奉职于后汉、后周、北宋，历任成德军牙将、供奉官、左神武将军、宣徽南院使、义成军节度使、枢密使、检校太尉、忠武军节度使、侍中、宰相等职，为北宋开国名将，在北宋统一战争中率军南征北讨，立下汗马功劳，史称宋朝第一良将。

一、幼显伟器，不负众望声名起

曹彬的父亲曹芸为后汉成德军节度都知兵马使。931年，曹彬出生，彼时正值中国历史上分裂割据的五代十国前期。当时，传统习俗抓周在民间颇为盛行，尽管战乱频仍，兵燹遍地，喜得贵子的曹彬父母，依然想借这一形式来测一测儿子的前程和性情，便在儿子周岁这天，举行了隆重的抓周仪式。曹芸吩咐家人在床前置一超大几案，摆上书籍、笔、墨、纸、砚、印章、各种兵器和礼器（模型玩具），以及算盘、钱币、账册、首饰、花朵、胭脂、吃食、玩具等，再把小曹彬抱过来，任其抓取。

在家人和亲朋炽热目光的注视下，只见小曹彬左手径直抓起刀剑，右手稳稳地抓起一件铜鼎，过了一会儿，又放开铜鼎，紧紧抓起一枚印章不放，对其他所有物件都不屑一顾。这使得在场的所有人都分外惊诧,片刻沉静之后,大家都禁不住为之欢呼雀跃。

时光荏苒,在金戈铁马的呼啸声中,当年的抓周婴儿渐渐成长为一个风流倜傥的小伙儿。

后汉乾祐年间(948—950),曹彬出任成德军牙将。节度使武行德见他凡事端重谨慎,谦恭低调,尽职尽责,屡有出色的表现,指着他对身边的人说:"此远大器,非常流也。"[1]——这个人具有非凡的才能与远大的志向,绝非等闲之辈。

后汉隐帝刘承祐继位后,因不甘大权旁落,大肆诛杀权臣。刘承祐对枢密使、大将郭威素来心存疑忌,于乾祐三年(950)残忍地杀尽了郭威留居京城的亲属,又派出杀手秘密刺杀郭威。郭威被逼反叛,一举推翻后汉,建立后周,史称周太祖。由于郭威的贵妃张氏是曹彬的姨母,郭威称帝后便将曹彬调进京城,安置在柴荣麾下。柴荣颇受郭威器重,这除了因柴荣精明强干而外,还因为柴荣是柴皇后的侄子,在两个儿子均被刘承祐杀害之后,郭威便将柴荣收为养子。当时,柴荣以皇子身份任澶州(今河南濮阳)刺史、检校太保,封太原郡侯,曹彬跟从柴荣镇守澶渊,补任供奉官,后又升为河中都监。

蒲州节度使王仁镐因为曹彬是皇亲贵戚,又在将士中拥有极好的口碑,对他特别礼遇。然而,曹彬却从不摆谱,没有半点儿骄纵轻狂,事上驭下越发恭谨礼让,谦虚谨慎,清醇厚重,公府举行宴会时,他总是仪态端庄,得体大方,亲善和蔼,目不斜视。王仁镐感触良多,对属下官员们说:"老夫自谓夙夜匪懈,及见监军矜严,始觉己之散率也。"[2]——老夫我自以为自己日夜辛劳,不曾有半点懒散懈怠,不比不知道,如今看到曹监军的庄重严谨,才感到自己的怠惰散慢。

所谓"劝君不用镌顽石,路上行人口似碑",自此,曹彬名声大振。无论是上司、同僚或下属,无不投以钦羡的目光。

二、出使吴越，分文不取拒收礼

954年，刚刚做了三年皇帝的郭威病逝，柴荣继位为帝，史称周世宗。

958年，曹彬奉后周世宗柴荣之命，出使吴越国，由于曹彬的特殊身份和崇高声望，受到吴越国最高规格的隆重接待。曹彬完成使命后告辞返归，吴越国给他送了一份非常丰厚贵重的礼物，曹彬严词拒绝。吴越国负责接待的官员热情而笃诚，一再说这是惯例，也是规矩，如果您真的坚持不要，我们也无法交差，另外还列举了一大堆恳请曹彬接受礼物的理由。

曹彬的回答只有三个字：不能收。

吴越国的官员四次将礼物送到馆舍，曹彬四次将礼物退回。

曹彬率代表团乘船驶离吴越国，吴越国官员驾驶快船急急追赶，船上官员高声呼唤："吴越王有令，务请将礼物带上！"

当两船首尾相连，曹彬摊开双手，自言自语道："吾终拒之，是近名也。"[3]——事情到了这种地步，我还坚持不收的话，那就近乎于沽名钓誉了。于是，曹彬只得吩咐属下收下礼物。

回到首都开封，曹彬命令将礼品详细登记，全部上交朝廷。周世宗柴荣命有司还给曹彬，可曹彬不肯接受，柴荣就强行命令他必须收下。曹彬不得已，只好接受，然后，一转手，将其全部分发给亲朋和属下，自己一文不留。

当时，检校太傅、殿前都点检赵匡胤深得柴荣的信赖，在朝野颇得人望，万众瞩目，成为朝臣们争相交结的热门人物。赵匡胤炙手可热，群臣趋之若鹜，唯独曹彬"中立不倚，非公事未尝造门，群居宴会，亦所罕预，由是器重焉。"[4]

960年，赵匡胤发动陈桥兵变，黄袍加身，建立了宋朝。曹彬依旧勤勤恳恳奉职守责，不卑不亢，与赵匡胤保持着适当的距离。

做了皇帝的赵匡胤不由耿耿于怀。建隆二年（961），赵匡胤命人召来曹彬，气势汹汹地质问："我畴昔常欲亲汝，汝何故疏我？"曹彬顿首回答说："臣为周室近亲，复忝内职，靖恭守位，犹恐获过，安敢妄有交结？"[5]

赵匡胤闻之，十分感慨，联想起曹彬多年来的不俗表现，对这位长期以来疏远和规避自己的官员，不但不怪罪，反而心生欣羡，肃然起敬。

三、平灭后蜀，行囊唯装书与衣

乾德初年，曹彬被擢升为左神武将军。不久，契丹六万铁骑来犯，曹彬与李继勋等率宋军将其击溃于城下。之后，他兼任枢密承旨。

乾德二年（964）冬，赵匡胤任命刘光毅为归州行营前军副部署，曹彬为都监（监军），发兵六万，拉开了平灭后蜀的战幕。

后蜀主孟昶派王昭远、赵彦韬等率蜀军抵抗，沿长江一线紧急设防，又派儿子孟玄喆率精兵数万据守剑门。蜀军从成都出发，孟昶派李昊等人设宴饯行，酒酣耳热之际，王昭远挥舞着手中的铁如意，自比诸葛亮，口出狂言："此次进军，击溃来犯宋军，当不费吹灰之力，倘再一鼓作气，奋起反击，一举夺取中原，也是易如反掌！"孟玄喆出征，以华车装载一大帮爱姬，还携带几十个优伶和满满一大车乐器。

以这样的阵势抵御宋军，蜀人无不掩口窃笑。

宋军如饿虎下山，所向披靡，战旗所指，摧枯拉朽，后蜀军一溃千里，仅仅66天，宋军铁骑便踏平了蜀地，后蜀主孟昶举城投降。

为防士兵烧杀掳掠，每攻下一城，曹彬都严令部属遵纪守法，不侵害民众，将四散奔逃的妇女儿童聚于一所，安排专人将他们保护起来，不容有半点闪失，违者军法从事，等战事一结束，他便派手下亲兵广为访查他们的亲属，然后将其安全送回。"峡中郡县悉下，诸将咸欲屠城以逞其欲，彬独申令戢下，所至悦服。……时诸将多取子女玉帛，彬囊中唯图书、衣衾而已。"[6]

这颇有萧何"众将拾金，我独掇书"的风范。

在攻伐蜀地的过程中，宋将王全斌、崔彦进等违背约束，侵侮法律，嗜杀无度，抢夺妇女，广纳财货，每攻陷一城，往往昼夜宴饮，为所欲为，上行下效，属下士卒也毫无约束，作恶为虐，蜀人苦不堪言。终于，蜀人忍无可忍，举旗叛乱，叛军很快发展到十多万人，声势浩大，大有逐出宋军、复兴后蜀之势。

曹彬率诸将殊死搏击，付出了惨重代价，才再一次戡平蜀地，班师凯旋。

平灭了后蜀，宋太祖赵匡胤论功行赏，王全斌等将领被治罪，曹彬升任宣徽南院使、义成军节度使。

曹彬诚恳地上奏说："此次平灭后蜀，全赖皇上天威与诸将之力，征西将士多被治罪，唯独我受到赏赐，这怎么能使人心服呢？请皇上收回成命！"赵匡胤抚慰他说："卿对国家立有大功，又无丝毫居功骄矜之色，难能可贵啊！赏善罚恶，章明法度，振兴国家，正当其时，卿不必一再辞让。"

乾德六年（968），宋军征伐北汉，朝廷任命曹彬为前军都监，在洞涡河大败敌军，斩敌2000多人，俘获多名敌兵。开宝二年（969），宋太祖率军亲征北汉，再次任命曹彬为前军都监，率军队先行，战降北汉将领陈廷山，又在城南与敌人作战，逼近濠桥，夺得战马千匹。

四、攻取南唐，临阵称病诫止杀

开宝六年（973），曹彬加官检校太傅。

开宝七年（974），赵匡胤任命曹彬为升州西南路行营马步军战棹都部署，即平灭南唐总指挥。宋军浩浩荡荡，兵分三路，水陆并进，剑锋直指南唐都城江宁（今江苏南京）。

南唐后主李煜一面调兵遣将，紧急布防，抵御宋军的进攻；一面派出一批又一批使者携带金银财宝，前往汴京请求宋太祖赵匡胤暂缓进兵，期冀能通过和谈躲过一劫，苟延残喘。使者往返再三，赵匡胤不由心生厌烦，当南唐吏部尚书徐铉再一次奉李煜之命来到汴京的时候，赵匡胤手按长剑，乜斜一眼正在恳切陈词的徐铉，说出了那句震撼千古的名言：

"卧榻之侧，岂容他人鼾睡！"

既然赵匡胤决意不允许李煜再继续"鼾睡"下去，宋军前进的脚步便一刻也不会停止。

开宝八年（975）十一月，宋军完成了对南唐都城江宁的合围。在赵匡胤一再的催促之中，曹彬却只是围而不打，有时发动一下进攻，也是很快便主动撤兵，然后，将敦促李煜投降的书信射进城中，寄希望于李煜能够幡然醒悟，率众出降，避免满城生灵涂炭。得不到李煜的回应，他又派出使者前往围城之中，劝李煜正视现实，早做决断，唯有早日出降，才是上策，以免城破之日，尸横街巷，血流成河，祸及城中百姓。

如是数个轮回，李煜依旧无动于衷。

这激起了宋军将士的极大愤慨。你这个只会吟风弄月的李煜也忒不识抬举啦！看来你小子是王八吃秤砣铁了心，敬酒不吃吃罚酒，不见棺材不掉泪啊，那么，好吧，看你还能硬撑到几时！宋军将士个个咬牙切齿，摩拳擦掌，急欲逞弥天之勇，杀进城去，活捉李煜，血洗江宁。

发起对江宁的总攻已箭在弦上。

在这关键时刻，作为宋军主帅的曹彬竟突然"病"了，而且还病得很严重，军中一应事务已"无力料理"，不得不静卧病榻。

诸将大为惊骇，急忙前来探望。

令大家诧异的是曹彬虽声称病重，但却面色红润，精神矍铄。

诸将到齐，躺在病榻上的曹彬微微欠起身来，不动声色地说道："余之疾非药石所能愈，惟须诸公诚心自誓，以克城之日，不妄杀一人，则自愈矣。"[7]

大家对曹彬的"病情"猜到了八九分——他是以这种特殊的方式约束众将攻城之日不可纵兵抢掠嗜杀、胡作非为。于是，诸将于曹彬病榻前一起焚香发誓：戮力同心，攻下江宁，严守军纪，善待百姓，绝不妄杀一人。

曹彬的良苦用心使诸将大为感动。攻陷城池之日，宋军气壮山河，军令如山，纪律严明，秋毫无犯，对归降的李煜和南唐大臣们以礼相待，好言抚慰，江宁百姓无不感激涕零。

平灭南唐归来，曹彬应诏入见，上奏说："臣奉旨去江南办事回来了。"其做人为官的谦恭低调由此可见一斑。

五、位兼将相，谦恭仁厚人敬仰

平灭南唐后不久，宋太祖赵匡胤拜曹彬为枢密使、检校太尉、忠武军节度使。

太平兴国元年（976），宋太宗赵光义继位，曹彬加同中书门下平章事（宰相）。赵光义初登大位，欲亲自率军征讨北汉，鉴于后周世宗、太祖赵匡胤都曾亲征北汉而未能取得预期战果，便犹豫不定，召集群臣廷议。

曹彬上奏说：世宗时，史彦超在石岭关意外失败，军心动摇，所以不得不无功而返；太祖时，军队驻扎在甘草地，遇上天气酷热且淫雨连绵，士兵们大多染上疾病，于是不得不中途停止。今非昔比，"以国家兵甲精锐，剪太原之孤垒，如摧枯拉朽尔，何为而不可"[8]。

赵光义北征之意遂决。

太平兴国三年（978），诏令曹彬进检校太师，从征太原，不久又加兼侍中。

太平兴国八年（983），弭德超向宋太宗打小报告诬陷曹彬说："枢密使曹彬秉政岁久，得士众心；臣从塞上来，闻士卒言：'月头银曹公所致，微曹公我辈馁死矣。'"[9]太宗信以为真，将曹彬罢去本官，贬为天平军节度使。十多天后，太宗醒悟，意识到弭德超用心险恶，蓄意诬陷，诏命进封曹彬为鲁国公，对待他越发亲近信赖。

至道三年（997），宋太宗驾崩，真宗赵恒继位，曹彬复任检校太师、同平章事，几个月后，又召拜枢密使。

据《宋史·曹彬列传》，曹彬虽身兼将相，位极人臣，久居高位，又深得朝廷信赖，却任何时候都毫无得意骄矜之色，素来为人谦恭和善，敦厚持重。乘车外出，与其他官员路途相遇，必抢先主动避让；即使是对待下属，也从不直呼其名；所得俸禄，全部用来周济宗族亲友，家无余积；戎马倥偬，征战四方，未曾妄杀一人；为官几十年，仁爱忠恕，即使对于整过自己的人，也总是以德报怨。

曹彬任徐州知府时，属下有个官吏犯了罪，他通过审理，依律判处杖刑，但却并不施行,一拖就是一年多,犯罪的官员深为自己躲过一劫而庆幸。周围的人都大惑不解,曹彬历来执法如山,这一回是怎么啦?正在大家莫名其妙之际,忽然有一天,曹彬命令对这名官员执行杖刑。大家百思不得其解,曹彬微笑着说:"这人犯罪时刚娶了媳妇,如果立即对其执行杖刑,公婆就难免误以为这个媳妇克夫,骂她是丧门星,怨恨媳妇给儿子带来了厄运,并且为此而厌恶她,甚至打骂折磨她,使她无法在这个家庭生活下去。同时,我总不能因为情况特殊而徇情枉法吧,还必须依法办事。这就是我判他缓刑的缘故啊。"

闻者无不啧啧称道。

咸平二年(999),曹彬病逝,享年69岁。宋真宗赵恒"临哭之恸,对辅臣语及彬,必流涕。赠中书令,追封济阳郡王,谥武惠;且赠其妻高氏韩国夫人;官其亲族、门客、亲校十余人。八月,诏彬与赵普配飨太祖庙庭"[10]。

六、品评

《孙子》开宗明义:"兵者,国之大事,死生之地,存亡之道,不可不察也……将者,智、信、仁、勇、严也。"后世称"智、信、仁、勇、严"乃为将五德。曹彬光辉战斗的一生可谓为将五德之理想标本。

曹彬雄才大略,文武兼备,又清正醇厚,在北宋统一战争中亲冒矢石,率军南征北讨:征契丹、平后蜀、灭南唐、伐北汉,身经百战,战功赫赫,立下了汗马功劳,堪称一代名将。更令人景仰的是他身为统兵攻坚御敌的战将,扬戈跃马,冲锋陷阵,靠杀伐立威建功,却不曾妄杀一人,一次又一次攻城夺隘,却秋毫无犯;长期在军队和地方担任要职,手握重权,却从不曾擅权、弄权,殚精竭虑,恪尽职守,全心全意、规规矩矩地运用手中的权力治军理政;位兼将相,几十年身居高位,权威炽盛,却初心不改,率先垂范,谨守法度,从不曾任性放纵,仗势压人,清清白白为官,坦坦荡荡做人,清正仁厚之声广布朝野,流芳百世。

欧阳修谓之:"曹武惠王,国朝名将,勋业之盛,无与为比。"

司马光谓之："曹侍中彬为人仁爱多恕，平数国，未尝妄斩人。"

南宋著名学者罗大经谓之："汉惟一赵充国，唐惟一王忠嗣，本朝惟一曹彬，有三代将帅气象。"

金元之际文学家李冶谓之："彬伐江南，未尝妄杀一人，拟之方叔、召虎可也。汉之韩、彭、卫、霍，在所不论。"

《宋史·曹彬列传》谓之："君子谓仁恕清慎，能保功名，守法度，唯彬为宋良将第一，岂无意哉？"

（原载《文史天地》2017年第3期）

注　释：

[1] [2] [3] [4] [5] [6] [7] [8] [10]《宋史·曹彬列传》

[9]《宋史·佞幸传·弭德超传》

吕端大事不糊涂

吕端（935—1000），字易直，幽州安次（今河北廊坊安次区）人。吕端于后周时荫补入仕，历任千牛备身、国子主簿、太仆寺丞、秘书郎、著作佐郎、直史馆等职；入宋以后历仕宋太祖、太宗、真宗三朝，先后任太常丞、知浚仪县、知成都府、开封府判官、考功员外郎兼侍御史知杂事、右谏议大夫、参知政事、宰相等职。吕端一生宦海沉浮，清廉刚直，宽厚仁恕，尤以"大事不糊涂"享誉千古。

一、世代官宦，聪敏好学荫补入仕

吕端出身于一个世代官宦之家。

祖父吕兖为后梁沧州节度判官、检校右庶子。后梁开平二年（908），吕兖因得罪了军阀刘守光（后来的桀燕皇帝），全家被残忍诛杀，唯有儿子吕琦侥幸被吕兖的朋友赵玉从刑场救下，当时，吕琦只有15岁。

父亲吕琦，在后唐庄宗时以军事判官入仕，为官宽厚仁义，颇有政声，先后任殿中待御史、知制诰、给事中、枢密院直学士、端明殿学士等要职。据《旧五代史·吕琦传》，吕琦俊美丰仪，气宇轩昂，仁厚宽容，以刚直闻名当世，宰相李崧极力向朝廷荐举吕琦，说他堪当大任，后晋高祖石敬瑭正准备任用他为宰相，他却不幸染病去世。

哥哥吕余庆因先代官爵补任千牛备身（负责皇帝人身安全的高级禁卫武官），历仕后晋、后唐、后周诸朝，后周显德三年（956）十月，赵匡胤领匡国军节度使，吕余庆任掌书记，此后一直是赵匡胤麾下的得力幕僚佐吏。赵匡胤受禅登基后，吕余庆先后任给事中、端明殿学士、知开封府、礼部侍郎、兵部侍郎、参知政事等职，有"厚重简约"之誉。

出生在这样一个正气凛然、温厚仁爱的官宦之家，在耳濡目染、潜移默化中，使得吕端自幼就充溢着一腔满满的正能量。"端少敏悟好学，以荫补千牛备身。历国子主簿、太仆寺丞、秘书郎、直弘文馆，换著作佐郎、直史馆。"[1] 入宋以后，迁任太常丞、知浚仪县，后又转任同判定州、知成都府等职。

二、两任判官，城门失火殃及池鱼

赵匡胤登基之后，封弟弟赵光义为殿前都虞候，领睦州防御使，后又加封为大内都部署，加同平章事、行开封府尹，再加兼中书令，别赐门戟，位列宰相之上。开宝九年（976）十月，赵匡胤遽然驾崩，赵光义即皇帝位，是为宋太宗。

赵光义的继位开创了宋朝皇位"兄终弟及"的先例。"鸠占鹊巢"的赵光义"传子情结"却异常浓烈，尽管如此，表面上也不得不做做样子。他一方面摆出一副欲效法哥哥将来传位于弟弟的假象，封弟弟赵廷美为齐王，加中书令、开封府尹，又加检校太师；另一方面又封长子赵元佐为卫王，任检校太傅、同中书门下平章事，在中书省办公，迁居东宫，为儿子将来接班做足了功课。

要知道在五代宋初，任开封府尹者，多为事实上的储君，周世宗柴荣、宋太宗赵光义都曾担任此职。赵光义将开封府尹这样一个重要职务给了赵廷美，是想借以堵塞众人之口。

吕端被赵光义派往开封府在赵廷美属下担任判官。

太平兴国四年（979），宋太宗赵光义御驾亲征北汉，授命赵廷美留守京都开封。这显然是在试探赵廷美，不知道赵廷美是装傻还是真的没有看出个中的猫腻，竟默然接受了这个安排。吕端赶忙找到赵廷美，劝谏他说："主上栉风沐雨，以申吊伐，王地处亲贤，当表率扈从。今主留务，非所宜也。"[2]

经吕端这一提醒，赵廷美不寒而栗，赶忙向赵光义恳请随驾征出征，很快得到了批准。

此后不久，因为受属下官员违法买卖竹木案子的牵连，吕端被贬为商州司户参军，后调任汝州司户参军，又复任太常丞、判太常寺事务。

太平兴国七年（982），赵廷美被罢免开封府尹，贬为西京（洛阳）留守，后又被罢免一切官职，贬为涪陵县公。雍熙元年（984），赵廷美受命举家迁至房州，忧愤成疾，吐血而死。由于皇长子赵元佐罹病发疯，赵光义任命次子赵元僖（初名赵德明、赵元佑）继任开封府尹，兼侍中，进封许王，加中书令。

吕端再一次被赵光义派往开封府担任判官。

淳化三年（992）十一月，年仅27岁的赵元僖暴病身亡。

赵光义对次子赵元僖寄予厚望，喜爱异常，如今，儿子遽然离世，赵光义悲痛欲绝，有时候甚至悲伤哭泣到天亮，含泪写下《思亡子诗》，遍示近臣，以寄哀思。不久，有人揭发赵元僖的宠妾张氏跋扈恣睢，作恶多端，任意捶打奴仆，致人毙命，还僭越礼制，在西佛寺招魂埋葬她的父母，并且蛊惑赵元僖做了不少荒唐事。赵光义闻之，满腔的丧子悲痛顷刻化为万丈冲天怒火，随即下令：绞死张氏，捣毁张氏父母坟墓；逐个审查赵元僖身边属吏，严惩其辅佐失职之罪。

于是，城门失火，殃及池鱼，赵元僖身边的佐吏或被贬谪、或被削免、或被放逐，大多难逃厄运，吕端也被贬为卫尉少卿。

吕端两任开封府判官，两次受人牵连遭贬谪，不可谓不晦气，好在吕端是个乐天派，升也罢，贬也罢，做京官也罢，逐往海角天涯也罢，管他呢，"白云满地江湖阔，著我逍遥自在行"。

三、荣登相位，太宗赞"大事不糊涂"

不久，朝廷设立考课院，对官员进行例行考核。一些曾经被贬谪或受过处分的官员，在赵光义召见询问的时候，一个个涕泣不止，备述自己的委屈与艰辛，以期引起太宗的哀怜。

轮到吕端，他诚惶诚恐地上奏说："臣前受命辅佐秦王（赵廷美），因为没能尽职监督好王府官员，被贬商州，承蒙陛下不弃，后来又提拔任用。现今许王（赵元僖）暴薨，臣辅佐无状，陛下又不严加处置，臣真的是很幸运，真的是罪过很大而福气很深哪！现在朝廷对官员进行考核调整，臣不敢有什么奢望，如果能任我为颖州副使，就心满意足了。"

赵光义两度将吕端派往开封府任判官，足见他对吕端是多么器重，现在听了吕端的一席肺腑之言，对他更加刮目相看。"太宗曰：'朕自知卿。'无何，复旧官，为枢密直学士，逾月，拜参知政事。"[3]——太宗说："我自然知道你，毋须多言。"过了不久，吕端便官复原职，接着，又擢升为枢密直学士，一个月后，官拜参知政事。

吕端任参知政事后不久，左谏议大夫寇准也升任参知政事。寇准比吕端小26岁，论年龄当属晚辈，吕端却向太宗请求让自己位居寇准之下，并且得到了恩准。吕端不计个人名位、坦荡无私的博大胸怀，光明正大、秉公任直的处事原则，在朝野传为佳话。

对于吕端的所作所为，宋太宗赵光义看在眼里，喜在心中，不久，加授吕端为左谏议大夫，位在寇准之上。

吕端曾奉诏出使高丽，船行海上，遭遇飓风袭击。飓风怒吼着卷起滔天巨浪，折断了桅杆，将小船抛来颠去，似乎不把小船吞没便誓不罢休。船上所有的人都惊悸异常，肝胆欲裂，有的甚至撕裂心肺地哭嚎，只有吕端镇定自若，依然聚精会神地捧着书本，仿佛在自家书房里一样埋首苦读。

宰相赵普称赞吕端说："吾观吕公奏事，得嘉赏未尝喜，遇抑挫未尝惧，亦不形于言，真台辅之器也。"[4]赵光义常常在偏殿单独召见吕端，而且每次都讨论许久，分别时犹觉意犹未尽。其实，赵光义早有重用吕端的想法，曾征询近臣的意见，遭到了不少人的反对，他们回答说："吕端这人糊涂。""太宗曰：'端小事糊涂，大事不糊涂。'决意相之。"[5]至道元年（995），擢拜吕端为宰相。

"端为相持重，识大体，以清简为务。虑与寇准同列，先居相位，恐准不平，乃请参知政事与宰相分日押班知印，同升政事堂，太宗从之。时同列奏对多有异议，惟端罕所建明。一日，内出手札戒谕：'自今中书事必经吕端详酌，乃得闻奏。'端愈谦让不自当。"[6]

身为宰相，吕端对手中权力的敬畏和审慎可见一斑。他怕原来与自己同为参知政事的后生寇准有想法，主动请求与寇准轮流领班掌印，这样，参知政事在当值时一样可以行使宰相的职权。

宋太宗赵光义可真叫绝：你越是谦恭退让，我越是要赋予你充分的权力。于是，下一道手诏，自今以后凡中书省所有大小事务，都必须经吕端签批以后才能呈送给我。

西夏李继迁率军骚扰西部边境，宋军俘获了他的母亲。赵光义对李继迁勾结辽国屡犯西陲十分恼火，便欲杀掉其母，以泄窝在胸中的愤懑。吕端闻讯，大呼不妥，急急入奏太宗说："昔项羽得太公，欲烹之，高祖曰：'愿分我一杯羹。'夫举大事不顾其亲，况继迁悖逆之人乎？陛下今日杀之，明日继迁可擒乎？若其不然，徒结怨仇，愈坚其叛心尔。"听了吕端一席话，"太宗抚髀称善曰：'微卿，几误我事。'"[7]

最终，赵光义听从吕端的意见，将李继迁的母亲送往延州，派人侍奉其左右，供给上好衣食，直至她在延州病逝。后来，李继迁病死，临终留下遗言，不再同宋朝对抗。其子李德明继位，秉承父亲遗志，向宋朝请和，开创了宋与西夏和平相处的新纪元。

四、砥柱中流，力挽狂澜扶戴真宗

至道三年（997）二月，宋太宗赵光义病重，宦官王继恩忌惮太子英明，害怕一旦太子登基自己昔日在宫中的地位不保，便暗中串联参知政事李昌龄、殿前都指挥使李继勋、知制诰胡旦等结成联盟，联络明德李皇后，策划发动宫廷政变，阴谋废掉太子赵恒，立太宗长子赵元佐继位。

这个王继恩可非等闲之辈。他于后周世宗显德年间入宫为宦官，在宫中呼风唤雨几十年，深受宋太祖赵匡胤和太宗赵光义的宠爱，并曾率军南征北战，先后出任河北刺史、天雄军都监、剑南两川招安使、宣政使并领顺州防御史等要职。开宝九年（976）十月，宋太祖赵匡胤驾崩，孝章宋皇后急令时任内侍都知的王继恩召皇子赵德芳入宫，王继恩却拿着遗诏召来了晋王赵光义。"后（宋皇后）见王愕然，遽呼官家曰：'吾母子之命，皆托于官家。'王泣曰：'共保富贵，无忧也。'"[8]

这一桩"烛影斧声"的千古疑案至今疑云重重，给人们留下了无尽的想象空间。

至道三年（997）三月二十九日，吕端入宫问疾，见太宗已气息奄奄，危在旦夕，遍观宫中，只有王继恩和明德李皇后侍奉左右，在这样的关键时刻竟不见太子赵恒的影子，不由忧心忡忡。

"烛影斧声"的宫廷话剧难道又要在今日重演？

吕端三步并作两步，急冲冲回到中书省官署，立即派人去请太子赵恒火速入宫，以防不测。正要作进一步的部署，王继恩气喘吁吁地一头撞了进来，向吕端报告说：太宗赵光义已崩于宫中万岁殿，明德李皇后请宰相即刻进宫。

虽然早有思想准备，吕端还是惊出一身冷汗。

扫一眼前来报信的王继恩，吕端不由暗自庆幸：感谢上苍，这祸端竟自己送上门来。

先下手为强！吕端喝令左右："将王继恩给我拿下，关进画阁，严加看守！"

转身疾步赶往万岁殿。

见吕端到来,"皇后曰:'宫车已晏驾,立嗣以长,顺也,今将如何?'端曰:'先帝立太子正为今日,今始弃天下,岂可遽违命有异议邪?'乃奉太子至福宁庭中。"[9]

明德李皇后见吕端态度如此坚决,毋庸置疑,王继恩又肉包子打狗有去无回,失去了主心骨,也不再坚持己见,不得不放弃扶立皇长子赵元佐继位的初衷,同意太子赵恒继承大统,是为真宗。

宋真宗垂帘引见群臣,吕端昂首四顾,站立殿下不肯参拜。请求皇上卷起帘子,走上前去仔细辨认,认清确是真宗本人后,才重新回到殿下,端正衣冠,恭恭敬敬地信步登上台阶,率领群臣伏地跪拜,山呼万岁。

宋真宗赵恒每次召见辅臣议事,唯对吕端恭谨以待,拱身作揖,不直呼其名。吕端身高体胖,年事已高,行动不便,宫廷台阶稍陡,真宗特命工匠专门给他制作了较缓、便捷的木台阶,给予他特别的优渥和关照。真宗常常在便殿召见吕端,咨之以军国大事和天下长治久安之策,吕端心系天下安危,每每陈述要务,条理清晰,真宗赞许有加,大多予以采纳。咸平元年(998),加任右仆射,监修国史。

第二年夏,吕端身染沉疴,请求退休,真宗不许,降诏免除其日常觐见。吕端屡屡上书请辞,十月,以太子太保致仕。退休以后,真宗时常派使者前往慰问赏赐,有时还亲自去看望,百般安抚慰藉。

五、家事"糊涂",身后子孙生活窘迫

咸平三年(1000)四月,吕端病逝,享年66岁。朝廷追赠司空,谥号"正惠"。据《宋史·吕端列传》:"端姿仪瑰秀,有器量,宽厚多恕,善谈谑,意豁如也。虽屡经摈退,未尝以得丧介怀。善与人交,轻财好施,未尝问家事。"

吕端宦海一生,于太宗淳化四年(993)任参知政事,至道元年(995)升任宰相,真宗咸平二年(998)致仕,咸平三年(1000)病卒。身为宰相,他

位高权重，一人之下，万人之上，轻摇权杖，搞他个日进斗金，富可埒国，简直易如反掌，历朝历代，此类高官数不胜数。当然，以吕端的人品官品，自不肯做这种以权谋私、权钱交易，甚或巧取豪夺的下三滥勾当。退一万步说，仅凭正常的官俸收入，过上优裕富足的生活，也不当有什么问题。因为据《宋史·职官志》，宋朝的官俸收入是相当可观的。

人们无论如何也想不到，几十年心系天下，终日为社稷安危百姓冷暖呕心沥血的吕端，竟然家无余财，入不敷出，以致于身后家里连日常生活都成了问题。"端不蓄赀产，藩兄弟贫匮，又迫婚嫁，因质其居第。"[10]——吕端一生不置产业，不蓄资财，身后儿子们生活困窘，长子吕藩为了给弟弟吕蔚娶媳妇，不得不将自己的住宅抵押出去。

宋真宗赵恒得知吕端后人生活窘迫的消息，五味杂陈，遂做出安排：给吕家从皇宫府库支出500万钱，以赎回房屋，使一家人能够聚居在同一个屋檐下共享天伦之乐；赠予黄金、丝锦绸缎，以还清债务；录用吕端三子吕蔚为奉礼郎，以增加其家庭收入。同时，还派遣使者，前往察看其家庭状况，协助吕家处理好家中诸事。

六、品评

吕端以"大事不糊涂"彪炳千古。其实，吕端的不糊涂是以十足的"糊涂"为前提的。他对个人得失十足的"糊涂"，受人牵连做了背黑锅的"池鱼"，无端被贬，依然无怨无悔，无论被贬到何地任何种职位，都忍辱负重，脚踏实地，恪尽职守。他对个人名位十足的"糊涂"，与寇准先后擢升为参知政事，却主动请求排在寇准之后；后来做了宰相，成了寇准的顶头上司，又怕自己昔日的这位同僚有什么想法，请求与寇准分日轮流领班掌印，要知道吕端是有充分的理由在寇准面前摆一摆老资格的，此时的吕端已60岁，而寇准只是个34岁的毛头小伙儿。他对金钱和子孙十足的"糊涂"，宦海一生，位极人臣，身后子孙竟生活窘迫，不得不靠朝廷施以援手维持生计。

明代思想家李贽的自题联千古传诵:"诸葛一生唯谨慎,吕端大事不糊涂。"

明代文学家归有光谓之:"君德赖以培养,生民赖以滋息,社稷赖以镇定,此忠厚之臣也。"

《宋史·吕端列传》谓之:"吕端谏秦王居留,表表已见大器,与寇准同相而常让之,留李继迁之母不诛。真宗之立,闭王继恩于室,以折李后异谋,而定大计;既立,犹请去帘,升殿审视,然后下拜,太宗谓之'大事不糊涂'者,知臣莫过君矣。"

(原载《文史天地》2019年第3期)

注 释:

[1] [2] [3] [4] [5] [6] [7] [9] [10]《宋史·吕端列传》

[8]〔宋〕司马光《涑水纪闻》

李沆的"三不主义"

李沆(947—1004),字太初,洺州肥乡(今河北邯郸)人。太平兴国五年(980)进士及第,历任将作监丞、潭州通判、知河南府、礼部侍郎兼太子宾客、户部侍郎、参知政事等职,真宗朝任宰相,以刚直不阿、清正廉明、宅心仁厚被时人称为圣相。中国历史上的宰相当以千数,其中称得上贤相者世所罕见,堪称圣相者更是凤毛麟角,李沆在这凤毛麟角中占有一席之地。

一、不密奏,光明磊落坦荡荡

景德元年(1004)七月,李沆死于宰相任上。宋真宗赵恒临丧号啕恸哭:"沆为大臣,忠良纯厚,始终如一,岂意不享遐寿!"[1]

宋真宗伏棺哭李沆,绝无丝毫矫情。因为有李沆这样一位圣相当朝,赵恒这皇帝当得简直顺风顺水,轻松放逸,无忧无虑。如果有什么事情拿捏不准,尽管去问李沆,只须按李沆开出的"药方"办理,大事小事即高枕无忧。

如今,一代圣相驾鹤西去,"国有疑难可问谁!"

赵恒对李沆几近言听计从,请看这样几件事——

第一件:册封刘氏为贵妃之议搁浅。

赵恒特别钟爱侍御刘氏,意欲册封她为贵妃。这事妥与不妥?还是先问问李沆吧。于是,赵恒便连夜遣使者打着灯笼持手诏去见李沆,可见他册封刘氏之情急意切。

李沆听使者禀明来意,二话不说,当着使者的面,借灯笼烛火将手诏付之一炬。使者惊得目瞪口呆。李沆眼看着蹿动的火苗将皇帝的手诏化为灰烬,才一字一板地对使者说:"但道臣沆以为不可。"——你回去尽管跟皇上说,这事不合规制,我李沆不同意,只管去向皇上如实禀报就行了,不必惊慌害怕。

册封刘氏为贵妃之议随之泡汤。

第二件事:驸马石保吉谋任使相"触礁"。

驸马都尉石保吉平步青云,占尽风光,仍嫌不足,处心积虑地觊觎着使相高位。"近水楼台先得月",他首先打通了真宗赵恒的关节。赵恒虽然满心欢喜想给他加官进爵,但还是先征求李沆的意见。

所谓使相,即加宰相衔的节度使,位高权重。李沆毫不含糊,坦言相告:"赏典之行,须有所自,保吉因缘戚里,无攻战之劳,台席之拜,恐腾物议。"[2]——皇上的赏赐加封都要有根据,石保吉既没有什么政绩,又没有尺寸战功,仅仅因为皇亲国戚的身份,就不明不白地给他以宰相高位,恐怕会激起天下人非议耻笑。我投反对票。

真宗赵恒仍然不甘心,几次三番召李沆复议此事,以求通融,期待李沆能做个顺水人情。李沆明知皇上为给石保吉升官心切,却每次都坚定如初,廷争面折,脖子一梗,毫不退让。

石保吉的使相梦遂告"触礁"。

第三件事:诤言身后依旧"保鲜"。

真宗赵恒询问治国理政最为首要的应当注意什么,李沆回答说,至关重要的是远离浅薄鄙陋投人所好的小人。赵恒问,谁是这样的小人,李沆毫不隐匿,直陈自己的看法:梅询、曾致尧就是这类小人。

李沆死后,有人向赵恒举荐梅询,赵恒想起了李沆生前对梅询的评价,只说了句"李沆尝言其非君子",梅询的升迁之议就不了了之。

作为宰相的李沆,其身已死,其言却依然"保鲜",依然对当朝皇帝治国理政和选人用人产生影响乃至起着导向作用，历朝历代，实为罕见。

真宗赵恒对李沆的倚重和信赖缘何达到了如此地步？

这就要说到李沆的"不密奏"。

真宗之时，向皇上打秘密报告之风盛行，大臣们倘或看谁不顺眼了，便悄无声息地秘密向皇上奏上一本，管他管用不管用，一盆脏水泼出去，要不了你的命，至少恶心恶心你，反正自己并不承担什么责任。赵恒为太子时，李沆为东宫属官，是太子老师，如今做了宰相，又深得真宗信赖，最有资格也最有条件写密奏，而李沆却从不写这样的密奏。

真宗赵恒问李沆："人皆有密启，卿独无，何也？"

李沆回答说："臣待罪宰相，公事则公言之，何用密启？夫人臣有密启者，非谗即佞，臣常恶之，岂可效尤。"[3]——我身为宰相，处理天下事务自当开诚布公，哪里用得着写什么密奏？那些惯于给你写密奏的大臣，不是谗言饶舌之辈就是奸佞小人，我厌恶至极，怎么可能与他们同流合污呢？

看来，是李沆心底无私、豁达磊落、正大光明的高尚人格，使真宗赵恒为之折服。

二、不开口，心系天下展宏猷

李沆器度宏远，生性沉默寡言，据北宋僧人文莹《续湘山野录》："李相简穆公沆，尝被同年马亮责之曰：'外议以兄为无口匏。'公笑曰：'吾居政府，然无长才，但中外所陈利害，一切报罢，聊以此补国尔。'"

《宋史·李沆列传》的记载印证了文莹的叙述："沆为相，接宾客，常寡言。马亮与沆同年生，又与其弟维善，语维曰：'外议以大兄为无口匏。'维乘间达亮语，沆曰：'吾非不知也。然今之朝士得升殿言事，上封论奏，了无壅蔽，多下有司，皆见之矣。若邦国大事，北有契丹，西有夏人，日旰条议所以备御之策，非不详究。荐绅如李宗谔、赵安仁，皆时之英秀，与之谈，犹不能启发吾意。自余通籍之子，坐起拜揖，尚周章失次，即席必自论功最，以希宠奖，此有何策而与之接语哉？苟屈意妄言，即世所谓笼罩。笼罩之事，仆病未能也。'"

"无口匏",就是无口葫芦,不吭声,凡事三缄其口。

李沆回答弟弟李维的这段话大意是说——

说我是无口葫芦,我不是不知道啊。然而现在的大臣得以入殿奏事,皇上封爵论奏,全无阻隔蒙蔽,政令多能顺畅地下达到各级部门,大家都可看见。比如国家大事,北边有契丹,西边有夏人,我从白天到黑夜殚精竭虑,逐条思索上奏防备抵御的策略,天下事没有不详细察究的。身居高位的如李宗谔、赵安仁,都是大臣中的佼佼者,我与他们交谈切磋,尚不能给我一点儿启发。其余的新进仕宦之子,他们坐起拜揖,尚且不能遵循典章顺序等级,入席必定自夸其功劳多大,以企求得到宠爱奖赏,与这些人又有什么值得接触交谈的呢?如果委屈自己的意愿,跟着信口乱说,就是世人所说的像被笼子或罩子网住一样,为他人的意见所左右。这样的事,是我所憎恨的,也是无法做到的。

李沆与几个弟弟亲密无间,尤其器重喜欢李维,偶有闲暇,他与李维相聚宴饮,从不涉及朝政,也不谈论家中之事。

李沆极善察人,把不少俊逸卓拔之士推荐选拔到相应岗位,他曾举荐了素有能吏之称的张咏、被真宗赞之为"好学长者"的晁迥等贤臣。参知政事寇准向李沆推荐善于阿谀逢迎、溜须拍马的丁谓,李沆又成了"无口匏",愣是不作声。

寇准是个性情中人,当时正被丁谓"拍"得晕晕乎乎,俩人好得蜜里调油,便不依不饶,一而再再而三地向李沆力荐,"沆曰:'顾其为人,可使之在人上乎?'准曰:'如谓者,相公终能抑之使在人下乎?'沆笑曰:'他日后悔,当思吾言也'"[4]。

后来,作为寇准属下的丁谓,在寇准的悉心关照下一步一个台阶,步步登高,一直做到了宰相府一人之下众人之上的参知政事,翅膀一硬,渐成尾大不掉之势。再后来,极善攀缘钻营的丁谓、王钦若越来越得势,处心积虑地陷害寇准,寇准两度被罢相。最后,丁谓当了宰相,对寇准一贬再贬。天圣元年(1023)九月,寇准病死于雷州谪所。

我们无从知道,躺在雷州谪所病榻上奄奄一息的寇准,此时是否还记得李沆当年的规劝。

当然，一向沉默寡言的"无口匏"，在关系国家命运前途的问题上绝不沉默。

据《宋史·李沆列传》，某日，时任宰相的李沆与参知政事王旦在中书省值守，身心俱疲的王旦忽然大发感慨："我们一天到晚这么辛苦操劳，什么时候才能过上安静悠闲的日子啊？"李沆说："稍有些担忧辛劳，足为警戒，他日四方宁谧，朝廷未必无事。"后来，契丹与宋和亲，王旦问这事怎么样，李沆回答说："好事，不过好事归好事，我担心边患平息之后，皇上恐怕会渐渐产生奢靡放纵的想法。"

王旦颇不以为然。

此后，李沆频繁上疏真宗，大谈四方水旱灾害、盗贼为乱之事。

王旦依然对李沆的举动颇不以为然，劝李沆说，这类鸡毛蒜皮的小事就别老烦扰皇上了。李沆正色说："人主少年，当使知四方艰难。不然，血气方刚，不留意声色犬马，则土木、甲兵、祷祠之事作矣。吾老，不及见此，此参政他日之忧也。"

景德元年（1004）李沆病逝后，真宗赵恒见契丹已经修和，西夏已纳款归顺，天下归于太平，便一反常态，兴师动众大搞"东封西祀"、大造宫观、纵情畋猎，劳民损财。

李沆当年担忧之事全部变成了现实。

目睹真宗赵恒的前后迥异，眼睁睁看着王钦若、丁谓等趋炎附势投机钻营的一帮小人日益得势，在朝廷交相为虐，把朝廷搞得乌烟瘴气，王旦才认识到李沆的先见之明，不由喟然长叹："李文靖真圣人也！"

三、不治第，笃行节用而爱人

李沆是中国历史上以"寒酸"著称的宰相。

人们想象中的宰相府必定是高墙深院，雕梁画栋，琼楼玉宇，金碧辉煌。李沆的宰相府却令人难以想象的穷酸，房屋破旧不堪，墙体满是裂缝，到处污渍斑斑，七零八落；宅院狭小，厅前只能容得下一辆马车调头。

不断有人动议，相府太过破旧狭小，必须尽快大兴土木扩建，或者干脆另选风水宝地，再造一座规模宏伟的新相府。

　　理论根据很简单：相府是国家的相府，它不仅是宰相的脸面，也是朝廷的脸面，更是国家威仪和繁荣昌盛形象的象征。中央六部林林总总的衙门、朝廷上下大大小小的官员，经常要来相府请示、汇报、谒见、辞行，以及举行种种礼仪活动等等，皇上有时也要御驾亲临，每日门庭若市，车水马龙，而相府如此简陋狭小，破烂不堪，交通拥堵，熙熙攘攘，严重妨碍机关正常办公，更有损于朝廷形象。

　　理由不可谓不充分。

　　李沆一笑置之："这座宅院作为宰相的办公场所确实窄了些，但作为祭祀活动和举行礼仪的厅堂，也算宽敞了，传给子孙居住也足够了。"

　　妻子、弟弟等家人也经常提醒催促李沆把宅院修葺一下。

　　不管别人如何规劝，家人如何催促，"开发商""赞助商"如何跃跃欲试争欲表现一把，执拗的李沆认准了一条道：你爱咋说就咋说，只当清风过耳边；安居破旧小宅院，一砖一瓦不增添。

　　他就在这个简陋狭小的宅院里死于宰相任上。

　　李沆为什么如此固执的坚持"不治第"？

　　披览《宋史·李沆列传》，可以找到这样两个缘由——

　　第一个缘由是李沆常读《论语》，对孔老夫子"节用而爱人"的教诲奉若圭臬，决意躬身践行。

　　"沆为相，常读《论语》。或问之，沆曰：'沆为宰相，如《论语》中"节用而爱人，使民以时"，尚未能行。圣人之言，终身诵之可也。'"可见，李沆虽没有赵普"半部论语治天下"的美誉，却也是一部《论语》在手，常读常新，心向往之，身相随之，尤其对其中"节约用度而关爱他人，按照时令役使民众"的教诲，常常忧虑自己未能躬身力行而惶恐不已。故而，终生反复诵读，以使自己保持警醒。

　　我们常说，读书学习，要理论联系实际，李沆的"不治第"，就是常读《论语》、学理论、联系实际来指导思想和实践。

第二个缘由是李沆常怀"朝暮不保"之忧，立志在有生之年心无旁骛，以只争朝夕的精神去全身心尽职做事。

家人多次劝他修建宅第，他根本不答话茬，弟弟李维又来苦劝，李沆动情地说："身食厚禄，时有横赐，计囊装亦可以治第，但念内典以此世界为缺陷，安得圆满如意，自求称足？今市新宅，须一年缮完，人生朝暮不可保，又岂能久居？巢林一枝，聊自足耳，安事丰屋哉？"[5]

将这段话译为现代汉语——

我享受着朝廷丰厚的俸禄，而且皇上时常有丰盛的赏赐，盘盘家底，这些年的积蓄建造一所大一些的宅第也没什么问题，但是想想佛典里说世界总是有缺陷的，怎么能事事都追求圆满完美，追求如意称心？买一座新宅，光装修就须耗去一年多的时间，人生就那么几十年，朝不保夕，又怎么能老钻进华美的居室里不干事？森林广阔茂密，鸟儿只选一根树枝简简单单做个窝就心满意足了，作为当朝宰相，我怎么能只想着生活享乐，将人生有限宝贵的时光浪费在营造奢华的宅第上呢？

你有一百个理由来劝我大兴土木，我有第一百零一个理由坚守自己的信条：叶人生苦短，争分夺秒地去一心一意尽职做事尤觉紧迫，哪里顾得上去建什么宅第！

景德元年（1004）七月，李沆病逝，终年58岁。真宗赵恒闻噩耗悲痛垂泪，亲往灵前哭祭，降诏辍朝五日（李沆官居一品，按例辍朝两日），追赠太尉、中书令，谥号"文靖"。

四、品评

历史上的宋真宗赵恒，998年至1022年在位，在中国历代皇帝中算不得有什么声誉，特别是在赵恒执政的后期，以王钦若、丁谓为相，两人均是蝇营狗苟曲意逢迎之徒，常以天书符瑞之说荧惑朝野，赵恒也渐渐浸淫于封禅、伪造天书之类瞎折腾之中，渐次堕落为一个荒唐昏聩的皇帝。朝纲因之不举，贪腐谄媚之风盛行，社会矛盾日益激化，将宋王朝拖入了内忧外患的泥淖之中。然而，在赵恒登基之初李沆任宰相的咸平（998—1003）年间，皇帝还是这个皇帝，由于有李沆这样一位圣相力擎苍天，君臣戮力，励精图治，国家管理日趋完善，统治不断巩固，政治清明，经济繁荣，社会发展，创造出北宋历史上空前绝后的兴盛局面，史称"咸平之治"。李沆究竟靠什么赢得了赵恒的信赖和百官的折服，又靠什么与其他大臣一起辅佐赵恒开创了"咸平之治"？与其说是凭借其非凡的领导能力，毋宁说是仰仗其"三不主义"的高尚人格。

北宋大臣刘安世谓之："本朝名相固多矣，然最得大臣体者，惟李沆丞相。"

宋代著名词人叶梦得谓之："李文靖公沆为相，专以方严重厚镇服浮躁，尤不乐人论说短长附己。"

《宋史·李沆列传》谓之："李沆为相，正大光明，其焚封妃之诏以格人主之私，请迁灵州之民以夺西夏之谋，无愧宰相之任矣。沆尝谓王旦，边患既息，人主侈心必生，而声色、土木、神仙祠祷之事将作，后王钦若、丁谓之徒果售其佞。又告真宗不可用新进喜事之人，中外所陈利害皆报罢之，后神宗信用（王）安石变更之言，驯至梦扰。世称沆为'圣相'，其言虽过，诚有先知者乎！"

（原载《月读》2013年第10期，发表时有删节）

注　释：

[1][2][3][4][5]《宋史·李沆列传》

杜衍：退休后寓居驿舍的宰相

杜衍（978—1057），字世昌，越州山阴（今浙江绍兴）人，北宋名臣。大中祥符元年（1008）进士及第，历任扬州观察推官、秘书省著作佐郎、平遥知县，此后在朝廷中枢和四方州军间频繁交替任职，先后知乾州、扬州、天雄、永兴等州军，为官一任，振兴一方，在朝中任御史中丞、刑部侍郎、枢密使等职，庆历四年（1044）拜相。杜衍为官素有能名，尤以善于治狱闻名朝野，他一生宦海沉浮，退休后竟无屋可居，寓居于驿舍终其一生，令人为之钦慕不已。

一、少历磨难，流浪儿苦读登第

杜衍出身于官宦之家，其九世祖杜佑为唐朝名相；祖父杜叔詹，官至鸿胪卿，追赠太师、中书令兼尚书令，追封吴国公；父亲杜遂良，任宋太宗朝尚书度支员外郎。这个富足的官宦之家本其乐融融，然而，天有不测之风云，太平兴国三年（978），杜遂良在壮年突然暴病身亡，此时的杜衍尚在母腹之中。

母亲含悲生下杜衍，在他很幼小的时候便改嫁河阳钱氏。杜衍在祖父的呵护下渐渐长大，不幸的是在淳化四年（993），杜衍15岁的时候，祖父也遽然撒手人寰。

祖父去世不久，杜家爆发了家产大战。杜衍前母所生两个哥哥，指称杜衍的母亲改嫁带走了家族的钱财，气势汹汹地向杜衍索要，杜衍愤愤不平，双方发生冲突。小小年纪的杜衍哪里是两个哥哥的对手，被哥哥挥剑砍伤脑袋，鲜血直流。杜衍逃到姑母家，养好了伤，又前往河阳投奔母亲。

母子连心。看到儿子遭此劫难，母亲不由悲声大放，然而，继父却无论如何不肯收留杜衍。杜衍无奈，只好辞别母亲，孤身一人四处流浪。

昔日官宦之家的阔少，如今沦为无家可归的流浪儿。

天无绝人之路。或许是天悯英才，或许是苍天开眼，某日，杜衍流浪至济阳，遇到了当地富豪相里氏。相里氏见杜衍仪表不凡，不由眼前一亮，左看看，右看看，认定他必是一位奇伟之士，便将自己的女儿嫁给他，并供给他生活一应所需，资助他读书求学。

从此，杜衍专心致志，悬梁刺股，刻苦攻读。

大中祥符元年（1008），30岁的杜衍金榜题名，中进士甲科。

杜衍这段早年身世，在司马光《涑水记闻·卷十》中有详细记载。

二、任职四方，能吏盛名震天下

杜衍进士及第后，被朝廷任命为扬州观察推官，不久，改任秘书省著作佐郎、平遥知县。此后，朝廷遣使者巡察平遥，因政绩突出，杜衍被鼎力举荐，又擢升为晋州通判。

朝廷下诏令推举品质优良政绩卓异的官吏，杜衍名列其中，遂被擢升为乾州知州。后来，朝廷调杜衍知凤翔府，又因事遭罢免，"及罢归，二州民邀留境上，曰：'何夺我贤太守也？'"[1]

杜衍以公正明断、善于决狱而名满天下。据《宋史·杜衍列传》——

杜衍以太常博士为河东路提点刑狱，巡察潞州时，他铁面无私，澄清冤案，知州王曙因此写了《辨狱记》，以诫所属官吏。

石州知州高继升遭人诬陷，以勾结外族阴谋叛乱罪被逮捕拘押，高继升鸣冤无门，案子久拖不决。朝廷敕命杜衍主审此案，杜衍排除重重干扰，明察秋毫，很快辨明冤情，使真相大白于天下，将诬告者绳之以法。

宁化军守将执法过于严苛，将罪不至死者定为死罪。杜衍反复调查核实，认为案情不实，量刑不当，加以改正。守将对杜衍的判决不满，上诉朝廷，朝廷诏令刑狱复审，杜衍判决的公正得到验证和支持，当事人死里逃生。

杜衍决狱明镜高悬，公正高效，名声大振。天圣六年（1028），有司上奏朝廷，盛赞杜衍治狱功绩卓著，当受赏赐，于是，擢升他为刑部员外郎。当时垂帘听政的刘太后派使者巡察淮南，使者回到汴京，尚未开口禀报出使情况，刘太后就急不可耐地问使者杜衍最近怎么样，是否安康。使者连忙将杜衍的治绩向太后汇报，"太后叹曰：'吾知之久矣'"[2]。后来，杜衍调任河东转运副使、陕西转运使。

朝廷征召杜衍入朝任三司户部副使，擢天章阁待制、知江陵府。杜衍尚未赴任，恰遇河北军费匮乏，朝廷紧急调杜衍以工部郎中衔出任河北都转运使。他理财有方，不向老百姓增加赋税，想方设法很快解除了军费匮乏的危机。

此后，朝廷又召还杜衍，任命他为枢密直学士。杜衍请求外任，诏命以右谏议大夫知天雄军。

宋仁宗赵祯亲政以后，再次征召杜衍回朝担任御史中丞。后又改知审官院，再升任工部侍郎、知永兴军。不久，李元昊叛乱爆发，因太原为战略要地，朝廷又紧急调杜衍为并州知州，加封龙图阁学士。

宝元二年（1039），朝廷再次征召杜衍还朝，升任刑部侍郎，不久，再次出知永兴军。

没过多久，朝廷又征召杜衍回朝，"权知开封府，权近闻衍名，莫敢干以私"[3]。后又擢升枢密副使、礼部侍郎、枢密使。

虽在朝廷与各地之间穿梭般调动，职务频繁变换，无论是身居朝堂还是主政一方，也无论是担任何种职务，杜衍都一身浩然正气，浑身铮铮铁骨，恪尽职守，刚正不阿，清廉如水，赢得吏民的敬畏和赞誉。特别是上书仁宗，提出"岁有丰凶，谷有贵贱，官以法平之，则农有余利矣"[4]的常平之法，请求根据州郡的远近、户口的多少，严格赏罚，督促官吏，按时以适宜价格收放，不得贻误时机，有效地改善了民生，推动了社会的安定和发展。可谓为官一任，振兴一方，政声满天下。

三、"百日宰相"，刚正不阿遭罢黜

其时，朝廷官僚机构臃肿，官僚队伍庞杂，行政效率低下，人民生活困苦不堪，辽和西夏陈兵边塞，威胁着北方和西北边陲，农民起义和兵变也在各地此起彼伏，激烈的民族矛盾和阶级矛盾交织在一起，震动了宋廷。在朝野呼唤改革声浪的推动下，宋仁宗"遂欲更天下弊事"，庆历三年（1043）八月，范仲淹向仁宗上《答手诏条陈十事》，提出了以改革吏治为中心的十项改革纲领，轰轰烈烈的庆历新政拉开了序幕。

庆历新政改革纲领的核心是改革吏治，而改革吏治的重中之重是抑制"侥幸"。所谓侥幸，即皇帝的"恩降"——对官吏的任命、升迁，绕过正常程序，由皇帝直接下诏，交由枢密院和中书门下奉旨落实。宋仁宗一方面堂而皇之地下诏要"明黜陟，抑侥幸"，另一方面又抹不开情面，接受私人请托，不断地写条子，批发乌纱，以显"皇恩浩荡"。

杜衍也不含糊，"每内降恩，率寝格不行，积诏旨至十数，辄纳帝前。谏官欧阳修入对，帝曰：'外人知杜衍封还内降邪？凡有求于朕，每以衍不可告之而止者，多于所封还也'"[5]。——仁宗直接下达的人情任官诏书，杜衍全都搁置起来不执行，当积累到十几封的时候，便一并封还给仁宗。谏官欧阳修入朝进对，仁宗对他说："外人都知道杜衍退还降恩诏旨的事吗？可是他们不知道，面对前来求恩降的人，朕每每都推说杜衍不同意而放弃的，比杜衍所封还的还要多得多呢。"

有位姻亲向仁宗求官，仁宗碍于情面，批条子恩准。第二天一上朝，杜衍就拿着条子质问仁宗："昨日何忽又降此批？"仁宗内心有愧，只好说："卿止勉行此一批，盖事有无可奈何者。"希望杜衍能网开一面，"下不为例"。哪承想杜衍却一点面子都不给，正色奏道："但道杜衍不肯！"[6]仁宗的"下不为例"也只好草草收场。

庆历四年（1044）九月，仁宗降诏擢升杜衍为集贤殿大学士、同中书门下平章事兼枢密使，"衍好荐引贤士，而沮止侥幸，小人多不悦"[7]。

在推行庆历新政一年多的时间里（庆历三年八月至庆历五年正月），最活跃的范仲淹时任参知政事，富弼和韩琦时任枢密副使，欧阳修时任知谏院，后来调任河北都转运使、权真定府，已不在朝中。在他们之上还有章得象、晏殊、杜衍三位宰相。三相中杜衍对新政的支持最积极，热情最高，成为庆历新政事实上的中流砥柱。

由于新政触犯了贵族官僚集团的利益，遭到他们的强力阻挠和疯狂反扑，使尽种种手段在仁宗面前诬陷和诋毁革新派。庆历四年（1044）六月，老谋深算的夏竦使出阴招，给了革新派致命一击：命家中婢女摹仿石介笔迹，伪造了一封石介写给富弼的信，编造革新派阴谋废黜仁宗另立新君的弥天大谎。字迹摹写得惟妙惟肖，达到乱真的境地，范仲淹、富弼等浑身是嘴也说不清，惶惧不已。

新政受阻，仁宗被双方的相互攻讦搞得厌烦不已，被谗言弄得头昏脑胀，渐渐对推行新政没有兴趣，对推行新政的骨干人物范仲淹、富弼等心生反感，而身为宰相的杜衍又处处庇护着他们，这使仁宗大为恼火。于是，范仲淹、富弼等被贬出京师，庆历五年（1045）正月，杜衍也被罢相，以尚书左丞出知兖州。杜衍居宰相之位仅120天，史称"百日宰相"。

四、请求致仕，宰相退休住驿舍

庆历七年（1047）正月，69岁的杜衍上疏朝廷，请求退休，遂以太子少师致仕，累加至太子太师，封祁国公。从此闲居南京（今河南商丘），住在驿舍十年，直至逝世。

欧阳修撰写的《太子太师致仕杜祁公墓志铭》，对杜衍做了高度评价："公自布衣至为相，衣服、饮食无所加，虽妻子亦有常节。""至其归老，无屋以居，寓于南京驿舍者久之。"

《宋史·杜衍列传》也做了同样的记载："衍清介不殖私产。既退，寓南都凡十年。第室卑陋，才数十楹，居之裕如也。"

杜衍历来立身清简，为人低调，致仕后的他，更是简朴淳厚，俨然如村夫野老。年复一年，日复一日，或读书，或吟诗，还寄情于书画，或扶杖出游，吃住简陋，却心怡意足，乐道安命。每日粗茶淡饭，偶有客来，也不过"粟饭一盂，杂以饼饵，他品不过两种"。有人劝他衣着不要太过随便，建议他着居士服，他大不以为然，揶揄道："老而谢事，尚可窃高士名邪！"[8]杜衍工书法，为世所重，晚年尤以草书最为出神入化，赢得世人垂青，苏轼评价说："正献公（杜衍）晚乃学草书，遂乃一代之绝，清闲妙丽，得晋人风气。"

宋人朱彧《萍洲可谈》记载的一则逸事，真实地再现了杜衍的退休生活。

某日，河南府举行宴会，邀请杜衍出席。杜衍头戴居家便帽，身着土里土气的便装前往赴宴，端坐一隅，静默不语。有位本路的发运司管勾文字（官名）来到桌前，大家纷纷起立热情地跟他打招呼。这位小官僚少年得志，见大家如此热情，唯有旁边那位白胡子老头儿稳若泰山，屁股稳稳地坐在凳子上纹丝不动，不由火冒三丈，厉声问："足下以前官居何位？"杜衍依然埋着头，不动声色地轻声呢喃道："同中书门下平章事。"

这位小官僚顿时面红耳赤。

嘉祐二年（1057）二月，寓居驿舍十年的杜衍走到了生命的尽头，仁宗闻讯，紧急派使者问医赐药，带着太医前往看望，尚未赶到，杜衍溘然长逝，仁宗追赠司徒兼侍中，谥号"正献"。杜衍临终，诫其子要竭忠尽孝，丧事从简，收殓自己时只用一枕一席，以小墓矮坟薄葬，并留下遗疏："其略曰：'无以久安而忽边防，无以既富而轻财用，宜早建储副，以安人心。'语不及私。"[9]

五、品评

杜衍一生宦海沉浮，任职四方，先后主政十几个州军，又在朝中任枢密使、宰相这样的顶级大员，刚正不阿，清廉如水，名震朝野，从不经营自己的"安乐窝"，退休后竟居无所归，不得不栖身驿舍，直至怆然离世，委实令人钦佩不已！

南宋学者黄震谓之："公治京师,权要不敢干。居审官铨,吏不得与。为宰相,封还内降,至人主籍以杜私谒。而戒门生小吏,乃使无露圭角,惟默而行之,无愧于心,此意岂浅丈夫可识哉?……公清苦自律,而均给下僚。历知州、提、转、安抚,未尝劾一官。此又大臣之德量然也。然公越人也,自十五六诣河阳,七十而致仕,寓居南京十年薨,岂未尝归越与?"

《宋史·杜衍列传》谓之："李迪、王曾、张知白、杜衍,皆贤相也。四人风烈,往往相似……古人所谓社稷臣,于斯见之。知白、衍劲正清约,皆能靳惜名器,裁抑侥幸,凛然有大臣之概焉。"

（原载《学习时报》2019年4月26日,发表时题为《"百日宰相"杜衍》）

注 释

[1] 2 [3] [4] [5] [7] [8] [9]《宋史·杜衍列传》

[6]〔宋〕文莹《湘山野录》

□ 只留清气满乾坤

范仲淹的"忧乐天下"情结

范仲淹（989—1052），字希文，苏州吴县（今江苏苏州）人，北宋杰出的思想家、政治家、军事家和文学家。大中祥符八年(1015)进士及第，历任广德军司理参军、兴化县令、秘阁校理、陈州通判、参知政事、邓州知州、杭州知州等职，范仲淹一身正气，浑身是胆，以天下兴亡为己任，为仗义执言屡遭贬谪，但却屡贬屡谏，全然不顾及自己的生死荣辱，为官一任，振兴一方，诗文辞章彪炳日月，"忧乐天下"的浓郁情结历久弥坚。

一、断齑画粥，矢志苦读进士及第

范仲淹的远祖为东汉名臣范滂、唐朝宰相范履冰，父亲范墉早年仕于吴越，太平兴国二年（977）随吴越王钱俶归降宋朝，任武宁军节度掌书记。范仲淹自幼身世坎坷，淳化元年（990），他尚在襁褓之中，父亲便不幸病逝于任所，母亲谢氏贫困无依，在范仲淹两岁时带着他改嫁淄州长山（今山东邹平市长山县）人朱文翰，范仲淹也随从朱姓，改名朱说（ÓWὸ）。

范仲淹自幼刻苦向学，因家境贫寒，他小小年纪便寄宿于长白山醴泉寺苦读，常以小米煮粥，待粥凉凝固，用刀一切为四，早晚各食两块，再切一些腌菜拌入饭中果腹度日，虽生活极为清苦，却每日精神抖擞，苦读不辍。由此衍生出成语"断齑画粥"。

大中祥符四年（1011），一个偶然的机会，22岁的范仲淹知道了自己的身世，不由伤感不已，便哭泣着拜别母亲，前往南都应天府（今河南商丘）的应天府书院求学。

范仲淹立下宏愿，志在解"天下之忧"，营"天下之乐"，这为他日复一日地攻书克难提供了无尽的动力。日子虽过得清苦窘迫，无法摆脱穷困重轭的煎熬，然却勤苦攻读，孜孜以求，未尝一日稍有懈怠。"昼夜不息，冬月惫甚，以水沃面；食不给，至以糜粥继之，人不能堪，仲淹不苦也。"[1] 他曾作《齑赋》明志："陶家瓮内，腌成碧绿青黄；措大口中，嚼出宫商角徵。"

功夫不负有心人，大中祥符八年（1015），范仲淹终于金榜题名，进士及第，被任为广德军司理参军。百行孝为先，考中进士又跻身"公务员"行列的范仲淹，赶忙前往淄州长山迎回母亲奉养，又奏明朝廷，改回其本名。

二、仗义执言，"宁鸣而死，不默而生"

"忧乐天下"的家国情结，使得范仲淹屡屡上书朝廷，仗义执言，"每感激论天下事，奋不顾身，一时士大夫矫厉尚风节，自仲淹倡之"[2]。

早在天圣三年（1025），位居官秩卑微的大理寺丞时，范仲淹便向朝廷进呈《奏上时务书》，提出了"救文弊以厚风俗，整武备以御外患，重馆选以养人才，赏台谏以开言路"等建议。

天圣五年（1027），虽尚在服母丧丁忧期间，范仲淹依然"不以一心之戚，而忘天下之忧"，又给朝廷上了一份洋洋万言的《上执政书》，针对时弊，提出了"择郡守，举县令，斥游惰，去冗僭，慎选举，抚将帅"[3] 等6条改革主张，宰相王曾看到奏书大为赏识，立即授意晏殊推荐范仲淹应学士院试。

天圣九年（1031），范仲淹调任陈州通判。虽处江湖之远，依然不改其忧国忧民的初衷，多次上书朝廷，畅所欲言，指斥朝政。当时，朝廷正大兴土木，兴建太一宫和洪福院，范仲淹上书说："昭应、寿宁，天戒不远。今又侈土木，破民产，非所以顺人心、合天意也。宜罢修寺观，减常岁市木之数，以蠲除积

215

负。"[4]——昭应宫、寿宁宫已遭天火焚毁,上天的惩戒刚刚过去不久。现在又大兴土木,劳民伤财,这可不是顺乎人心、合乎天意啊。应立即停止修建寺观,减少平常年份征购木材的数量,来蠲免百姓的沉重负担。这些建议虽未被采纳,但其一片忠心打动了仁宗。

明道二年(1033),江淮与京东地区发生了大面积严重的虫灾和旱灾,范仲淹上书请求朝廷派遣官员前往灾区巡察,却石沉大海。"乃请间曰:'宫掖中半日不食,当何如?'帝恻然,乃命仲淹安抚江、淮,所至开仓振之,且禁民淫祀,奏蠲庐舒折役茶、江东丁口盐钱,且条上救敝十事。"[5]——于是,范仲淹就利用接近仁宗的机会谂了一句:"如果宫廷里的人有半天不吃饭,情形会怎样呢?"仁宗露出十分悲伤哀怜的表情,便派遣范仲淹前往江淮地区安抚灾民。范仲淹所到之处,开仓济民,并且禁止灾区百姓过多的祭祀活动,奏请朝廷免除庐州、舒州上供的折役茶,免除江东的丁口盐钱,并且向仁宗逐条奏述了救治朝政积弊的十件大事。

范仲淹如此不避生死,口无遮拦,廷争面折,摧折权贵,朋友们不禁为他捏一把汗,纷纷劝他悠着点儿,再莫锋芒毕露,当心祸从口出。梅尧臣特意创作了《啄木》诗和《灵乌赋》呈给范仲淹,劝他以后不妨多学学报喜鸟,多说恭顺奉承话,拴紧自己惯于惹是生非的舌头,闭上令人生厌的"乌鸦嘴",免得身遭不测。范仲淹非常理解和感谢梅尧臣的一片深情,但却不肯做出丝毫改变,也写了一首《灵乌赋》回复梅尧臣,斩钉截铁地表示:"宁鸣而死,不默而生。"

三、屡贬屡谏,"三光风范"倾动朝野

据北宋僧人文莹所撰《续湘山野录》——

"范文正公以言事凡三黜。初为校理,忤章献太后旨,贬悴河中。僚友饯于都门曰:'此行极光。'后为司谏,因郭后废,率谏官、御史伏阁争之不胜,贬睦州。僚友又饯于亭曰:'此行愈光。'后为天章阁,知开封府,撰'百官图'进呈,丞相怒,奏曰:'宰相者,所以器百官,今仲淹尽自抡擢,安用彼相?

臣等乞罢。'仁宗怒，落职贬饶州。时亲宾故人又饯于郊曰：'此行尤光。'范笑谓送者曰：'仲淹前后三光矣，此后诸君更送，只乞一上牢可也。'客大笑而散。"

先说"一黜——极光"。

天圣六年（1028），范仲淹服完母丧，丁忧期满，经晏殊举荐，被召回朝廷任秘阁校理。这个职位虽品级不高，但地位特殊：终日伴随皇帝左右，惹人瞩目。

天圣七年（1029），刘太后垂帘听政已经步入第11个年头，宋仁宗赵祯已然19岁，刘太后却依然主理朝政，不肯交出朝廷大权。群臣议论纷纷，但谁也不敢在刘太后面前提及此事。

范仲淹可没有这么多顾虑，愤然上《乞太后还政奏》，直言不讳地宣称："岂若保庆寿于长乐，卷收大权，还上真主，以享天下之养。"敦请刘太后交出朝政大权，悠哉闲哉地去颐养天年，让"春秋已盛"的仁宗亲政。刘太后揽表大怒，遂将范仲淹贬往河中府任通判。

晏殊闻之大惊失色，写信责备范仲淹，批评他太过轻率，毁了自己的美好前程，也透露出怕连累自己的想法。范仲淹也不含糊，大笔一挥，饱含深情地给晏殊写了封长信《上资政晏侍郎书》，洋洋洒洒，直抒胸臆："如求少言少过自全之士，则滔滔乎天下皆是，何必某之举也？……事君有犯无隐，有谏无讪。杀其身，有益于君则为之。"

离京赴任这一天，朋友们相聚置酒为范仲淹饯行，纷纷举杯相勉："此行河中，极为光耀。"

次说"二黜——愈光"。

明道二年（1033）三月，刘太后崩逝，仁宗赵祯亲政，范仲淹被征调回朝任右司谏。此时，郭皇后与仁宗的关系亮起了红灯，原因是郭皇后备位中宫，本不是仁宗本意，乃刘太后当年强加于他，现在刘太后撒手人寰，仁宗压抑了许久的情感爆发出来，开始对对郭皇后日趋冷淡，而对尚美人、杨美人宠爱备至。

这使得郭皇后不由醋意大发。

某日，郭皇后偶然撞见尚美人在仁宗面前诉病自己，不由怒火中烧，抡圆了巴掌卯足了劲儿狠狠地劈了过去——仁宗护花心切，急忙来挡，这一巴掌竟打在了仁宗的脖子上，还留下了两个红红的指甲划痕。

郭皇后如此剽悍，宋仁宗岂能容忍，遂有废后之意。

废后消息传出，群臣议论纷纷，多认为皇后并无大过，不宜轻言废黜。宰相吕夷简则坚定地支持仁宗废黜郭皇后，上奏仁宗说："光武，汉之明主也，郭后止以怨怼坐废，况伤陛下颈乎？"[6]——光武帝刘秀乃汉朝一代明主，其郭皇后仅仅因为怨怼就被废掉了，何况今日皇后还打伤了陛下脖颈？

这使仁宗更加坚定了废后的决心。

范仲淹"旧病复发"，极力反对，与御史中丞孔道辅等上书，"极言其不可"。吕夷简敕命有司不得接受台谏章疏，谏官们上奏无门，范仲淹遂率孔道辅、侍御史蒋堂、段少连等十余人跪伏垂拱殿外，伏阙请愿。仁宗不予召见，派吕夷简出来解释。范仲淹等与之当庭辩论，吕夷简理屈词穷，无言以对。

第二天，范仲淹等人商议，打算在早朝之后将百官留下，再次谏争。一行人刚刚走到待漏院，朝廷诏书下达——外放范仲淹为睦州知州，孔道辅等人也或贬或罚，无一幸免。

离京赴任这一天，朋友们相聚置酒为范仲淹饯行，纷纷举杯相勉："此行睦州，愈加光耀。"

再说"三黜——尤光"。

景祐二年（1035），范仲淹再一次奉调回京，任吏部员外郎、权知开封府。俗话说"江山易改，禀性难移"，范仲淹虽因仗义执言屡遭贬谪，却永远不懂得吸取教训，变得哪怕稍微"聪明"一点儿，依旧是疾恶如仇，眼睛里揉不进一粒沙子。他见宰相吕夷简把持朝政，培植党羽，任人唯亲，便深入调查，绘制了一张《百官图》，于景祐三年（1036）进献仁宗。在这张《百官图》中，范仲淹详细指明哪些官员是遵循制度正常晋升的，哪些官员是凭借宰相的私人关系安插的，对吕夷简进行了无情的揭露，劝谏仁宗亲自掌控官吏升迁，当心权臣"招权市恩"、祸国殃民。

吕夷简也不甘示弱，反唇相讥，指斥范仲淹"迂腐"，犯了三宗罪：越职言事、勾结朋党、离间君臣。

范仲淹愈发慷慨激昂，又连上四章，斥责吕夷简阴险狡诈，党同伐异，因言辞激烈，惹怒仁宗，遂被贬谪，出任饶州知州。

离京赴任这一天，朋友们相聚置酒为范仲淹饯行，纷纷举杯相勉："此行饶州，尤其光耀。"

"三光"之后，本已名满天下的范仲淹声望愈隆。

四、"一笔勾销"，锐意推行庆历新政

庆历初年，朝廷官僚机构臃肿，官僚队伍庞杂，行政效率低下，人民生活困苦不堪，辽和西夏陈兵边塞，威胁着北方和西北边陲，社会危机日益严重。

庆历二年（1042），仁宗擢升范仲淹为枢密直学士、右谏议大夫，次年任参知政事，其时范仲淹、富弼、韩琦、杜衍同时执政，欧阳修、蔡襄、王素、余靖同为谏官，呈现出人才荟萃锐意进取的局面。

庆历三年（1043）八月，范仲淹向仁宗赵祯上《答手诏条陈十事》，提出了以改革吏治为中心的十项改革纲领：一曰明黜陟，二曰抑侥幸，三曰精贡举，四曰择长官，五曰均公田，六曰厚农桑，七曰修武备，八曰推恩信，九曰重命令，十曰减徭役，[7]内容涉及到政治、经济、军事、教育、科举等各个领域。欧阳修等人也纷纷上书言事，其时，"天子方信向仲淹，悉采用之，宜著令者，皆以诏书画一颁下；独府兵法，众以为不可而止"[8]。于是，轰轰烈烈的庆历新政拉开了序幕。

范仲淹对贪官污吏和尸位素餐的官员向来憎恶至极，其工作作风又干练果断，雷厉风行。他对官员的考核极为严格，命人取来官员名册，逐个进行检查审议，一旦发现问题，决不心慈手软，大笔一挥，将问题官员逐出官场，另选合格者继任。

富弼对范仲淹素来敬重有加，担心范仲淹这么干会给他自己惹来麻烦，便从旁劝阻说："你用笔一勾，就砸了一个人的饭碗，他一家人都要为之失望痛

哭啊！"范仲淹丝毫不为所动，斩钉截铁地回答说："他一家人哭，总比留下这祸害，弄得千家万户顿足悲哭要好得多吧！"——由此衍生出成语"一笔勾销"。

新政实施的短短几个月间，政治局面已焕然一新，一大批贪腐或碌碌无为的官员被除淘汰，一批务实贤能者被提拔到重要岗位，官府行政效率日渐提高，财政、漕运等状况不断改善，萎靡的政局开始有了起色。

然而，由于新政触犯了贵族官僚集团的利益，遭到他们的强力阻挠和疯狂反扑。

庆历四年（1044）六月，为给革新派致命一击，夏竦伪造石介与富弼的书信，构陷二人。宰相章得象和副相贾昌朝，当初曾附和推行新政，但在实际执行中却首鼠两端，阳奉阴违，此时新政受挫，革新派遭诬，他们便立即见风使舵。

三十六计走为上。范仲淹等被逼无奈，只得请求外任。庆历五年（1045）正月，范仲淹被罢去参知政事，知邠州，兼陕西四路缘边安抚使。同一天，富弼亦被罢去枢密副使，改任京东西路安抚使，知郓州，新政改革遂宣告失败。新政虽只推行一年，却开北宋改革风气之先，孕育了此后的王安石"熙宁变法"。

五、仁民爱物，为官一任振兴一方

范仲淹不仅是名震千古的一代文坛泰斗、骨鲠铮臣、国之栋梁，而且是一位享有盛誉的实干家，其足迹所至，治迹犹存。

其一，修筑"范公堤"，泰州治洪魔。

天禧五年（1021），范仲淹调任泰州西溪盐仓监，负责监督淮盐贮运及外运转销。西溪濒临黄海，旧海堤年久失修，千疮百孔，屡发溃决，海水肆虐，淹没良田、毁坏盐灶，当地百姓苦不堪言。

范仲淹上书江淮制置发运副使张纶，请求重修海堤，造福百姓。获准后，他动员组织民众4万多人，启动了修筑新海堤的浩大工程，历时六年，筑成横跨通、泰、楚三州，全长200里的新海堤，终于制伏洪魔，兴利除害，可谓功在当代，利在千秋。当地百姓亲切地称新海堤为"范公堤"，遗址至今犹存。

其二，苏州巧疏浚，导流入湖海。

景祐元年（1034），范仲淹调任苏州知州，辟所居南园之地，兴建郡学。当时，苏州淫雨成灾，江湖泛滥，农田积水不退，无法耕作，百姓饥馑困苦。

范仲淹深入调研，广泛征询民众意见，因地制宜，制定出治水方案，组织带领当地百姓开浚昆山、常熟间的五条河渠，并在必要处修置水闸，将积水渐次导流太湖。这种修围、浚河、置闸的治水方略，不但兴利造福于当世，还泽被后世，自宋至元、明的两浙职守，都袭用这个模式整治这一带水患。

其三，执掌康定军，鏖兵退西夏。

康定元年（1040）正月，爆发了宋夏三川口之战，宋军一败涂地，全军覆没，元气大伤，西夏陈兵于延州城下，大有"黑云压城城欲摧"之势。宋朝举国上下，人心惶惶。陕西安抚使韩琦荐举范仲淹，于是，仁宗任命范仲淹为天章阁待制、知永兴军，几个月后又升任龙图阁直学士，与韩琦并为陕西经略安抚副使。范仲淹主动请缨前往解延州之围。于是，仁宗任命范仲淹以户部郎中知延州。

范仲淹飞马驰往延州。当时朝廷对边将统兵有一项沿袭多年的机械规定，即总管统辖万人，钤辖统辖5000人，都监统辖3000人，当迎击敌人时，官秩低的将领需首先出击。范仲淹到任后大发感慨："将不择人，以官为先后，取败之道也。"[9]于是大阅州兵，得万八千人，分为六，各将三千人，分部教之，量贼众寡，使"更出御贼。"[10]果断地废除陈规，采用新的练兵方法和灵活机动的战略战术，使部队战斗力迅猛提升。

与此同时，范仲淹在延州建立营田制，选拔重用狄青、种世衡等名将，大力构筑堡寨，修葺城池，筑清涧城，建烽火墩，复筑大顺城，安抚和团结沿边少数民族，形成以大顺城为中心、诸堡寨相呼应、军民联防的坚固防御体系。延州之围遂解。

宋仁宗赵祯降诏命名这支军队为"康定军"，直到北宋末年，康定军仍是宋朝的一支劲旅。

其四，三年掌邓州，百姓乞留任。

庆历新政失败后，范仲淹遭贬谪，被罢免参知政事之职，改任资政殿学士、知邠州，兼陕西四路缘边安抚使。庆历六年（1046），调任邓州知州。范仲淹昔日的施政方略在朝廷受挫，如今主政一方，却可以放开手脚在邓州有所作为，为民造福。他重修览秀亭，构筑春风阁，营造百花洲，并设立花洲书院，处理政事之余亲往书院讲学，一时，邓州文运为之大振。

庆历八年（1048），朝廷诏命调任范仲淹知荆南府，邓州百姓依依不舍，攀车卧辙，请求范仲淹继续留任邓州。范仲淹也对邓州难舍难分，便奏请朝廷，得以留任。范仲淹在邓州为政三年，百姓安居乐业，丰衣足食，其传世名篇《岳阳楼记》及许多传世诗文均写于邓州。他在邓州不仅留下了卓越政绩，也留下了"先天下之忧而忧，后天下之乐而乐"的千古名句。

其五，荒年知杭州，三板斧赈灾。

皇祐元年（1049）正月，范仲淹调任杭州知州。当时，杭州正闹饥荒，哀鸿遍野，满眼凄惶，民不聊生，饥肠辘辘的杭州百姓对新任知州充满期待。

自古赈灾三大"常规武器"：开官仓、设粥棚、平抑物价。令人们不解的是范仲淹竟别出心裁，这三大"常规武器"一招都不用，出人意料地砍出了"三板斧"：一是动员富户和寺庙大兴土木，二是组织民众大规模赛龙舟，三是想方设法抬高谷物价格。

人们不由叫苦不迭：这个新任知州忒不靠谱！

然而，没过多久，因灾荒引起的社会乱象日渐消退，老百姓的日子渐渐有了起色，再后来人们都安其居而乐其业，社会秩序也回归到安定有序的轨道。

这时候人们再回过头来审视范仲淹的"三板斧"，不由恍然大悟：第一板斧拉动了投资，吸纳了就业，激活了灾荒之中沉睡的经济；第二板斧不仅拉动了投资，吸纳了就业，还活跃了百姓的精神生活，为挣扎在饥饿线上的人们注入了奋斗进取的精神动力；第三板斧则巧妙地利用了供求规律，先抬高粮食价格，吸引周边地区粮商竞相赶往杭州市场抛售，当市场粮食供过于求，价格自然一降再降，使杭州百姓吃得起粮。

输血不若造血——早在千年之前范仲淹已深谙其道。

杭州百姓不由大发感慨：这个知州不寻常！

皇祐四年（1052），朝廷调范仲淹为颍州知州，范仲淹强扶病体，前往赴任，行至徐州，溘然长逝，享年64岁。宋仁宗赵祯为之亲书"褒贤之碑"，追赠兵部尚书，追封楚国公，谥号"文正"。

六、品评

读《宋史·范仲淹列传》，我们不能不为之击节赞叹！纵观范仲淹的一生，其自幼刻苦向学，断齑画粥，学得文武兼备，超群卓拔；毕生宦海沉浮，以天下兴亡为己任，鞠躬尽瘁，死而后已。虽屡遭贬谪，但却百折不挠，愈挫愈勇，不坠其青云之志。其人格高洁无暇，其德操冰清玉洁，其才器经世干城，其勋业功高日月，一句"先天下之忧而忧，后天下之乐而乐"千古回响，万古流芳。掩卷思慕，耳边不由想起司马迁赞美孔子的言辞："《诗》有之：'高山仰止，景行行止。'虽不能至，然心向往之。"

欧阳修谓之："公少有大节，于富贵、贫贱、毁誉、欢戚，不一动其心，而慨然有志于天下，常自诵曰：'士当先天下之忧而忧，后天下之乐而乐也。'"

《宋史·范仲淹列传》谓之："自古一代帝王之兴，必有一代名世之臣。宋有仲淹诸贤，无愧乎此。仲淹初在制中，遗宰相书，极论天下事，他日为政，尽行其言。……豪杰自知之审，类如是乎！考其当朝，虽不能久，然先忧后乐之志，海内固已信其有弘毅之器，足任斯责，使究其所欲为，岂让古人哉！"

（本文第五部分发表于《月读》2019年第1期，发表时题为《范仲淹的实干精神》）

注　释

[1] [2] [3] [4] [5] [7] [8] [9] [10]《宋史·范仲淹列传》
[6]《宋史·吕夷简列传》

"真宰相"刘沆

刘沆（995—1060），吉州永新（今江西省吉安市永新县）人，北宋名臣，宋仁宗朝宰相。刘沆一生为官率真刚直，胸怀天下，秉公执法，不避艰险，大刀阔斧地匡正时弊，推行改革，以"长于吏事"而著称，特别是他身居宰相高位而毫不徇私，赢得"真宰相"的美誉。

一、"退士"登榜，政声满天下

刘沆自幼聪颖好学，所居村子北面有后隆山，唐代名相姚崇当年曾寄居于山中聪明洞，另一宰相牛增孺曾在山上建读书堂。刘沆听着父辈讲述姚崇、牛增孺的故事渐渐长大，日复一日的耳濡目染，在他幼小的心灵里埋下了立志有所作为的种子。他不负先辈厚望，刻苦向学，饱读诗书，学得满腹经纶，为人超逸雄豪，风流倜傥，闻名遐迩。

然而，学富五车的刘沆在科考之路上，却出人意料地屡屡名落孙山。

在挫折面前刘沆选择了放弃，"自称'退士'，不复出"[1]。——人家都考中了进士，而我每每榜上无名，沦为"退士"，退士就退士吧，干脆退出科考这一行，不玩儿了。

父亲刘素苦口婆心地劝他振作起来，用姚崇、牛增孺的故事激励他奋发努力,不轻言放弃。

功夫不负有心人。宋仁宗天圣八年(1030),36岁的刘沆终于考中进士,而且名列前茅,考取了第二名。

随后,朝廷任命刘沆为大理寺评事、舒州通判。当时,章献太后建资圣寺佛塔,"内侍张怀信挟诏命,督役严峻,州将至移疾不敢出"[2],刚刚踏入仕途的刘沆,初生牛犊不怕虎,毅然上疏朝廷,弹劾张怀信。恃宠为虐的张怀信随即被罢免。

朝廷上下无不对刘沆刮目相看。

不久,刘沆调任太常丞、直集贤院,出任衡州(今湖南衡阳)知州。

据南宋桂万荣撰《棠阴比事原编》,其时,衡州有一姓尹的富户,欲强买邻人田宅,遭到拒绝,便软硬兼施,变着法制造麻烦,企图逼邻人就范。邻人年老子幼,相依为命,无端遭尹家欺侮,忿忿不平,一口气憋在胸口,遽然撒手人寰。于是,尹氏便伪造地契,驱逐幼子,霸占田产。邻人孤子诉于州县官府,历经20年,案子一直久拖不决。

刘沆到任后,孤子再诉,尹氏拿出地契和20年来缴税的票据为证。刘沆验查后说道:"如果你家果真有田百顷,所交的赋税何止这么一点?再者,你那田契签订的时候不会没有证人吧,如今,前后左右邻居大多都还健在,什么时候把他们都请来问一问,事情不就水落石出了。"

尹氏一听,知道再无法胡搅蛮缠下去,只得唯唯服罪。

消息传出,百姓无不交口称赞。

二、履职宰相,上疏革三弊

陕西连年灾荒,饥民遍地,民不聊生。张海、郭邈山率领的起义军久已盘踞在商山之中,此时借助灾年的混乱局面,招兵买马,队伍迅速扩大,声势更加强盛。他们攻城略地,开仓济民,所向披靡,到了庆历三年(1043),已严重威胁到京城开封的安全。朝廷派出大批官兵镇压,久久不能遏制起义军的凌厉攻势,战火迅速蔓延。

刘沆去见宰相，极言围剿之役的利害得失，阐述自己的意见。

宰相怫然变色，揶揄道："等哪一天你做了宰相，再把你这套理论付诸实践吧！"

刘沆不卑不亢地回答说："宰相又不是铁交椅，三十年河东，三十年河西，说不定哪一天啊，时来运转，咱还真的会弄个宰相当当！"

可见刘沆的自信与倔强。

至和元年（1054）八月，刘沆真的做了宰相。

当时，中书省的选官授职混乱不堪，刘沆甫一上任，便向仁宗进言直陈当下三弊：一曰近臣保荐，多出私门，"近臣保荐辟请，动逾数十，皆浮薄权豪之流交相荐举"[3]，以致选贤任能成为一句空话。二曰任人唯亲，近臣庇护，造成"当入川广，乃求近地，当入近地，又求在京，及堂除升陟省府、馆职、检讨之类"[4]，以致边远贫困之地无人愿去。三曰奖罚升迁，失其法度，"其叙钱谷管库之劳、捕贼昭雪之赏，常格虽存，侥幸犹甚。以法则轻，以例则厚，执政者不能持法，多以例与之"[5]，以致赏罚不明。

刘沆奏请仁宗，务必当机立断，革除上述三弊，以壮士断腕的决心大力推行改革。

仁宗接受了刘沆的奏请，诏令照此施行。

刘沆奉诏大刀阔斧地革除三弊，果断地罢黜奸滑慵懒之徒，荐贤任能，建章立制，加强监督，锐意推行改革，强化中央集权。昔日以权谋私、胡作非为、尸位素餐之徒无不畏惧，天下政局为之一新。当时，欧阳修遭佞臣谗害被贬往同州，刘沆奏请仁宗，举荐欧阳修为翰林学士，与宋祁等同修《新唐书》；又引富弼与其共同主政，勉励富弼奋发向前，大展经纶。

这一下捅了马蜂窝。朝中那些呼风唤雨的权贵，那些沆瀣一气包藏祸心的佞臣，那些形形色色的既得利益者，那些居心叵测的各种利益集团，仿佛听到了集结号般齐聚在"倒刘"的旗帜下，顿时都将炮口对准了刘沆，群起而攻之。

御史中丞张昪上疏弹劾刘沆，洋洋洒洒列出刘沆的17条"罪状"。

宋仁宗赵祯性本温厚，时人说他"无隔夜之怨"，这一回却一反常态，眼睁睁看着刘沆身陷重围,成为众矢之的,竟隔岸观火,见死不救,像泄了气的皮球,推行改革的决心和种种设想顿时灰飞烟灭。

在万炮齐轰之下,刘沆进退维谷,孤掌难鸣,除了称病求罢,别无选择。嘉祐元年(1056)十二月,刘沆罢相,以观文殿大学士、工部尚书知应天府,后又迁任刑部尚书,再迁陈州知州。

刘沆罢相后,富弼在给他的信上说:"每辱公勉以尽瘁镇静,有所植立,其如五年无补何?虽强自愤励,恐终负教诲。北望恩馆,神爽飞越。"

三、胸怀天下,刘公真宰相

据宋人曾敏行撰写的《独醒杂志》记载,刘沆当宰相时,其家族中人依仗宰相威势,拒绝缴纳赋税。当地官府慑于宰相权威,不敢强行征收,也就网开一面,不再向刘家征税。

刘家拖欠的赋税越积越多,渐渐累积到了几十万钱。

刘沆远在京城,对此事一无所知。

程珦就任庐陵县尉,对前任官员的溺职行为甚为不屑,义正辞严,秉公执法,责令刘家必须如数补缴拖欠的所有赋税。这个程珦或许不太为人所知,《宋史》称誉他"慈恕而刚断,居官临事孜孜不倦,温恭待下,率以清慎",他最早发现了儒家理学思想鼻祖周敦颐,还培育出开创了"洛学"的两个名震千古的儿子——程颢和程颐。

刘家人自恃有人在朝中做宰相,哪里会把一个小小县尉看在眼里,任你一日三催,我自岿然不动。

程珦将刘家带头拖欠赋税者悉数抓捕,关进了监狱。

刘家虽然一大群人身陷囹圄,却依旧稳若泰山:只要我们家宰相发一句话,看你个小县尉怎么下台!

于是,几个族人聚在一起,给刘沆写信诉苦,称受到地方官府无端欺侮。令族人没有想到的是信寄出后竟石沉大海,他们左等右等,望眼欲穿,怎么也等不到回音。

等到回信的是程珦。原来刘沆收到族人的来信后，知道了事情的原委，便陷入了深深的自责，立即给程珦修书一封，深致歉意，并对程珦的做法深表赞赏。

族人本想背靠宰相这棵大树乘凉，没曾想刘沆竟"胳膊肘往外拐"，仗宰相威势做"特殊公民"的念想随之烟消云散，只好赶快将欠下的赋税全部如数补缴。

后来，程珦卸任回到了京城，刘沆在宰相府非常恭敬热情地接见了他。程珦感动不已，逢人便说："刘公伟量，非他人能及，真宰相也。"

嘉祐五年（1060），刘沆卒于陈州治所，享年66岁。噩耗传来，宋仁宗悲痛不已，诏命罢朝三日志哀，亲为刘沆墓碑题写"思贤之碑"四个大字，诏赠左仆射兼侍中，并含泪挥笔写下《挽刘沆》——

早富经纶业，终成辅弼功。

立朝无党势，为国尽公忠。

此日悲遗直，谁人嗣匪躬。

深嗟亡一鉴，何以慰予衷。

四、品评

读《宋史·刘沆列传》，刘沆那刚正不阿、无所畏惧、一身凛然正气的官品人格，不庇族亲、公正无私、凡事出以公心的坦荡胸怀，忠于职守、秉公执法、心忧天下的恤民情结，"长于吏事，性豪率，少仪矩"[6]，不避艰险、大刀阔斧地推行改革的创新精神，使我们不由顿生高山景行之慨。有人做过统计，从秦始皇一统寰宇到清王朝灭亡的两千多年间，中国历史上先后产生了1500多位宰相，但深受民众爱戴、被称之为"真宰相"者却寥若晨星，刘沆堪称这寥若晨星中颇为耀眼的一颗。在职务的前面冠一"真"字，尊之为"真宰相""真御史"，抑或"真XX"，既非任何权威机构可以任命，也非任何个人可以往自己脸上贴金自诩，它是民众谣谚的一种形式，是民众对担任公职者克己奉公、尽职尽责、鞠躬尽瘁死而后已的履职行为的认可和赞颂，是所谓"路上行人口似碑"。逝者如斯，刘沆虽然早已长逝近千年，他作为"真宰相"的光辉形象却千秋万代彪炳于史册,垂范于后世,成为世世代代的人们为政履职的千古圭臬。

庐陵县尉程珦谓之:"刘公伟量,非他人能及,真宰相也。"

《宋史·刘沆列传》谓之:"沆长于吏事,性豪率,少仪矩。然任数,善刺探权近过失,阴持之以轩轾取事,论者以此少之。卒,赠左仆射兼侍中……帝为篆墓碑曰'思贤之碑'。"

（原载《学习时报》2018年10月29日）

注 释:

[1] [2] [3] [4] [5] [6]《宋史·刘沆列传》

"铁面御史"赵抃的铁腕柔肠

赵抃（1008—1084），字阅道，号知非子，衢州西安县（今浙江省衢州市柯城区）人，北宋仁宗、英宗、神宗朝官员。历任武安军节度推官、江原知县、泗州通判、殿中侍御史、睦州知州、梓州路转运使、右司谏、虔州知州、河北都转运使、右谏议大夫、参知政事等职，曾四度入蜀为官。赵抃刚直不阿、仗义执言、屡折权贵，时人呼之"铁面御史"，又清风峻节、为政宽简、爱民恤物，深得四方民众的爱戴和景仰，留下了"铁面御史"的美誉，又有以其为政故事演绎出的成语"一琴一鹤"百世传为佳话。

一、进士及第，初出茅庐声名震遐迩

赵抃出生于一个低级官吏家庭，幼年丧父，"少孤且贫"，不坠其青云之志，笃志向学，锲而不舍，于景祐元年（1034）进士及第，被任命为武安军节度推官。推官在宋朝是协助长官处理文书、参谋政事的低级幕职，不易显山露水，赵抃却在这样一个职位上干得风生水起、卓尔不群，引起众人瞩目。据苏轼撰写的《赵清献公神道碑》："民有伪造印者，吏皆以为当死。公独曰：'造在赦前，而用在赦后。赦前不用，赦后不造，法皆不死。'遂以疑谳之，卒免死。一府皆服。"

有人私刻印章获罪，官吏皆以为当处死。作为一位初入仕途，且并非担负主要职责的下级僚属,赵抃不惜得罪长官,甘犯众怒,挺身而出,为一位沦为阶下囚的草民请命,并最终依法使其免于死罪,表现出不同于一般庸吏的超群胆魄和非凡品格。

此后不久,赵抃先后调任崇安、海陵、江原知县,又转任泗州通判,所到之处,皆政绩卓著,深得民心,百姓无不交口称赞。

泗州与濠州相邻,濠州知州克扣士卒粮饷,引起官兵不满,群情激愤,军营骚动,眼看一场哗变就要发生,"守惧,日未入,辄闭门不出"[1]。火烧眉毛之际,转运使传檄泗州,敕令赵抃紧急前往濠州"灭火"。赵抃飞马驰往濠州,临危不惧,从容应对,轻摇三寸之舌,谈笑间将一场即将发生的兵变化于无形之中。

自此,赵抃声震遐迩。

二、刺奸劾贪,"铁面御史"直声震朝堂

翰林学士、权知开封府曾公亮与赵抃素不相识,仰其声望才干,于至和元年(1054)上疏仁宗,举荐赵抃为殿中侍御史。

赵抃走马上任。殿中侍御史虽职位不高,但属朝廷近臣,掌纠弹百官朝会失仪事,兼掌库藏出纳及宫门内事,以及京畿纠察事宜,职权及地位十分特殊。上任伊始,赵抃便向仁宗上《论邪正君子小人疏》,直言不讳地说:"欲治之主,得人其昌。"因此君主要善于鉴别君子和小人,"明视而聪听之,精择而慎拣之",劝谏仁宗"宜博选忠直方正、能当大任、世所谓贤人端士者,速得而亟用之"。这封奏疏堪称是赵抃做人为官的座右铭和政治宣言书。

赵抃可不是那种光说不练的主儿,无论是朝中重臣还是地方要员,凡有非法、越礼或不合规制者,不管是谁,都不依不饶,"弹劾不避权幸,声称凛然,京师目为'铁面御史'"[2]。皇祐六年正月(1054),备受宠幸的张贵妃暴病身亡,仁宗不胜哀戚,在群臣的一片反对声中,硬是追谥张贵妃为"温成皇后",又任命参知政事刘沆领园陵监护使。几个月后,刘沆荣升宰相,仁宗为了给予逝去的爱妃足够的优宠,依然命刘沆兼领监护使如故。

赵抃不惜得罪仁宗和宰相刘沆，上书仁宗，请求罢去刘沆监护使之职，以"守祖宗之规范"，"又言宰相陈执中不学无术，且多过失；宣徽使王拱辰平生所为及奉使不法；枢密使王德用、翰林学士李淑不称职；皆罢去"。[3]

皇帝、宰相、枢密使、宣徽使、翰林学士通吃，这"铁面御史"可谓名符其实。

赵抃与宰相陈执中的死磕，使人们真正见识了"铁面御史"之"铁"。

陈执中极其宠爱的小妾张氏，生性骄横，暴戾恣睢。某日，身边侍女迎儿顶撞了她几句，她便命人将迎儿剥光衣服，捆绑双手，关进小黑屋子，断其饮食。时值寒冬腊月，没几天迎儿便被冻饿致死。相府中的另外两名侍女甚为不平，站出来为迎儿鸣不平，对张氏的凶恶残暴草菅人命表示愤怒，又激怒了张氏，她便指令手下恶奴对其狂殴，极尽侮辱，两位侍女不堪其辱，先后自缢身亡。

不到一个月，相府内先后三个侍女含冤而逝。

为告慰三个屈死的冤魂，至和元年（1054）十二月九日，赵抃第一次上疏弹劾陈执中，在此后的两个月之内七上奏疏，指斥"执中家不克正，而又伤害无辜"，请求罢黜其相位。见仁宗没有反应，便连连上章弹劾，数日之内八次上疏，历数陈执中的"八大罪状"，固请"当罢其职"。仁宗念及陈执中乃先朝老臣，依然不忍罢斥。

屡屡上疏奏劾，仁宗屡屡不为所动，赵抃的牛脾气愈发不可遏制，又先后上疏奏劾20多次，强烈请求贬黜陈执中。

在赵抃和谏官唐介、吕诲、范师道等几位铮臣的一再强烈请求下，仁宗不得不于至和二年（1055）六月降旨，罢免了陈执中的宰相职务。

赵抃也因此无法在朝中立足，被外放出任虔州知州。

此后，赵抃数度被从州郡召回朝中，先后任右司谏、右谏议大夫、知谏院、参知政事等职，又数度因为坚守正义，慷慨直言，惹怒权贵，被排挤外放到州郡。

三、四度入蜀，一琴一鹤百世传佳话

赵抃一生先后四次入蜀为官，与蜀地结下了不解之缘。

皇祐元年（1049），赵抃第一次入蜀，任江原县知县。

他察民意，体民情，恤民艰，为官清廉，倾心竭力，为民造福。蜀地远离中原，当时较为荒蛮落后，赵抃到任后大力兴学重教，主持兴建了杜工部祠，经常前往县学激励诸生矢志向学，并曾写下《劝学示江原诸生》："古人名教自诗书，浅俗颓风好力扶。口诵圣贤皆进士，身行仁义始真儒……"

赵抃身体力行，渐使江原县儒雅之风大兴。三年后，赵抃改任泗州通判。

嘉祐三年（1058），赵抃第二次入蜀，先任梓州路转运使，后又改益州路转运使。

据《宋史·赵抃列传》："蜀地远民弱，吏肆为不法，州郡公相馈饷。抃以身帅之，蜀风为变。穷城小邑，民或生而不识使者，抃行部无不至，父老喜相慰，奸吏竦服。"——蜀地山高皇帝远，百姓贫困势弱，官吏肆意违法欺民，为所欲为。赵抃到任以后勤政恤民，以身作则，遂使当地的风气为之大变。此前益州治下的偏远村镇，很多百姓一生都不曾见过州郡官员长得啥模样，赵抃巡视属地不避山高路远、穷乡僻壤，足迹无处不到，当地百姓高兴地相互告慰，贪官污吏无不惊恐慑伏。

治平二年（1065），赵抃第三次入蜀，以龙图阁直学士知成都府。

其时，一般镇抚一方的牧守赴任，必前呼后拥，车舆仆马塞途，声势浩大；赵抃赴任之日，行装极其简单，仅携带一琴一鹤，匹马入蜀。由此衍生出成语"一琴一鹤"，百世传为佳话。

赵抃忧国恤民，为政以宽。他从前在蜀为官时，曾对聚众搞迷信活动为害一方的不法分子严厉打击，施以严刑峻法，这次再临蜀地，发现这一活动又死灰复燃，见"前度赵郎今又来"，民众无不以为参与其中的人必在劫难逃。赵抃经过仔细侦查，认为造成的危害不像以前那么严重，这些人仅仅是搞些骗吃骗喝的小把戏，算不得重大犯罪，属于行为过失，最终只是严厉处罚了首恶，将其他人全部释放。蜀人大为高兴。

一年多以后，朝廷征召赵抃回朝，出现了百姓遮道挽留的动人场面。据《全蜀艺文志·卷二十六·赐赵抃父老借留奖谕诏序》："府之黎老士民，举千百数伏使者车，言曰：'蜀之坏壤陋众多，俛首输赋，风尚孅靡，怯不鸷立。自公问俗布政，阔略法禁，绪正纲目，坐格醇茂，仁义道德，衍为教化，徭赋均节，俗本生业，人人自爱，以重犯法，风雨时若，粒米狼戾。民惕然惧朝廷之召迁而父母去我矣，愿上书借公留。'"

宋英宗由衷地赞叹说："赵抃为成都，中和之政也。"[4]

熙宁五年（1072），赵抃第四次入蜀，以资政殿大学士再知成都府。

此时宋廷正专注于熙宁变法（王安石变法），无暇他顾，蜀地再度爆发危机。朝廷上下围绕变法之争正闹得焦头烂额，派谁前往蜀地戡平祸乱呢？赵抃在蜀地的崇高威望，使得他成为朝廷"灭火器"的不二人选，此时的赵抃已64岁高龄，被紧急任命为资政殿大学士再知成都府。

神宗赵顼"召见，劳之曰：'前此，未有自政府往者，能为朕行乎？'对曰：'陛下有言，即法也，奚例之问？'因乞以便宜从事。"[5]此前赵抃曾先后在几个州郡任主官，又曾任参知政事（副宰相），出任成都知府有降职使用的嫌疑，所以在出发之前，神宗亲自召见，深情地问他："在此之前，没有从朝廷要员转任地方州牧的先例，你能为朕出行吗？"赵抃回答说："陛下的话，就是法令，何必管他先例不先例呢，这还用得着问吗？"于是，赵抃向神宗请求临机斟酌自主行事的权力，神宗准奏。

赵抃此番入蜀，为政较之以前更为宽简。有个卒长站在堂下，赵抃喊着他的名字说："我同你年岁相当，如今我单身匹马入蜀，为天子镇抚一方。你也应清廉谨慎，尽心竭力统率士卒，忠于使命，等戍期届满，也好带些余财回家，操持家室，养育妻儿。"

剑州有奸猾之徒伪造和尚度牒，以规避徭役赋税，被告发后企图谋反。为息事宁人，赵抃不将案件交给司法人员，皆酌情从轻处理。有人将赵抃告到朝廷，诬告他目无王法，纵容叛党。朝廷派员前来，取来审案记录一一查看，认为赵抃的判决都符合法律，处置得当，此事也就不了了之。

"蜀人既闻公来,男呼于道,女欢于灶,皆曰:我之七筋安于食,而枕第乐于寝者,不图今日复因于我公矣。"[6]赵抃的宽简淳和,赢得了蜀人的心悦诚服,人们欣喜地奔走相告,没有人再敢作恶为害,蜀地一片升平景象。

熙宁七年(1074),朝廷任命赵抃为越州知州,结束了他蜀地漫长的为政生涯。

四、初心不改,笑称"只是柯村赵四郎"

在朝廷中枢和地方频繁交替任职,成为赵抃宦海生涯的一大特色。立身朝堂,他每每因为疾恶如仇、仗义执言、廷争面折、摧折权贵,而在朝廷无法立足,被排挤到地方;任职州郡之时,又每每因为"铁面御史"的崇高声望,因为在地方屡创斐然政绩而声名鹊起,又一次次被召回朝中。除了四度入蜀,他还曾先后任崇安知县、海陵知县、泗州通判、睦州知州、虔州知州、河北都转运使、越州知州、杭州知州、青州知州等职。无论任职何方,不断变换的是所担负的职务和州郡,永远不变的是忧国忧民的赤子情怀,是冰壶秋月的高洁品格,是心中那颗永远炽热的爱民情结。

据《大明一统志·成都府》,赵抃入蜀为官时,某日途经湔江,目睹清澈见底的滚滚江流,不由心有所感,指江水发誓:"吾志如此江清白,虽万类混淆其中,不少浊也。"后人为纪念赵抃,遂将这段湔江呼之为"清白江"。"其为政,善因俗施设,猛宽不同,在虔与成都,尤为世所称道。"[7]知越州时,适逢"吴越大饥疫,死者过半。抃尽救荒之术,疗病埋死,而生者以全。下令修城,使得食其力"[8]。

赵抃一生为官,诚如清白江奔腾不息澄莹清冽的汹涌波涛。"抃长厚清修,人不见其喜愠。平生不治赀业,不畜声伎,嫁兄弟之女十数、他孤女二十余人,施德茕贫,盖不可胜数。"[9]——赵抃为人宽厚清正,有修养,人们从未看见他特别高兴或异常愤怒。他平生不置产业,不蓄养歌舞伎,资助兄弟的女儿十几人、其他孤女二十几人出嫁,至于施恩布德救助贫穷孤苦者,更是多得不可胜数。

饶有兴味的是赵抃几十年力行不辍的"晚汇报制度"。每天夜里,赵抃必沐浴焚香,穿戴好衣冠,正襟危坐,一五一十,向上天禀告一天之中所做的大小诸事,如觉得某事不可启齿明告上天,他就一定不敢去做。

元丰二年(1079),在赵抃的一再恳请下,朝廷批准他致仕,加赐太子少保衔。这一年他71岁。

宦海一生回归故乡的赵抃,俨然一个村夫野老,全无贫富门第之念,终日融身于乡民之中,与他们和谐共处,亲密无间。他将自己所居之处命名为"高斋",作诗自嘲道:"腰佩黄金已退藏,个中消息也寻常。时人要识高斋老,只是柯村赵四郎。"[10]

元丰七年(1084),赵抃病逝,终年77岁。神宗闻讯,不胜悲戚,为之辍朝一日,追赠太子少师,谥号"清献"。

五、品评

据《论语·子路》:"子贡问曰:'何如斯可谓之士矣?'子曰:'行己有耻,使于四方,不辱君命,可谓士矣。'"面对子贡之问,如果说孔子在理论上作了深邃而缜密的回答,赵抃则用他一生做人为官的所作所为在实践上作了最好的注脚。赵抃立身朝堂,不避生死,廷争面折,摧权贵,扶正义,宁死不屈,"铁面御史"的美誉声闻天下;主政四方,察民意,体民情,恤民艰,清廉如水,廉名震天下;殚精竭虑,勤政为民,为官一任,振兴一方,政声满天下。赵抃坚持几十年力行不辍的"晚汇报制度",彰显出他不欺天、不欺民、不欺人、不欺己的坦荡胸怀,以及他冰清玉洁的高尚人格。尤为难能可贵的是他的刚正不阿、清风峻节,将"铁面御史"之"铁腕"与恤民济众之"柔肠"集于一身,无论是居庙堂之高,还是处江湖之远,这样"两手"都干得风生水起,各尽其妙,而在这"两手"的背后是终其一生矢志报国、体恤民情的浓郁情结。

宋英宗赵曙谓之:"赵抃为成都,中和之政也。"

曾巩谓之："其施虽在越，其仁足以示天下；其事虽行于一时，其法足以传后。"

苏轼谓之："孰如清献公，无适不宜。邦之司直，民之父师。其在官守，不专于宽，时出猛政，严而不残。其在言责，不专于直，为国爱人，掩其疵疾。盖东郭顺子之清，孟献子之贤，郑子产之政，晋叔向之言，公兼而有之，不几于全乎！"

《宋史·赵抃列传》谓之："抃所至善治，民思不忘，犹古遗爱。"

（原载《月读》2018 年第 12 期）

注　释：

[1] [2] [3] [4] [5] [7] [8] [9]《宋史·赵抃列传》

[6]〔宋〕文同《丹渊集·卷二十六》

[10]〔宋〕晓莹《罗湖野录》

司马光的"三不主义"

司马光（1019—1086），字君实，号迂叟，陕州夏县（今山西省夏县涑水乡）人，世称"涑水先生"，北宋著名政治家、史学家和文学家。历仕宋仁宗、英宗、神宗、哲宗四朝，历任奉礼郎、馆阁校勘、同知礼院、并州通判、开封府推官、知制诰、天章阁待制兼侍讲同知谏院、西京留守御史台、尚书左仆射兼门下侍郎（宰相）等职。司马光为人温良谦恭，又刚正不阿，正义凛然，其人格堪称儒学教化的典范，特别是他的"三不主义"历来深为世人景仰。

一、不怕丢官，屡屡直谏惊朝堂

司马光出生于一个官宦世家，远祖是晋武帝司马炎的叔父安平王司马孚，父亲司马池是宋真宗景德二年（1005）进士。他出生时父亲正在光山县令任上，光山又隶属于光州，所以父亲给他取名为光。优裕的家境和儒雅的家风，再加上聪颖的天资和勤苦好学，使得司马光早在垂髫之年便名满天下。七岁，他已能熟练背诵《左氏春秋》，且能讲明书之要旨，更因为砸缸救友而一举震动京洛。

宋仁宗宝元元年（1038），20岁的司马光参加会试，一举高中进士甲科，从此步入仕途。

据《宋史·司马光列传》，嘉祐二年（1057），宋仁宗赵祯病重，群臣惊虑，莫不心急如焚。原因是赵祯的三个儿子均已早亡，或许是出于对儿子的殷殷思念，或许是沉浸于丧子的悲痛不能自拔，或许是别的什么缘故，他一直不肯从本族子弟中选立太子，一旦赵祯撒手人寰，朝廷的混乱将不堪设想。然而，尽管群臣个个把一颗心悬到了嗓子眼儿，却没有一个人敢贸然站出来劝谏赵祯立太子。倘或触犯了皇上的忌讳，惹得龙颜震怒，痛责你"诅朕早死"，且不说脑袋上的乌纱帽肯定不保，那乌纱帽下面的脑袋能不能保得住也未可知！

此时，司马光任并州通判，此前就曾三次上疏，请求仁宗尽早选宗室子弟继嗣。闻仁宗病重，司马光一面给谏官范镇写信，勉励他恪尽谏官之责，以死相谏，一面急若星火般赶赴京师，面见仁宗，再次陈述己见，终于打动了仁宗。"帝沉思久之，曰：'得非欲选宗室为继嗣者乎？此忠臣之言，但人不敢及耳。'光曰：'臣言此，自谓必死，不意陛下开纳。'帝曰：'此何害，古今皆有之。'"[1]

本以为仁宗亲口应允，事情便已完结。然而，司马光左等右等，却还是迟迟不见皇上降诏立嗣。

这可急坏了司马光，他再一次慷慨上疏："臣向者进说，意谓即行，今寂无所闻，此必有小人言陛下春秋鼎盛，何遽为不祥之事。小人无远虑，特欲仓卒之际，援立其所厚善者耳。'定策国老''门生天子'之祸，可胜言哉？"[2] 仁宗看了表章大受感动，即刻传旨将司马光的上疏送往中书省。

此后不久，仁宗下诏立赵曙为皇子。

嘉祐八年（1063），仁宗驾崩，赵曙即位，即为英宗。英宗登基伊始，便惦记着给自己的生身父母追封尊号，朝臣们虽明知此举违背礼制，为保住自己头上的乌纱帽，谁也不敢站出来公开说不。"后诏两制集议濮王典礼，学士王珪等相视莫敢先，光独奋笔书曰：'为人后者为之子，不得顾私亲。王宜准封赠期亲尊属故事，称为皇伯，高官大国，极其尊荣。'"[3]——唯独司马光慨然上疏，直言不讳地说："既然过继为别人的后嗣，就理应是别人的儿子，不应当顾忌自己的私亲。陛下的父亲濮王应当按照封赠期亲尊属的成例，称之为皇伯，追封其显耀的官位和大的封国，以彰显其尊荣。"

最终，历时18个月的"濮议"，以追封英宗的父亲濮王赵允让为"皇考"落下帷幕。御史台官员据理力争，被罢斥去职，司马光请求将他们留任，英宗不许，司马光愤而请求与他们一起贬官。

古语说："千人之诺诺，不如一士之谔谔。"[4]在司马光一生的宦海生涯中，当众朝臣为保住乌纱帽三缄其口之际，他却义无反顾地站出来，无所畏惧，犯颜直谏，此类事例不胜枚举。

二、不沾虚浮，虽蹈鼎镬无所憾

笃守诚信，不沾虚浮，是司马光人格形象的一大亮色。

据史书记载，司马光终生笃守诚信的品格缘自于幼年的一件生活琐事。在他五六岁的时候，某日，姐姐带他玩耍，得到了一个胡桃，司马光想把皮剥下来，可姐弟俩使尽浑身解数怎么也剥不掉，姐姐连忙去寻找工具。这当口，一位婢女恰好从这儿路过，看见司马光紧皱着眉头望着手里的胡桃出神的样子，觉得好笑，便端来一碗滚烫的开水，将胡桃一烫，轻而易举地把皮剥了下来。姐姐回来后看见司马光手里光溜溜的胡桃，问他是谁帮忙剥的，司马光随口说是自己剥的。

这话被父亲司马池听到了，便厉声训斥儿子："小子怎敢说谎！"从此，司马光恪守父训，视诚信如生命，终生无一句虚妄之语。

宋仁宗嘉祐年间（1056—1063），司马光应庞籍的征召，出任并州通判，受庞籍的派遣，实地考察麟州屈野河西地区，向庞籍提出在该地区修筑堡寨、募民耕种、制御西夏的建议。庞籍听从了司马光的意见。令人遗憾的是，麟州将领郭恩勇猛而狂妄，修筑堡寨时带领所部擅自冒进，在对敌情一无所知的情况下连夜渡过屈野河，误入西夏军的埋伏圈，几乎被敌人全歼，丧失了大片国土，郭恩自己也在兵败之后自杀身亡。

朝廷御史审理此案，庞籍主动承担了全部责任，被解除了节度使之职，贬谪知青州事。

朋友们都为司马光逃过一劫而庆幸，司马光的态度却截然相反：明明是自己闯的祸，怎么能叫恩师庞籍代为受过呢？他三次上疏，愤然为庞籍辩白，自责引咎。在上书仁宗的《论屈野河西修堡状》中，司马光痛心疾首地说："伏望陛下察庞籍本心，欲为国家保固疆圉，发于忠赤，不顾身谋，过听臣言，以至于此。独治臣罪，以正典刑，虽蹈鼎镬，亦无所憾。"[5]

虽然宋仁宗最终既没有因为司马光的上疏撤销对庞籍的处分，也没有追究司马光的责任，司马光这种实事求是勇于担当的精神，委实令人肃然起敬。

熙宁元年（1068），宋神宗赵顼即位，第二年，起用王安石为参知政事，主持变法。神宗希望司马光能很好地辅佐自己在变法图强中发挥作用，实现国家振兴的夙愿，于熙宁三年（1070）擢升司马光为枢密副使。司马光强烈反对王安石变法，不肯忝居高位尸位素餐，连续八次上疏神宗，自请退职离京。

神宗不得已，只好命其以端明殿学士知永兴军（治今陕西省西安市）。不久，司马光又自请退居洛阳，任西京留守御史台，以书局自随，和助手刘攽、刘恕、范祖禹及儿子司马康等，殚精竭虑，夜以继日，编撰《资治通鉴》，历经19个春秋，至元丰七年（1084）成书。

《资治通鉴》上起周威烈王二十三年（前403），下迄五代后周世宗显德六年（959），以时间为纲，以历史事件为目，涵盖中国16个王朝1362年的历史。它是中国第一部编年体通史，在中国官修史书中占有极为重要的地位。

司马光为这部巨著付出了毕生心血，他在写给神宗的《进〈资治通鉴〉表》中说："臣今筋骨癯瘁，目视昏近，齿牙无几，神识衰耗，目前所谓，旋踵而忘。臣之精力，尽于此书。"该书问世不到两年，司马光便因积劳成疾病逝。清代学者王鸣盛如此评价《资治通鉴》："此天地间必不可无之书，亦学者必不可不读之书。"

官场中的司马光，作为朝廷重臣，在几十年的宦海生涯中，清清白白为官，老老实实做事；生活中的司马光也笃实醇厚，从无半点虚浮欺罔之举。司马光家中养有一匹马，虽长得膘肥体壮、毛色油亮，但由于生病，每到夏季就不能干活，他决定将这匹马卖掉。当仆人牵着马走出家门的时候，司马光叮嘱说："你一定要告诉买主，这马有病，夏天不能干活儿，不能骗人家！"仆人扑哧一声笑了:"哪有这么卖马的呀?要这么办咱损失可就大了。"司马光神色凝重地说:"一匹马卖多少钱事小,坏了做人的名声事可就大啦!"

难怪清代学者顾栋高在《司马温公年谱序》中啧啧称赞他说:"唯公忠厚质直,根于天性,学问所到,诚实金石。自少至老,沉密谨慎,因事合变,动无过差。故其文不事高奇,粥粥乎如菽粟之可以疗饥,参苓之可以已病。"

三、不蓄伎妾,玉洁冰清善终生

司马光终生只娶了一位妻子,这在当时特别不合时宜。据考,宋朝的官僚士大夫畜养伎妾的奢靡之风颇为盛行,它的始作俑者是宋太祖赵匡胤。

史载,公元960年正月初一,赵匡胤发动陈桥兵变,胁迫后周恭帝禅位,建立了大宋王朝。以阴谋手段爬上皇位的赵匡胤,终日忧心忡忡,总担心麾下手握兵权的将领们,忽然在哪一天来一个以其人之道还治其人之身,再给他整出一个陈桥兵变的翻版。于是,便于次年七月九日晚,在宫中设下盛宴,邀请石守信、高怀德等禁军高级将领留下来宴饮。

赵匡胤先是套近乎,畅叙多年哥们情意,接着晓以利害,许以重金美女、田宅厚禄,最后为众将指明出路:"人生如白驹过隙,所为好富贵者,不过欲多积金钱,厚自娱乐,使子孙无贫乏耳。卿等何不释去兵权,出守大藩,择便好田宅市之,为子孙立永远之业,多致歌儿舞女,日饮酒相欢,以终其天年!朕且与卿等约为婚姻,君臣之间,两无猜疑,上下相安,不亦善乎!"[6]

于是,这些昔日驰骋疆场的将军们一个个交出了兵权,远离政治,拿着赵匡胤赐给的巨额金钱,广置沃田高宅,多蓄娇妾美伎,过起了钟鼓笙歌锦衣玉食的生活。

赵匡胤杯酒释兵权,从此可以高枕无忧,可是连他自己也没有想到,竟由此开启了有宋一代达官显贵畜养伎妾花天酒地的奢靡之风,此后的仁宗、真宗等皇帝,又屡劝百官以声色自娱,更是推波助澜,使得此风日益炽烈,迅速在整个社会蔓延开来,以至于连寄身于世外的僧道都不甘寂寞,不少人也加入了畜养伎妾的队伍。据考,与司马光同朝为官的欧阳修"有歌妓八九姝"(《韵语阳秋》），韩琦"家有女乐二十余辈"（《宋朝事实类苑》卷八），韩绛有"家妓十余人"（《侯靖录》），苏轼"有歌舞妓数人"（《轩渠录》）。在当时的社会条件下，就连家境富裕的平民之家娶得三妻四妾者也并不鲜见。

然而，终生为官且位极人臣的司马光，只娶了龙图阁直学士张存的女儿这唯一一位妻子，而且这位张氏终生未育，司马光不得不将哥哥的儿子司马康收为嗣子。

张氏不能为司马光生儿育女，心生愧疚，便瞒着司马光偷偷买了一个美女，悄悄安置在卧室，自己借故外出，期待能玉成好事。没想到司马光毫不犹豫地赶走了美女，还把妻子恨恨地批评了一顿。

妻子的一片好心不为司马光理解，岳父岳母又联袂登场。

司马光偕妻子去看望岳父岳母，两位老人深为女儿不能给司马家繁衍后代抱憾日久，便与一个貌美如花的丫鬟做好局，交代好只须如此这般……然后举家避开。司马光发现了事情原委，为时已晚，被那丫鬟缠得满房子转，狼狈至极，最后把自己反锁进书房算是进了"安全岛"。第二天，张府上上下下都知道了这件事，无不对司马光敬仰有加。

妻子病逝，一生清廉为官的司马光竟拿不出钱来为妻子办丧事，儿子司马康主张借钱葬母，把丧事办得风光一点，引来了司马光的一顿申斥。他语重心长地教训儿子，立身处世须以节俭为本，不能动不动就借贷，搞铺张，讲排场。最后，还是按司马光的主张，将一块地典当出去，才草草为妻子办了丧事。好友刘贤良怜惜司马光老弱孤独，拟花五十万钱买一婢女供其使唤，司马光连连摆手，婉言拒之："吾几十年来，食不敢常有肉，衣不敢有纯帛，多穿麻葛粗布，焉敢以五十万市一婢乎？"

四、品评

在某些人看来，司马光的"三不主义"实在是"傻"得可以，甚至可以称之为"三傻主义"——

当所有人为保住自己的乌纱帽，惧怕祸从口出，观望揣测置身事外的时候，司马光却义无返顾地站出来，在事关国家存亡利害的问题上仗义执言，直言不讳，丝毫不懂明哲保身，不懂"出头的椽子先烂"的古训，甚或不怕触讳犯忌，老梗着脖子跟当朝皇帝对着干。在某些人看来，玩这种老鼠戏猫的游戏，说不定什么时候就玩丢了自己的乌纱帽，弄不好还要赔上自己的身家性命，这不是傻又是什么？

当宋军兵败屈野河西，朝廷降诏追责之时，不少人都想尽千方百计洗清自己，以使自己免遭追究，司马光却屡屡上疏，求皇上赦免庞籍、狠狠地处分自己，硬是要把败军失地的屎盆子往自己头上扣。当宋神宗擢升他为枢密副使，要把他留在身边委以治国理政重任的时候，他却横竖不识抬举，放弃位高权重、炙手可热的官位，跑到京外去坐冷板凳，甚至一头扎进洛阳去编书，而且这冷板凳一坐就是19年，出京时正值盛年，归来时皓首苍颜，为一本书倾注了毕生的心血，付出了人生最美好的时光。这不是傻又是什么？

当整个社会奢靡之风盛行，物欲横流，达官显贵大都养娇妾蓄美伎，醉生梦死，终日沉醉于浮华和温柔之乡尽情享乐，他却特立独行，持身清廉，洁身自好，坚定地谢绝朋友和亲人们的"好意"，执拗地与结发妻子厮守一生，几十年位高权重，却沦落到典地葬妻的"寒酸"地步，丝毫不懂享受生活，并且还"执迷不悟"，宣称"众人皆以奢靡为荣，吾心独以俭素为美。人皆嗤吾固陋，吾不以为病"[7]。这不是傻又是什么？

面对某些世人的"傻说"，司马光一笑置之，他自号"迂叟"，一如既往地坚守他的"三不主义"，彰显出他"我不下地狱谁下地狱"的担当精神、诚信笃实的君子之风、守正自律的仁者情怀和刚正不阿的浩然正气。南宋朱熹对司马光的"傻"作了公允的评价："公忠信孝友，恭俭正直，出于天性，其好学如饥渴之嗜饮食，于财利纷华如恶恶臭；诚心自然，天下信之。退居于洛，往来陕洛间，皆化其德，师其学，法其俭。"[8]无论过去、现在和将来，司马光这种"三不主义"，这种"傻子"和"傻气"，都是民族的脊梁，是实现民族复兴伟业的动力和希望，是人类社会不断走向文明进步的推动力量。

与司马光同朝为相的吕公著谓之："孔子上圣，子路犹谓之迂。孟轲大贤，时人亦谓之迂阔。况光岂免此名。大抵虑事深远，则近于迂矣。"

《宋史·司马光列传》谓之："德之盛而诚之著也。一旦起而为政，毅然以天下自任，开言路，进贤才。凡新法之为民害者，次第取而更张之，不数月之间，划革略尽。海内之民，如寒极而春，旱极而雨，如解倒悬，如脱桎梏，如出之水火之中也。相与咨嗟叹息，欢欣鼓舞，甚若更生，一变而为嘉祐、治平之治。君子称其有旋乾转坤之功，而光于是亦老且病矣。天若祚宋，憖遗一老，则奸邪之势未遽张，绍述之说未遽行，元祐之臣固无恙也。人众能胜天，靖康之变，或者其可少缓乎？"

（原载《唯实》2015 年第 6 期）

注　释：

[1] [2] [3] [5]《宋史·司马光列传》

[4]《史记·商君列传》

[6]《续资治通鉴·卷二·宋纪二》

[7]〔宋〕司马光《训俭示康》

[8]《朱子语类·卷一百三十》

名满天下的守门小吏郑侠

郑侠（1041—1119），北宋诗人，字介夫，号"一拂居士""大庆居士"，福州福清（今福建省福清市）人，宋英宗治平四年（1067）进士，作品主要有《西塘集》《西塘先生文集》等，历任光州司法参军、汴京安上门监门等职。虽然只是一个算不得品、也数不上流的守门小吏，郑侠却名满天下，流芳千古，《宋史》为其立传，令人为之肃然起敬。

一、不识抬举，自断升官进身路

宋仁宗嘉祐年间（1056—1063），郑侠的父亲郑翚任江宁（今江苏省南京市）酒税监，将儿子从家乡接到江宁读书求学。郑侠聪明睿智，又笃志向学，寒窗苦读，渐渐崭露头角，成为远近闻名的才子。

治平四年（1067），宋神宗刚刚即位，就急不可耐地起用革新派首领王安石为江宁知府。王安石素来爱才心切，闻郑侠才华出众，欣喜异常，不但多次约见他，热情地给予嘉勉和鼓励，还派其学生杨骥陪他读书，悉心栽培。郑侠与王安石非亲非故，受到如此特殊关爱，受宠若惊，唯以更加努力地刻苦攻读来报答王安石的知遇之恩，别无选择。

功夫不负有心人，就在当年，27岁的郑侠不负厚望，金榜题名，高中进士，授将作郎、秘书省校书郎。

熙宁二年（1069），宋神宗任命王安石为参知政事（副宰相），次年，又擢升为宰相，一场轰轰烈烈的变法革新运动开始在全国全面铺开。王安石大权在握，立即提升郑侠为光州司法参军，凡光州所有大小案件，一经郑侠审结上报，王安石全部按照郑侠的要求给予批复。郑侠大为感激，将王安石视为知己和伯乐，暗暗下定决心，一定要竭智尽忠，为国为民，肝脑涂地，在所不辞，以报答王安石的知遇之恩。

熙宁五年（1072），郑侠在光州任期届满，应王安石之邀北上汴京。当时，为推行新法，朝廷颁布法令，用新法考试的办法遴选人才，考中者可以青云直上，越级升为京官。王安石鼓励郑侠通过这个途径得到晋升。令王安石大感意外的是郑侠竟婉言拒绝，推说自己不熟悉新法，表示无意参加选任考试。

王安石非常欣赏郑侠的才华，虽意外遭拒，仍不忍放弃。他不顾自己身为宰相的尊贵地位，多次前往郑侠住所，询问他拒绝参加考试的缘由。郑侠被逼无奈，只好直言："对相君推行的青苗、免役、保甲、市易这几桩事，还有边境用兵的事，我是持保留意见的。"

王安石愕然无语。

从此，郑侠不再面见王安石，但却屡屡给王安石写信，指斥新法的种种弊端，劝说王安石尽早改弦更张。

于是，"不识抬举"的郑侠被任命为京城安上门的监门，成了一个看守城门的小吏。

王安石大刀阔斧地推行新法，急需大量优秀人才为其张目，思来想去，还是不忍让一个出类拔萃的人才去守城门，便遣儿子王雱来悄悄告诉郑侠，国家新设了修经局，拟提拔他任检讨之职。过了几天，又派幕僚黎东美上门转达自己的美意，劝郑侠尽快赴任。

郑侠回答说："读书无几，不足以辱检讨。所以来，求执经相君门下耳。

而相君发言持论,无非以官爵为先,所以待士者亦浅矣。果欲援侠而成就之,取其所献利民便物之事,行其一二,使进而无愧,不亦善乎?"[1]——我没读过几本书,没有资格当检讨。之所以来到京都,我不过是想拜在相君门下读书求学罢了。而相君动不动就以官爵相诱惑,这未免把士人看得太浅薄了。如果您真心想成就我,就请从我写给您的兴国利民的建议中,选出一两条予以施行,使我得到晋升而内心无愧,不也是很好吗?

面对郑侠的"不识抬举",王安石嗟叹不已。

二、上《流民图》,呼吁神宗废新法

郑侠屡屡拂逆王安石的美意,拒绝升官,也不再去面见王安石,但却忘不了一封接一封地给王安石写信,连篇累牍地批评新法的种种弊端,苦口婆心地劝王安石尽快停止推行新法。

王安石知郑侠志不可夺,不再理睬他。

似乎老天也憋着劲跟王安石闹别扭,从熙宁六年(1073)至翌年三月一直天旱不雨,赤地千里,流民遍地,饿殍满道,再加上在推行新法的过程中,各级贪官污吏借机盘剥百姓,中饱私囊,天灾人祸交相为虐,人民无以为生。

郑侠忧国忧民,心急如焚,知道再继续上书王安石已毫无意义,把希冀的目光投向了宋神宗赵顼。

于是,郑侠提笔饱蘸浓墨,将平日所见百姓生活困苦的惨状绘成一图,曰《流民图》,又挥笔写成《论新法进流民图疏》,请求朝廷罢除新法,救万民于水火。奏疏送到阁门,轮值官员拒收,郑侠无奈,只好假称秘密紧急边报,发马递急送银台司,直呈神宗皇帝赵顼。他在上书中这样写道:"……臣谨以逐日所见,绘成一图,但经眼目,已可涕泣。而况有甚于此者乎!如陛下行臣之言,十日不雨,即乞斩臣宣德门外,以正欺君之罪。"[2]

宋神宗双手捧着《流民图》,翻来覆去地观看,长吁短叹,感喟不已,夜不能寐。第二天早朝,神宗宣布,罢停方田、保甲、青苗诸法,减免役钱,开仓放粮，赈济灾民，并降《责躬诏》，号召群臣，积极建言献策，罢除弊政。

说来也凑巧，此后三日，滂沱大雨从天而降。

一幅《流民图》，使新法大部被废，王安石被迫辞去宰相职位，郑侠也因为"擅发马递"交御史台治罪。

三、呈《正邪图》，惹怒权贵遭放逐

王安石罢相后，吕惠卿被擢升为参知政事（副宰相）。在吕惠卿等新党朝臣的推动下，很快又恢复了新法。

熙宁七年（1074）六月，郑侠上书指斥吕惠卿在朝中朋比为奸，堵塞言路，是一个早当罢黜的漏网奸人，并上奏说宫中有人图谋不轨，还依据唐代魏徵、姚崇、宋璟、李林甫、卢杞的传记，精心绘制了两轴画，题名为《正直君子邪曲小人事业图迹》，将在位的朝廷重臣或比附成魏徵、姚崇、宋璟一类的社稷之臣，或比附为李林甫、卢杞一类的奸邪佞臣，同奏疏一起呈给神宗赵顼。

吕惠卿上疏神宗，指斥郑侠犯诽谤大臣之罪，应予严惩。

于是，郑侠被谪放汀州。

流放了郑侠，吕惠卿仍觉不解气，又指使御史张琥弹劾郑侠与其他大臣勾结为朋党，"惠卿议致之死。帝曰：'侠所言非为身也，忠诚亦可嘉，岂宜深罪？'"[3]

神宗的庇护使得郑侠逃过一死，但却不能免除流放之苦，又被改判谪放英州。抵达英州后，官府为他安排了一间透风漏雨、快要倒塌的破庙栖身，英州民众久仰郑侠美名，自发集资为他建造了一所新居，并争相把子女送来拜在其门下，跟着他读书学习。

四、蔡京搜检，归囊家产唯一拂

元祐元年（1086），宋哲宗赵煦继位，大赦天下，在英州熬过了12年艰苦谪放生涯的郑侠才得以回到福清。经苏轼、孙觉联名举荐，郑侠被起用为泉州教授。

郑侠虽历尽坎坷，屡遭劫难，然忠直不阿、疾恶如仇的禀性老而弥坚，誓死不与当朝的蔡京等权臣同流合污，再次遭罢官流放英州。直至元符三年（1100）宋徽宗赵佶继位，大赦天下，郑侠才获赦免，再次被任命为泉州教授。

蔡京等权臣将郑侠视为眼中钉，嗾使党羽罗织罪名，再次弹劾郑侠，将其革职回籍。

在郑侠启程返乡之际，蔡京等人又指使党羽查验郑侠的行李，妄图从中找到郑侠纳贿的证据。他们把行囊翻了个底朝天，除了找到几件旧布衣、几捆书籍和几摞诗文手稿外，唯一的"家产"就是一把用牛尾巴毛制成的拂尘，弄得这帮家伙面面相觑，狼狈不堪。郑侠拍拍衣襟嬉笑着说："你们看清楚了，我郑侠一身干干净净，就是因为用这把拂尘常常拂拭。别忘了告诉蔡大人，他身上积尘太厚，恐怕怎么拂也拂不净了！"

宣和元年（1119）八月，79岁的郑侠在家乡闲居12年后溘然长逝。

五、品评

郑侠进士及第，又非常幸运地受到当朝宰相王安石的青睐，本可顺风顺水，一路青云直上，然他却"不识抬举"，梗着脖子屡屡拂逆王安石的美意，将一个又一个升迁的机会弃如敝屣。他冒着砍头的风险，向神宗皇帝献《流民图》，上弹劾奏书，终至新法被废，王安石被罢相，在朝廷上演了一出"蚍蜉撼倒大树"的奇剧。王安石罢相后，吕惠卿等又奏请神宗恢复了新法，郑侠再度披甲上阵，冒死向神宗呈上《正直君子邪曲小人事业图迹》，矛头直指吕惠卿等朝廷重臣，为自己招来了一茬又一茬的沉重打击，倘不是宋神宗出手搭救，早已一命呜呼！郑侠虽然只是一个区区监门小吏，他所扼守的绝不仅仅是一座城门，而是关乎国家生死存亡的命运之门！读《宋史·郑侠列传》，我们不由油然想起孔子"道不同，不相为谋"的古训，想起苏轼"位卑未敢忘忧国"的传世警语，想起鲁迅的至理名言："我们从古以来，就有埋头苦干的人，有拼命硬干的人，有为民请命的人,有舍身求法的人……虽是等于为帝王将相作家谱的所谓'正史',也往往掩不住他们的光耀,这就是中国的脊梁。"

明代万历朝内阁首辅叶向高曾撰一联追念郑侠:谏草累千言,终信丹青能悟主;归装惟一拂,始知琴鹤也妨人。

《宋史·郑侠列传》谓之:"侠以区区小官,虽未信而谏,能以片言悟主,殃民之法几于一举而空之,功虽不成,而此心亦足以白于天下后世。"

(原载《学习时报》2017年1月23日)

注 释:

[1] [2] [3]《宋史·郑侠列传》

洪皓：初心不改的"宋之苏武"

洪皓（1088—1155），字光弼，江南路番易（今江西省乐平市）人，宋朝官员，词人。宋徽宗政和五年（1115）进士，宋高宗建炎三年（1129），以徽猷阁待制、礼部尚书衔出使金国，被羁留金国15年，面对金国统治者数度以死相逼，依然坚贞不屈；长期身处生存条件极其恶劣的荒漠之中，依然初心不改，"忠义之声闻于天下"。宋高宗赵构称赞他"忠贯日月……虽苏武不能过"。

一、少有奇节，拒攀高枝不上奸贼船

洪皓出身于名门望族，自幼刻苦向学，"少有奇节，慷慨有经略四方志"[1]。功夫不负有心人，政和五年（1115），27岁的洪皓进士及第。

唐代诗人孟郊进士及第后曾写《登科后》一诗："昔日龌龊不足夸，今朝旷荡思无涯。春风得意马蹄疾，一日看尽长安花。"将考取功名后的得意洋洋和心花怒放描写得淋漓尽致、跃然纸上。然而，备尝寒窗苦读的艰辛，终于金榜题名的洪皓却无论如何也高兴不起来。

他被当朝两个手握重权、臭名昭著的奸臣盯上了。

这两个奸臣就是名列"北宋六贼"榜单的王黼和朱勔。王黼时任左丞相，他仗势揽权敛财，欺君罔上，惯于巧言献媚，祸国殃民，罪恶累累；朱勔时任宁远军节度使，贪赃枉法，迎合上意在江南一带勒索"花石纲"，疯狂搜刮民脂民膏，在苏州营造同乐园，奢靡无度，有"东南小朝廷"之称。两人与蔡京等佞臣沆瀣一气，相互勾结，作恶为虐，其罪行罄竹难书。

他们见洪皓出身名门，满腹经纶，且器宇轩昂、仪表堂堂，如今又高中进士，便争着要招洪皓为女婿。

王黼和朱勔在当时都是徽宗赵佶的宠臣，手眼通天，炙手可热，如果洪皓选择做其中任何一个人的女婿，都可以借助于"泰山"之重，依傍大树，青云直上，前程无量；如果拒绝他们，则注定要付出沉重的代价。

洪皓坚定地选择了拒绝。

王黼和朱勔是何等人物，连皇帝都不敢驳他们的面子，如今却栽在一个毛头小伙儿手里，热脸贴了冷屁股，不由恼羞成怒。在他们的干预下，进士及第的洪皓仅仅被授予宁海县主簿，而且此后十余年只能在偏远的地方做芝麻官。

二、秀州司录，"愿以一身易十万人命"

宣和四年（1122），洪皓调任秀州司录。其时，秀州遭遇百年罕见的水灾，哀鸿遍野，饿殍塞途，民不聊生。面对饥民如潮，洪皓心急如焚，向郡守请求安排自己到救灾第一线，亲自为饥民发廪赈济。他日夜操劳，殚精竭虑，确保官仓的每一粒粮食都能惠及饥民。

然而，官仓的存粮毕竟有限，杯水车薪！

挣扎在饥饿线上的秀州百姓绝望至极。

恰在这时，浙东运送皇粮的车队从秀州城下经过，洪皓立时兴奋不已。"皓白守邀留之，守不可，皓曰：'愿以一身易十万人命。'"[2]——为拯救饥民于水火，洪皓向郡守请求拦下皇粮车队，以解秀州缺粮的燃眉之急，遭到郡守拒绝，洪皓诚恳地央求郡守说："我甘愿以我洪皓的一条命挽救秀州十万百姓的性命！"

洪皓的一片真情打动了郡守，最终同意拦下这批皇粮赈济饥民。

十万秀州百姓绝处逢生,男女老幼无不感激涕零,望风叩首,欢呼雀跃,称颂洪皓为"洪佛子"。

这时候与宋朝连年征战不休的辽国忽然一蹶不振,宋徽宗趁机制定和施行了联金灭辽的战略。他本打算借金之力收复失地,以圆金瓯无缺之梦,不承想却弄巧成拙,偷鸡不成蚀把米,宋金联合灭辽之役,使得北宋朝廷的腐败和宋军的不堪一击,完全暴露在女真统治者面前。凶悍的金军铁骑在灭辽之后,又以摧枯拉朽之势挥师南侵,一鼓作气攻破汴京,灭了北宋,掳走徽钦二帝和皇室大臣千余人,扬长而去。史称靖康之祸。

靖康二年(1127)五月,徽宗赵佶第九子、钦宗赵桓之弟赵构从河北南下,在南京应天府(今河南商丘)正式即皇帝位,改元建炎,建立了南宋政权。孱弱的南宋依然无法阻止金兵南侵的铁蹄,处在风雨飘摇之中。

屋漏偏逢连阴雨。外患危机频频而至,忽又祸起萧墙,建炎三年(1129)三月,又发生了苗傅、刘正彦政变。宋高宗赵构惶惧异常,为避苗刘政变之祸和金兵攻击锋芒,决定逃往建康(今南京)。

洪皓以为,眼下国难当头,内忧外患频仍,皇帝匆匆逃离,吉凶未卜,弄不好将酿成不可想象的严重后果,虽仅为小小芝麻官,但却位卑未敢忘忧国,不惜冒忤逆之罪的风险,慨然上书谏阻:"内患甫平,外敌方炽,若轻至建康,恐金人乘虚侵轶。宜先遣近臣往经营,俟告办,回銮未晚。"[3]

高宗赵构去意已决,没有采纳洪皓的谏言。

形势的发展正如洪皓所料,金军南侵的攻势日益加剧,排山倒海般直扑江南。高宗被吓破了胆,颇有悔意,便问身边大臣,此前谏阻出行者是谁,大臣告知是洪皓。

高宗感喟不已,遂降旨召见。洪皓举止大方,从容应对,纵论天下大势,直抒忧国情怀,情真意切,侃侃而谈。高宗喜出望外,高兴地对洪皓说:"卿议论纵横,熟于史传,有专对之才。朕方择使,无以易卿。"于是,当即颁旨,将洪皓的官职连升五级,擢为徽猷阁待制,假礼部尚书,任为大金通问使。

三、粘罕逼仕，厉声呼"愿就鼎镬无悔"

这个"大金通问使"，是一个看上去亮闪闪，听起来美滋滋，实则充满着凶险和杀机的差事。原因很简单，弱国无外交，兵强马壮气焰嚣张的金国根本不把南宋放在眼里，此前南宋派往金国的使者大多肉包子打狗——有去无回，被羁留在金国，甚是凄惨。

"捐躯赴国难，视死忽如归。"建炎三年（1129）五月，洪皓衔命率外交使团义无反顾地踏上了北行使金之路。

他们首先到达了太原，见到了金国名将完颜宗翰（粘罕）。完颜宗翰是金朝开国第一功臣，就是那位献策灭辽、战功赫赫，曾亲率金兵攻破汴京掳走徽钦二帝的金军统帅。其时，金军正大举南侵，屡屡攻陷城池，根本没有心思与南宋和谈。面对来使，完颜宗翰盛气凌人，颐指气使，根本不把他们当使节看待，使他们备受冷落。

洪皓身在异国，面对敌酋的嚣张气焰和威逼利诱，义正辞严，昂然不屈。一年后，双方会谈又转移到云中（今山西大同），完颜宗翰闭口不谈宋金和议，却逼迫他们投降金国，到金廷操纵下的刘豫伪齐政权去做官。

在完颜宗翰凶神恶煞般威逼恐吓面前，副使龚璹屈服了。

完颜宗翰见自己的逼降攻略奏效，便进一步加紧了对洪皓的威逼利诱，然而，他使尽浑身解数，却无论如何都不能使洪皓就范。

面对完颜宗翰的一再威逼，龚璹的变节叛宋，实现肩负使命的曲折渺茫，洪皓不由仰天长叹，激愤地说道："万里衔命，不得奉两宫南归，恨力不能磔逆豫，忍事之邪！留亦死，不即豫亦死，不愿偷生鼠狗间，愿就鼎镬无悔。"[4]——不远万里衔命而来，不能奉迎徽钦二帝南归，只恨自己无力斩杀叛逆刘豫，怎么可能屈节去侍奉他呢！如今，留下也是死，不去刘豫的伪齐任职也是死，大丈夫岂能苟且偷生于鼠狗之间，我甘愿自投油锅，死而无悔。

完颜宗翰见逼降无望，暴跳如雷，喝令左右：给我将这个冥顽不化的洪皓拉出去，砍喽！

眼看洪皓的人头就要落地。

千钧一发之际，完颜宗翰麾下一位将领慌忙跪到帐前，为洪皓求情。这位将领深为洪皓的凛然风节所折服，叩首说："此真忠臣也，虽今日不肯屈服，日后或许会幡然醒悟，我大金正在用人之际，乞元帅宽大为怀，暂且饶他不死。"

完颜宗翰虽对洪皓的坚贞不屈暴怒不已，但在内心深处的敬仰之情却油然而生，见麾下爱将为洪皓求情，随即顺水推舟，命令将洪皓押送流放到冷山。

四、"宋之苏武"，十五年羁金初心不改

"云中至冷山行六十日，距金主所都仅百里，地苦寒，四月草生，八月已雪，穴居百家，陈王悟室聚落也。"[5]这里所说的陈王悟室，即金朝宰相、女真文字的创制者完颜希尹，冷山一带是他的部落聚居地。完颜希尹钦佩洪皓的人格和才学，命他做家庭教师，教授自己的八个儿子。

洪皓以汉文、儒家经典和中原文化教授完颜希尹之子。虽然洪皓做了家庭教师，完颜希尹却在两年多的时间里既不付任何报酬，也不供给任何衣食用品。我们不难想象，在冷山苦寒恶劣的环境条件下，洪皓的生活境遇是何等的凄苦艰难。

完颜希尹是金国灭辽侵宋的一员悍将，不仅在灭辽之役中战功卓著，而且亲手策划了攻取汴京掳走徽钦二帝之役，在灭辽之后又力主挥师南下，吞噬南宋。他狂妄至极，初次见面，便给洪皓来了一个下马威，张牙舞爪地对洪皓说："孰谓海大，我力可干，但不能使天地相拍尔。"[6]

有人向完颜希尹建议迅速出兵攻取四川，完颜希尹叫来洪皓，命他为纵兵取川出谋划策。

面对傲慢狂暴的完颜希尹，洪皓从容镇定，列举大量事实，明确告诉他，四川山河险峻，宋军防守固若金汤，金军是不可能得逞的。并警告他说："战争犹如烈火，玩火者必自焚。"

完颜希尹不由大怒，对洪皓吼道："你这个议和官，丝毫不懂收敛，竟敢如此嘴硬，你以为我不敢砍掉你的脑袋吗？"

洪皓仰天大笑："你要杀我，易如反掌。但是我要提醒你，斩杀来使，要背负千古罪名！不过，我可以成全你，你现在就将我投水溺死，然后宣称是我自己失足落水，以欺瞒世人耳目。"

经过这样一轮又一轮的交锋，完颜希尹对洪皓的态度渐渐发生了变化，对这位硬汉的人格、才学和见识肃然起敬，一贯主张兴兵灭宋的决心也渐渐动摇，恰好此时金兵侵宋战争接连受挫，损失惨重，推进困难，促使完颜希尹同意回到谈判桌前。

经过双方艰难地讨价还价，眼看宋金和议将要达成，完颜希尹忽然节外生枝，提出要把归附于金的宋人尽皆杀掉。洪皓义正辞严，大呼断不可行，并且引用梁武帝时旧事来劝导说："过去东魏侯景投梁，梁武帝打算用他向东魏交换其侄儿萧明，导致侯景发动叛乱，自此祸乱丛生，梁武帝被活活饿死。奉劝完颜希尹决不可重蹈覆辙，像梁武帝那样自取灾殃。"

洪皓讲述的历史故事深深地打动了完颜希尹，"悟室悟曰：'汝性直不诳我，吾与汝如燕，遣汝归议。'遂行"[7]。

于是，宋金议和的谈判又转移到了燕京。

谈判桌上的舌战再起波澜。燕京的议和谈判持续了一个月，不仅宋金双方各执己见，互不相让，金国内部各派代表之间也争论激烈，屡起冲突，以致犀利的舌剑争锋演化成了血腥屠杀。数轮舌战之后，完颜宗弼（兀术）失去了耐性，一怒之下竟斩杀了完颜希尹，且株连其党羽数千人。完颜宗弼本欲诛杀洪皓，因洪皓在谈判的过程中与完颜希尹屡生龃龉，才侥幸躲过一劫。

一波未平，一波又起。此前已降金为官的宋朝使者宇文虚中，向金熙宗完颜亶荐举洪皓。完颜亶早闻洪皓大名，于是便软硬兼施，力促洪皓投降金国为官。这使刚刚摆脱性命之忧的洪皓，再一次面临被逼仕的重压。

面对完颜亶的一再威逼，洪皓志坚意决，宁死不肯从命。完颜亶又变换手法，要洪皓前往云中主持金国进士考试，洪皓又以罹患疾病为借口，拒绝前往。完颜亶无奈，只好作罢。

其时，徽钦二帝被拘于五国城，洪皓在云中秘密派人前去看望，并进献桃、梨、粟、面等物，还把二帝和太后的相关信息，以及金国的机密情报想方设法秘密送回南宋。高宗赵构看到来信大喜过望，眼含热泪激动地说："朕不知太后宁否几二十年，虽遣使百辈，不如此一书。"[8]

绍兴十三年（1143），金熙宗完颜亶喜得贵子，大赦天下，允诺放宋朝使者归国，洪皓与张邵、朱弁等俱在被赦之列。此时，洪皓等已被羁留金国15个春秋，同行的13人唯剩下他们3人得以活着返归故国，闻此喜讯，激动难抑，遂急急收拾行囊，匆匆上路。

放走洪皓以后，完颜亶倏忽间心生悔意：放这样一个才高德劭、卓拔超群的人中蛟龙回归宋朝，岂不是纵虎归山，他日必给我大金带来无穷后患！于是，紧急派出七名武士骑快马一路狂追。七名武士一直追到淮河岸边，远远看见洪皓等登舟启航，只能焦躁地游弋在岸边气喘吁吁地望而兴叹。

五、权奸陷害，一贬再贬含恨逝谪途

洪皓一行回到南宋都城临安，高宗赵构隆重地接待了他们。洪皓于内廷拜见高宗，奏请归乡奉养老母。高宗动情地说："卿忠贯日月，志不忘君，虽苏武不能过，岂可舍朕去邪！"[9]

一句"虽苏武不能过"，是高宗对洪皓15年羁金生涯的高度肯定，也寄予了高宗欲擢用洪皓为国效力的坚定决心。是年八月，洪皓被任命为徽猷阁直学士、提举万寿观兼权直学士院。

其时宰相秦桧弄权，洪皓与秦桧素无恩怨，然由于一别朝廷15年，尚不知秦桧为何许人也，竟跑到秦桧府上，大谈振兴朝纲、收复中原、选用贤能、罢斥奸佞，呼吁整顿甲兵、兴兵北伐，甚至质问秦桧：某某人才高德厚，金人甚为忌惮，却缘何弃之不用？现今在临安大兴土木弄得金碧辉煌，是否就不想还归旧都了？

洪皓的古道热肠和肺腑之言使秦桧大为恼火。

洪皓如此忠贞耿介，率真敢为，人望所归，又深受高宗信赖，倘留他久居朝中岂不是一大祸患！陷害忠良是秦桧的拿手绝活，于是，他授意侍御史李文

会上表，奏劾洪皓归来后不回乡探视母亲，为人子不孝。

诏书很快下达，贬洪皓为饶州知州。

洪皓不由疑窦丛生：我请求回乡奉养老母，你不肯放行；我遵命留下来，你又责我恋栈不归乡省母！天理何存？

然而，皇命不可违，洪皓不得不怀揣满腹疑惑和无奈前往饶州赴任。

朝中大臣频频上书为洪皓鸣不平，进一步激怒了秦桧。一年后，秦桧阴使谏官詹大方奏劾洪皓，罢免其饶州知州，贬为提举江州太平观。所谓提举江州太平观，实际上是一个没有任何职事仅未剥夺俸禄的闲散差事。

后来，朝廷任命洪皓为饶州通判。不久，秦桧党羽又诬陷洪皓，将其贬为濠州（今安徽凤阳）团练副使，英州（今广东英德）安置，在英州一待就是九年。

英州当时是朝廷流放罪犯的荒蛮之地，此时的洪皓已是疾病缠身的花甲老人，当翻越大庾岭，将到英州时，洪皓百感交集，挥笔写下《过曹溪》——

六十之年入瘴乡，灵台未了热非常。

锡泉一饮根尘净，理到清凉礼梵王。

半贡囚拘愧牧羊，生还四载却投荒。

危机未履已如此，欲效前贤问上苍。

在羁留金国的15年间，虽生存条件极其恶劣艰苦，洪皓依然克服重重困难，创作了大量诗文，"皓虽久在北廷，不堪其苦，然为金人所敬，所著诗文，争钞诵求锓梓"[10]。特别是他呕心沥血，广采在金国的所见所闻，写成了《松漠纪闻》，但凡金国的山川地理、物产气候、风土习俗、军事经济、南侵掠夺等诸事无所不包，只可惜南归时因担心金国盘查惹祸，不得不忍痛将此书付之一炬。现在赋闲无事，洪皓正好全身心追忆整理旧作。在长子洪适的佐助下，洪皓追忆整理出《松漠纪闻》正续两卷，后次子洪遵又增补所遗11事，续写《松漠纪闻补遗》，是后人研究考证金史、东北史、北方民族史不可或缺的重要资料。

秦桧晚年，病入膏肓，洪皓的命运也渐有转机。在谪居英州九年之后，朝廷于绍兴二十五年（1155）降诏，起复洪皓为朝奉郎，准予迁居袁州（今江西宜春），洪皓扶病上路。是年十月，洪皓行至南雄州（今广东南雄）溘然长逝，享年68岁。洪皓逝世一天后，秦桧也死了。高宗闻知洪皓去世，为之嗟叹不已，降诏追复其为敷文阁直学士，过了很久，又追复徽猷阁直学士，谥号"忠宣"。

六、品评

孔子曰："行己有耻，使于四方，不辱君命，可谓士矣。"[11]面对荒漠苦寒恶劣的生存环境，以及女真统治者轮番威逼暴虐的双重重压，洪皓15年羁金初心不改，九死一生，宁死不屈，不辱使命，全节而归，其气节感天地、泣鬼神。这使我们想起一句古老的谚语：玉可碎而不可改其白，竹可焚而不可毁其节。连凶残的女真统治者在洪皓的忠贞大义面前，也不得不折服喟叹，对其景仰有加，恨不能为己所用。只可惜这样一位旷世英才，没有倒在冲锋陷阵的刀山剑林之间，没有倒在与女真统治者争国土、捍社稷的唇枪舌剑之中，却倒在了奸相秦桧构陷诬害的无形屠刀之下！洪皓羁留金国时屡遭逼仕，宁死不做贰臣；15年后回归故国，急欲殚精竭虑奋身报国，却被一贬再贬，直至病死于谪途。看来一个政权面临的最大威胁，不是敌国的虎视眈眈和兵强马壮，而是钻进其权力中枢窃踞要位的奸佞之徒。

宋高宗赵构谓之："卿忠贯日月，志不忘君，虽苏武不能过，岂可舍朕去邪！"

《宋史·洪皓列传》谓之："当建炎、绍兴之际，凡使金者，如探虎口，能全节而归，若朱弁、张邵、洪皓其庶几乎，望之不足议也。皓留北十五年，忠节尤著，高宗谓苏武不能过，诚哉。然竟以忤秦桧谪死，悲夫！"

（原载《唯实》2018 年第 10 期）

注　释：
[1] [2] [3] [4] [5] [6] [7] [8] [9] [10]《宋史·洪皓列传》
[11]《论语·子路》

谢枋得拒官殉国

谢枋（bǐng）得（1226—1289），字君直，号叠山，别号依斋，信州弋阳（今江西省上饶市弋阳县）人。宝祐四年（1256）进士，历任兵部架阁、江东提刑兼江西招谕使、信州知州等职，在宋元鼎革之际，知其不可而为之，率军勤王，血染疆场。宋亡后，屡屡拒绝元廷高官厚禄的聘请，被拘执元大都，宁死不做贰臣，从容殉国，用自己的热血和生命谱写了一曲壮丽的爱国主义正气歌。

一、睿智少年，"逢人说剑三攘臂"

谢枋得生逢宋末乱世，其时，腐败透顶的南宋王朝已病入膏肓，在蒙古铁骑的凌厉攻势下节节败退，山河破碎，兵燹遍地，日暮西山。宝庆二年（1226），谢枋得出生于一个低级官吏之家，父亲谢应琇，曾任浔州金判；母亲桂氏，晓诗书，明大义，教子有方，有贤母之誉。

有一个《谢枋得母讯元兵》的经典故事千古流传——

南宋末德祐年间，元兵大肆南侵，势如破竹，谢枋得率军勤王，战败后溃散逃遁。元兵攻至上饶，寻觅不见谢枋得的踪影，便拘押了他的母亲桂氏，企图以她为诱饵抓住谢枋得。

面对凶神恶煞般的元兵，谢母大义凛然，毫无惧色，从容不迫地说道："老妇今日当死，不合（应该）教子读书知礼仪，识得三纲五常，是以有今日患难。若不知书不知礼仪，又不识三纲五常，那得许多事！老妇愿得早死。"

元兵主事者对她无可奈何，只好将她释放。

真可谓有此非同寻常之母，方能养育出如此非同寻常之子。

谢枋得自幼聪明睿智，刻苦向学，读书过目成诵，《宋史·谢枋得列传》称赞他"每观书，五行俱下，一览终身不忘"。

自古国难出忠良。目睹朝廷荒淫腐朽，权奸当道，祸国殃民，国是日非，谢枋得空怀安邦济民之志，夙愿难酬，心急如焚，"一与人论古今治乱国家事，必掀髯抵几，跳跃自奋，以忠义自任"[1]。——每当与人议论古今治乱兴衰的国家大事，总是情难自已，掀起胡须，抵着几案，慷慨激昂，跳跃奋起，以弘扬忠义为己任。诚如唐朝诗人张祜诗句所描绘的那样："逢人说剑三攘臂，对镜吟诗一掉头。"南宋硕儒徐霖称誉他"像一只受惊的白鹤直冲云霄，不可能关在笼子里来束缚他"。

宝祐四年（1256），谢枋得与文天祥、陆秀夫同榜考中进士。礼部会试，谢枋得名列第一，但是在殿试对策时，他直言不讳地抨击时弊："民穷、兵弱、财匮、士大夫无耻。"并将攻击的矛头直指丞相董槐和宋理宗宠信的宦官董宋臣，因此惹下了麻烦。他本想跻身进士甲科，结果却被录为乙科第一名，任为抚州司户参军。

谢枋得大失所望，愤然写下"天地有意扶社稷，朝廷无意用英豪"的诗句，弃职而去。

二、主持漕试，忤怒奸相罢归乡

宝祐五年（1257），谢枋得参加教官考试，中兼经科，被任命为建宁府（今福建建瓯）教授。还没来得及上任，适逢蒙古兵大举南侵，朝廷派江东、江西宣抚使赵葵守卫饶州（今江西波阳）、信州（今江西上饶）和抚州（今江西抚州），抵御蒙古军队的进攻。赵葵素知谢枋得的忠贞与才干，征辟谢枋得为干办公事。

谢枋得不负重托，动员组织了上万民兵投入抗击蒙古兵的战斗，并变卖全部家产，八方奔走，筹集了大量钱粮给养，保障前线兵民的供给，协助赵葵多次打退蒙古兵的进攻。

蒙古兵久攻不下，只能望城兴叹，不得已解围而去。

宝祐六年（1258），蒙古兵卷土重来，谢枋得被朝廷任为兵部架阁，受命保卫饶、信、抚三州。

景定五年（1264），谢枋得受命在建康（今江苏南京）主持漕闱考试（类同州府乡试，合格者即可赴省试）。时逢象征灾变预兆的彗星出现在东方，他便巧妙地抓住这一自然现象，以贾似道政事为题，借以发策十问，指斥奸相贾似道专权误国，惹得天怒人怨；宣称权奸当道，"窃政柄，害忠良，误国毒民"，必然"天心怒，地气变，民心离，人才坏"，"兵必至，国必亡"。

漕运使陆景思早就对谢枋得怀恨在心，便不失时机地干起了告密坑害人的勾当，偷偷将试卷底稿呈送给丞相贾似道。

贾似道在朝中久已只手遮天，闻讯勃然大怒，以谢枋得在乡里横行不法、战时随心所欲胡乱下拨军费、冒用钱粮款项、屡屡讥笑诽谤朝政等罪名，追夺谢枋得所任官职，将其押送到兴国军安置。

直到咸淳三年（1267），谢枋得才遇赦被放归故乡。从此，他隐居弋阳家中，足不及豪门，专注于读书著述，讲学传道，向弟子宣传爱国思想，声名鹊起。

贾似道闻知谢枋得声誉日隆，为了笼络人心，给自己装点门面，便派人召谢枋得到史馆任职。谢枋得不屑一顾，宁愿老死牖下，绝不肯摧眉折腰与其同流合污。其诗作《和曹东谷韵》，既堪称是他的自画像，也是他的心声——

  万古纲常担上肩，脊梁铁硬对皇天。

  人生芳秽有千载，世上荣枯无百年。

  此日识公知有道，何时与我咏游仙。

  不为苏武即龚胜，万一因行拜杜鹃。

三、保家卫国，兵败隐匿唐石山

德祐元年（1275），贾似道率13万大军抗击元兵，兵败丁家洲，乘一叶扁舟仓皇逃奔扬州。群臣请诛，贾似道遭罢黜流放，蛰居八年的谢枋得才得以被起用，赴任江东提刑兼江西招谕使，知信州。

其时，元廷发起的灭宋战争已然抵近尾声，元兵铁骑犹如飓风裹着狂涛向南宋的残山剩水席卷而来，宋军一触即溃，望风而降，防线全面崩溃。南宋最高统治集团犹如热锅上的蚂蚁，惊恐万状，左丞相留梦炎被吓破了胆，弃职逃跑，兵部尚书吕师孟屈膝降元，不少封疆大吏和前线将领都纷纷投敌，大片国土相继沦丧。

虽明明知道大势已去，谢枋得依然志气如虹，率孤旅誓死抗元，与侵略者血战到底。不幸的是他率领的是一支未经专门训练临时拼凑起来的队伍，以孤弱之旅去抵抗如潮水般涌来的凶猛剽悍的蒙古铁骑，犹如驱羊群迎战虎狼之师。几经血战，谢枋得的抗元队伍伤亡惨重。

德祐二年（1276）正月，元军攻破南宋都城临安（今浙江杭州），南宋朝廷宣布投降。谢枋得依然志气如虹，拒绝执行太皇太后谢道清的降元诏令，继续率军与元军血战，一败于安仁（今属湖南郴州），再败于信州，最后拼光了血本，只身潜入建宁唐石山中，后流寓建阳。

在这场抗击元军入侵的战争中，谢枋得满门忠烈。他的伯父谢徽明代理富阳县令，壮烈殉国；兄长九江太守谢君禹被俘后，坚贞不屈，被元军杀害；两个弟弟谢君烈、谢君泽和两个侄子都为国死难；妻子被元兵囚于建康，自缢于狱中；与妻子同地被囚的次女和两个婢女皆保节自缢；长女谢葵英得知父母双亡，遂悉数变卖妆奁家产造桥，桥成投水而死，乡人感其忠魂烈魄，名其桥曰"孝烈桥"。

为逃避元兵追捕，寻机东山再起，谢枋得隐姓埋名，长期流亡在建宁、建阳一带的荒山野岭之间。"日麻衣蹑履，东乡而哭，人不识之，以为被病也。已而去，卖卜建阳市中，有来卜者，惟取米屦而已，委以钱，率谢不取。"[2]

每天穿着麻衣，趿拉着鞋，向着东方而哭，没有人认识他，以为他是个疯子。不久，他就离开了，流浪在建阳街市，靠为人占卜为生，倘有前来占卜者，他只收取米和麻鞋，如果送钱给他，他只表示谢谢而一概不肯收。后来，人们渐渐知悉他是一位经天纬地的抗元志士，纷纷延请他到家中教子弟读书。

流亡期间，谢枋得创作了大量诗文，反映广大人民的疾苦，痛斥南宋统治集团的政治黑暗，鞭笞当道权奸的腐败误国和卖国求荣，发出埋藏在心底的抗元复国的呐喊。其诗作《武夷山中》真切地抒发了长期流亡生涯的苦衷与隐痛——

> 十年无梦得还家，独立青峰野水涯。
> 天地寂寥山雨歇，几生修得到梅花。

寓居他乡，谢枋得不时觉得忐忑不安，总感觉元廷不会轻易放过他，其诗作《庆全庵桃花》就表达了这样一种隐忧和局促不安的心境——

> 寻得桃源好避秦，桃红又是一年春。
> 花飞莫遣随流水，怕有渔郎来问津。

谢枋得不幸而言中，没过多久，前来问津的"渔郎"便接踵而至。

四、绝食殉国，"云中松柏愈青青"

元世祖忽必烈平定天下之后，广泛搜揽天下人才。随叔父降元的程文海奉诏前往江南求贤，"至元二十三年（1286），集贤学士程文海荐宋臣二十二人，以枋得为首，辞不起"[3]。

至元二十四年（1287），"（福建）行省丞相忙兀台将旨诏之，执手相勉劳。枋得曰：'上有尧、舜，下有巢、由，枋得名姓不祥，不敢赴诏。'丞相义之，不强也。"[4]——谢枋得回答说："上有唐尧、虞舜，下有巢父、许由，谢枋得乃亡国之臣，名姓不吉祥，不敢应诏赴任。"丞相忙兀台感其仁义，不强求于他。

至元二十五年（1288），江西行省丞相管如德再次奉旨前往江南寻求人才，降元做了贰臣的留梦炎荐举谢枋得堪当重任，谢枋得写信讽刺挖苦他说："若贪恋官爵，昧于一行，纵皇帝仁恕，天涵地容，哀怜孤臣，不忍加戮，某有何面目见皇帝乎？"[5]拒不赴召。

至元二十六年（1289），福建行省参政魏天祐见元廷访求人才甚急，又见谢枋得五次三番拒绝朝廷大员的敦请，便想露一手，举荐谢枋得以邀功。谢枋得写信揶揄魏天祐说："宋室逋臣，只欠一死……惟愿速死，与周夷齐、汉龚胜同垂青史，可以愧天下万世为臣不忠者。"[6]见到魏天祐后，又视若不见，傲岸不屈，魏天祐热情地同他搭讪，谢枋得冷眼相对，置之不理。

魏天祐恼羞成怒，遂命人强行拘执谢枋得北上元大都。

谢枋得抱定以身殉国的信念，断定此行绝无生还之可能，挥笔写下《初到建宁赋诗一首》，与故乡、亲朋和昔日战友诀别——

雪中松柏愈青青，扶植纲常在此行。

天下岂无龚胜洁，人间不独伯夷清。

义高便觉生堪舍，礼重方知死甚轻。

南八男儿终不屈，皇天上帝眼分明。

在这首诗中，谢枋得以"雪中松柏"自喻，以不食周粟的伯夷、不仕新莽绝食而死的龚胜、在安史之乱中宁死不降慨然就义的南霁云（南八）自励，自被拘押上路之日始，便每日只进食少量蔬果，弄得瘦骨嶙峋，孱弱不堪。

至元二十六年（1289）四月一日，谢枋得被押抵元大都，风尘未洗，便询问太皇太后谢道清葬所及宋恭帝所在，向着这一方向一再跪拜恸哭。由于谢枋得长期绝食抗争，身体羸弱不堪，被主事者安顿在悯忠寺（今北京法源寺）。看见寺中墙壁间的曹娥碑，谢枋得哭泣着说："小女子犹尔，吾岂不汝若哉？"[7]曹娥是东汉绍兴地区一个渔夫的女儿，著名孝女。其父溺死江中，数日不见尸体，曹娥沿江昼夜号哭17日，也投江而死，五日后女抱父尸浮出水面。

谢枋得哭曹娥自别有深意。

谢枋得决心绝食殉国，生命垂危。留梦炎闻报，急忙派医生将杂有米饭的药汤送来，"枋得怒曰：'吾欲死，汝乃欲生我邪？'弃之于地……"[8]至元二十六年（1289）四月初五夜，谢枋得壮烈殉国，终年64岁。他留下遗书曰：

"大元制世，民物一新，宋室孤臣，只欠一死。某所以不死者，以九十三岁之母在堂耳，先妣以今年二月，考终于正寝，某自今无意人间事矣！"

此前，谢枋得曾在被拘执途中写下绝命诗《崇真院绝粒偶书付儿熙之定之并呈张苍峰刘洞斋华甫》——

    西汉有臣龚胜卒，闭口不食十四日。
    我今半月忍渴饥，求死不死更无术。
    精神常与天往来，不知饮食为何物。
    若非功行积未成，便是业债偿未毕。
    太清群仙宴会多，凤箫龙笛鸣瑶瑟。
    岂无道兄相提携，骑龙直上寥天一。

五、品评

谢枋得少立壮志，报国安邦，博通坟典，淹贯古今，有过目不忘之智，经天纬地之才，济世匡时之略。更为难能可贵的是他视权位如粪土，视节操重如山，刚正不阿，冰清玉洁，其言其行若日月经天，江河行地，熠熠光芒，辉耀千古。

他无所畏惧，仗义执言，指斥权奸误国害民，屡遭罢黜；他怀瑾握瑜，特立独行，宁肯老死牖下，绝不委曲求全，与贪官乱臣同列；当元兵铺天盖地狂飙般袭来，天下大势已成定局，宋军官兵降者如潮，他独率孤旅与侵略者拼死血战，即使宋廷树起降旗，依然舍生忘死，奋勇杀敌；天下既定，南宋臣僚上到丞相，下到胥吏，纷纷屈节降元，以求荣华富贵，他则隐匿深山，卖卜为生，埋首读书著述；元廷屡屡征辟，许以宰相高位，他则心如止水，屡屡坚辞，后被强行拘执北上，依然初心不改，傲岸不屈，最终绝食殉国，以死拒官。真可谓"富贵不能淫，贫贱不能移，威武不能屈，此之谓大丈夫"。

南宋著名教育家、理学家陈普谓之："叠山谢公，幼有天下虑。入仕途不为富贵谋，动与有位者忤。虽困之下僚，加之非罪，放逐播迁，终不悔。平居暇日，深思远虑，抚江河入风云，随飞霞而形之纸笔者，概其忧人忧国之心。词场大笔，伤时抵讳，同列掩耳，而独以身任之……斯人赖之，乾父坤母得慰安焉。"

清代文学家蒋士铨赋诗《谢文节公祠》赞曰——

　　櫬枪倒指逼孤城，破堞仓皇尚募兵。
　　患难与人坚气节，兴亡何处着功名。
　　麻衣痛哭诸陵改，铁锁销沉半壁倾。
　　三复遗言悲却聘，至今心事日光明。

（原载《文史天地》2019 年第 9 期）

注　释：

[1] [2] [3] [4] [7] [8]《宋史·谢枋得列传》

[5]《谢叠山先生文集·上丞相留忠斋书》

[6]《谢叠山先生文集·与参政魏容斋书》

明朝

明季三朝"大账房"夏原吉

夏原吉（1366—1430），字维喆。湖广长沙府湘阴（今湖南省湘阴县）人，明朝初年重臣。历任户部主事、户部右侍郎、户部左侍郎、户部尚书等职。夏元吉历仕明太祖、惠帝、成祖、仁宗、宣宗五朝，在成祖、仁宗、宣宗三朝任户部尚书，辅助仁宗、宣宗成就仁宣之治，作为主管帝国财政20多年的"大账房"，他掌管调处的钱粮财物不计其数，然家中除了皇上赏赐之物，唯"布衣瓦器"，别无长物。《明史·夏原吉列传》称赞他"成绩懋著，蔚为宗臣""有古大臣风烈"。

一、荐入太学，太祖慧眼识珠擢升主事

夏原吉祖籍江西德兴，父亲夏时敏于明初赴任长沙府湘阴县教谕，遂举家迁往湘阴定居。不幸的是几年后父亲溘然病逝，留下了夏原吉孤儿寡母相依为命，生活极为艰辛。夏原吉强忍失怙之痛，一边勤学苦读，致力于学问；一边教蒙学以贴补家用，奉养母亲，获得良好声望。洪武二十三年（1390），夏原吉考中举人。

洪武二十年（1387），夏原吉以乡荐进入太学。适逢太祖朱元璋挑选太学生入宫从事抄写文诰的工作，夏原吉有幸被选中。当时一起工作的都是年轻人，

喜欢喧闹嬉笑，甚至弄出一些出格的事来。夏原吉却与众不同，工作时总是严肃认真，聚精会神，一丝不苟，表现出非凡的韧性和定力。他的少年老成和卓逸不群引起了太祖朱元璋的注目，"太祖诇而异之，擢户部主事"[1]。从此，夏原吉终生一直在户部任职，直至去世。

户部作为六部之一，是掌管户籍财经的机关，掌管着全国疆土、田地、户籍、赋税、俸饷及一切财政事宜，其职能大致相当于现代的民政部和财政部，事务非常繁杂。时任户部尚书郁新对夏原吉非常信赖倚重，各部门的事务都委任给他处理。夏原吉在户部主事的岗位上兢兢业业，虽事务烦琐，千头万绪，都处理得有条不紊，户部尚书郁新对他甚为赏识倚重。

洪武三十一年（1398）闰五月，太祖朱元璋驾崩，皇太孙朱允炆继位，夏原吉被擢升为户部右侍郎。第二年，夏原吉调任采访使，前往巡视福建，所过郡县乡邑，他都严格检查吏治好坏，耐心细致地询问百姓疾苦，受到吏民的敬佩和赞扬。

二、浙西洪水，成祖赋予重任治水赈灾

建文四年（1402）六月，燕王朱棣率军攻破都城南京即皇帝位，是谓成祖，改元永乐。燕兵捉住夏原吉，将其押送到成祖面前，成祖命令立即将他释放，并且擢升他为户部左侍郎。有人在成祖面前给夏原吉使绊子，说夏原吉是建文旧臣，颇受惠帝重用，这样的人靠不住，但成祖不为所动。

政局翻覆，百事待举。夏原吉和礼部尚书蹇义等人受成祖之命，制定赋税徭役等制度，提出了30多项建议，都切中时弊，简便易行。夏原吉对这些制度的施行充满信心，对同僚们说："行之而难继者，且重困民，吾不忍也。"[2]

永乐元年（1403），浙西洪水泛滥成灾，有关官员治理不力，灾情越来越严重，成祖派夏原吉前往治理。不久，又派出户部侍郎李文郁做他的副手，派佥都御史俞士吉将有关治水的书籍资料赐给他。夏原吉不避艰辛，深入实地调研勘察，提出治理方案，得到了成祖认可。

之后，夏原吉动员组织起十几万治水大军，效仿大禹治水之法，沿着大禹

所开辟的三江入海故道，疏浚吴淞江下游，上接于太湖，然后，选择有利位置筑堤建闸，按季节不同，以实际需要开闭闸门，灵活蓄放，避害趋利。在整个施工过程中，夏原吉始终坚守在施工第一线，身先士卒，顶烈日，沐风雨，与众人同甘共苦，共战洪魔。"原吉布衣徒步，日夜经画。盛暑不张盖，曰：'民劳，吾何忍独适。'"[3]

工程竣工以后，夏原吉回到京都，向成祖汇报说，经过此次治理，水虽然已由故道入海，但支流尚未全部疏通，还不是长久之计。

永乐二年（1404）正月，夏原吉受命再次前往浙西，疏浚白茆塘、刘家河、大黄浦。九月，工程完工，流水畅通，苏州、松江一带农田获得大利。

永乐三年（1405）夏，浙西发生严重饥荒，成祖命夏原吉率领佥都御史俞士吉、大理寺少卿袁复和左通政赵居任前往赈济。他们发放粮食30万石，并供给灾民耕牛和种子，支持他们恢复生产，重建家园。有人主张增收百姓耕种大水退后淤田的赋税，以增加政府收入。夏原吉急忙千里传书于京都，表示强烈反对，力陈其弊，请求放弃此议。成祖采纳了他的建议。

太子少师姚广孝受命巡视浙西回京，在成祖面前对夏原吉大加赞叹："真有上古仁爱之心。"

三、百事待举，"大账房"巧运筹尽皆勃兴

永乐三年（1405）八月，户部尚书郁新积劳成疾，病死于任上。成祖紧急召夏原吉回京，继任户部尚书。夏元吉上任伊始便上疏成祖，提出改革建议：裁减过多的供给，减轻赋税徭役，严格执行食盐和钱钞方面的禁令；清理仓库货场，加强推广屯田，以供给边防，减轻百姓负担，同时也方便商贾。成祖完全采纳了夏原吉的建议。

夏原吉对天下各地的户口、府库、田税增减的情况都了如指掌，他把各种数据详细记录在一个小本子上，随时带在身上，便于查阅。有一天，成祖向他询问钱粮状况，他对答如流，回答十分详尽，成祖非常满意。自此，夏原吉更加受到成祖器重。

"原吉虽居户部，国家大事辄令详议。帝每御便殿阙门，召语移时，左右莫得闻。退则恂恂若无预者。"[4]——夏原吉虽然任职户部尚书，皇上却总是召他详细讨论国家大事。皇上每次御临便殿门口，总是召原吉来谈话，常常忘了时间，左右的人都不得听闻。原吉退下后，总是恭恭敬敬，就像什么都没有参与一样。

其时，战争刚刚结束，百事待举，国家的经济尚在恢复之中，必需的财政支出数额却大得惊人——

成祖对参加"靖难之役"的功臣给予封赏，分封藩王，增设武卫百司等等；

从永乐三年（1405）开始，郑和七下西洋，其中六次都是在夏原吉任户部尚书期间；

永乐四年（1406），成祖降诏营建北京宫殿，分遣大臣采木于四川、湖广、江西、浙江、山西等地，金碧辉煌的紫禁城建成不久，被大火焚毁，遂又斥巨资重建；

永乐四年（1406）七月，成祖发兵80万，命成国公朱能佩征夷将军印充总兵官，西平侯沐晟为左副将军，新城侯张辅为右副将军，督师南征安南；

永乐八年（1410）、永乐十二年（1414）、永乐二十年（1422）、永乐二十一年（1423）、永乐二十二年（1424），成祖先后五次亲率大军征讨漠北。

所有这些事项，供应转输的财物都数以万万计，全部由户部统筹供给。"原吉悉心计应之，国用不绌。"[5]

四、蒙冤下狱，抄没其家仅见"布衣瓦器"

永乐十九年（1421）冬，成祖意欲发动第三次对漠北的远征，想听听大臣们的意见，命夏原吉与礼部尚书吕震、兵部尚书方宾、工部尚书吴中等人一起讨论，提出意见。几个人议来议去，都认为不宜出兵。

他们还没有来得及将讨论结果向成祖奏报，成祖传命召见兵部尚书方宾。方宾直言上奏，称国家财力不济，民力疲困，不宜出征。成祖大为不快。

成祖憋着满腹烦闷召见夏原吉，询问边防储备情况。夏原吉回答说："连年出兵征战，皆无功而返，军马储备已损失了十分之八九，加上灾荒连年，现在已经内外交困了。况且皇上您圣体欠安，还需要静处调养，实在不宜遣将出征，万望不要劳顿车驾远征了。"

成祖勃然大怒，命夏原吉立即前往开平，去料理官仓的粮食储备。

成祖又召见工部尚书吴中，吴中的回答与方宾和夏原吉如出一辙。这无异于火上浇油，成祖暴怒不已，传命立即将夏原吉召回，关进监狱，并将大理寺丞邹师颜也关押起来，理由是他曾代理户部事。兵部尚书方宾闻之，畏惧自杀。

成祖依然余怒未息，命锦衣卫抄夏原吉的家。

这一抄彻底摸清了帝国"大账房"夏原吉的家底：除了皇上赏赐之物，其家中唯有日常生活所用布衣瓦器，别无长物。

奉命前来抄家的锦衣卫官兵目瞪口呆：堂堂帝国"大账房"，真的寒酸到如此地步？

五、辅佐仁宣，君臣协力开创仁宣盛世

成祖不顾群臣反对，于永乐二十年（1422）三月，亲率大军北征，因粮尽而返。为了彻底扫清元朝的残余势力，此后，成祖又连年挥师北伐，永乐二十二年（1424）七月，在北征回师途中，病死于榆木川，临终"顾左右曰：'夏原吉爱我'"[6]。

成祖遽然驾崩，六师征战在外，天下无主，随驾大臣商定，秘不发丧，绝对封锁皇帝驾崩消息，派快马火速密报太子朱高炽。

太子朱高炽闻噩耗大惊，拖着肥胖的身躯一路小跑，赶到关押夏原吉的监狱，命令即刻将他释放，声泪俱下地将噩耗告诉了他。夏原吉不由失声痛哭，瘫倒在地，许久爬不起来。太子询问丧礼事宜，又问大赦天下诏书当如何写。夏原吉回答说，要赈济灾民，减轻赋税徭役，立即叫停宝船下西洋，以及停罢向云南、交趾地区诸道采办金银珠宝。太子全部采纳照办。

永乐二十二年（1424）八月，太子朱高炽继位，是为仁宗。仁宗恢复了夏原吉的全部官职，加封为太子少傅，不久，又进封少保，仍兼太子少傅、户部尚书，享受三职俸禄。夏原吉极力推辞，仁宗允许他辞去太子少傅俸禄，赐给"绳

愆纠缪"银章,并敕命在南北两京为他建造府第。

仁宗时期,内阁大学士杨士奇、杨溥、杨荣执掌朝政,多有建树。他们主张息兵养民,发展生产,使社会矛盾得以缓和,开启了一个走向稳定强盛的新时代。

洪熙元年(1425)五月,仁宗朱高炽猝然病逝。仁宗在病重之际急召太子朱瞻基从南京北上,当他抵达北京时,仁宗已经晏驾,夏原吉奉遗诏到卢沟桥迎接。宣宗朱瞻基继位,改元宣德。在宣宗朝,夏原吉作为先朝重臣更加受到敬重。

宣德元年(1426)八月,曾经帮助父亲朱棣造反成功的汉王朱高煦,来了个如法炮制,同样打起"靖难"的旗号起兵造反,联合山东都指挥靳荣,在卫所散发刀箭、旗帜,掠夺周边郡县的所有马匹,设立前、后、左、右、中五军,任命王斌、朱恒等任太师、都督、尚书等官职,并发布檄文列举了多名大臣的罪状,夏原吉排在第一位。

宣宗不忍用兵,急急修书一封,派宦官侯泰前往送给朱高煦,劝他罢兵。朱高煦气焰嚣张,对侯泰说:"永乐年间,皇帝听信谗言,把我封到乐安,我是什么人,岂能如此郁郁不乐地长居于此?你回去告诉皇帝,先将夏原吉等奸臣绑缚送来,其他的事再慢慢商议。"

大学士杨荣劝宣宗御驾亲征,宣宗踟蹰再三。夏原吉劝谏道:"圣上难道忘了李景隆的故事吗?臣昨天见到所派遣的将领,命令才下,脸色就变了,临事就可想而知了。自古兵贵神速,所谓迅雷不及掩耳,快步前进,正可以先声夺人。杨荣的计策好。"宣宗遂决意亲征。

平定朱高煦叛乱后,宣宗赏赐群臣,赐给夏原吉守门人三名。原吉以无功推辞,宣宗不听。

宣德三年(1428),夏原吉随宣宗北巡。宣宗拿过夏原吉食袋里的干粮尝了尝,笑着说:"咋这么难吃啊?"夏原吉回答说:"军中还有挨饿的呢。"宣宗赐给他上好美食,并犒赏将士。

夏原吉随从宣宗在兔儿山阅兵,将领们动作太慢,宣宗大怒,命他们脱下衣服，在寒风中受冻。"原吉曰：'将帅，国爪牙，奈何冻而毙之？'反覆力谏。"[7]宣宗终于被说服，赦免了这些将领。阅兵结束后，夏原吉与礼部尚书蹇义各自获赐一枚银章，上刻"含弘贞靖"。

六、宅心仁厚，宽待人严律己为官谦和

夏原吉宦海一生，历仕五朝，担任户部尚书20多年，却丝毫没有什么官威或官势，一贯温文尔雅，宅心仁厚，宽宏大度，为人们啧啧称道。"原吉有雅量，人莫能测其际。同列有善，即采纳之。或有小过，必为之掩覆。"[8]以下几个夏原吉为人处世、为官理政的故事，均出自于《明史·夏原吉列传》。

永乐六年（1408），成祖命夏原吉负责将一批木材运往北京，又派锦衣卫官校随从监督，随时惩治怠工的人。夏原吉担心运木材的人遭到惩罚甚至丢掉性命，便事先告诫他们，叮咛他们务必多加小心，然后再出发，人们都非常感激他。

永乐七年（1409），成祖北巡，夏原吉奉命随行，受命兼理行在礼部、兵部和都察院事务。有两个军官趁机冒领月薪，成祖震怒，要处死他们。夏原吉赶忙进谏："这不合法，假如他们真的是盗贼，又该判什么罪呢？"此事才作罢。

永乐十五年（1417），谷王朱橞在封地长沙反叛，成祖将朱橞及其二子皆废为庶人，仍怀疑长沙有其他人参与了朱橞的阴谋，欲派兵大范围侦查搜捕。夏元吉以全家百余人的性命做担保，才使事件得以平息。

永乐十八年（1420），山东唐赛儿聚众造反，被平定以后，有3000多胁从者被俘虏押送至京师。夏原吉请求成祖施恩，将他们全部释放。

平江伯陈瑄素与夏原吉有矛盾，早年甚至曾想杀掉他，可见两人之间嫌隙之深。夏原吉却不念旧怨，时常在皇上面前称赞陈瑄有才能，力荐他去督理漕运。皇上听从了他的建议。后来，陈瑄督理漕运30年，改革漕运制度，修治京杭运河，建立了显赫功绩。

一个小吏偶然失手，把夏原吉的一件金丝衣服弄脏。这件衣服乃皇上赏赐之物，非常珍贵，小吏吓得手足无措，不知如何是好。夏原吉知道后，赶忙安

慰他说："衣服脏了可以洗嘛，没什么大不了的，不值得大惊小怪。"

某日，夏元吉正在批阅一本重要文件，一个小吏竟莽莽撞撞将文件弄污损了。小吏惊惧不已，连忙跪倒不停地叩头，请求将他处死。夏元吉却并不怪罪于他，匆忙去面见皇上，谎称是自己弄毁了文件，请求皇上换了一本。

有一天深夜，夏原吉和同僚们宴饮归来，正赶上下大雪，路过宫门，按照规定须下车步行。有人以为夜深人静，没人看见，不想下车。夏原吉坚决主张必须下车，并对大家说："君子不以在冥冥之中而降低自己做人的准则。"

宣德五年（1430）正月，两朝实录修成，宣宗赏赐夏原吉金币、鞍马。天明之后，夏原吉入宫谢恩，回府后溘然长逝，终年65岁。赠太师，谥"忠靖"。

七、品评

太祖慧眼视才器，

三朝账房辅五帝。

浙西治水千秋功，

持筹握算百业立。

主理钱财逾亿万，

家唯布衣与瓦器。

宽仁厚德人敬仰，

成祖临终呼元吉。

（调寄《玉楼春》）

明成祖朱棣谓之："是某太祖高皇帝养成贤德之士，尔群臣欲观古名臣，此其人矣。""夏某，君子中君子也。"

明宣宗朱瞻基谓之："此朕擎天柱也，天下付若等，朕高枕无忧矣。"

清朝历史学家赵翼谓之："历朝论理财能者，唯桑弘羊、夏原吉二人也。"

《明史·夏原吉列传》谓之："（夏原吉）首请裁冗食，平赋役；严盐法、钱钞之禁；清仓场，广屯种，以给边苏民，且便商贾。皆报可。凡中外户口、府库、田赋赢缩之数，各以小简书置怀中，时检阅之。一日，帝问天下钱、谷几何，对甚悉,以是益重之。当是时,兵革初定,论'靖难'功臣封赏,分封诸藩,增设武卫百司。已,又发卒八十万问罪安南,中官造巨舰通海外诸国,大起北都宫阙。供亿转输以钜万万计,皆取给户曹。原吉悉心计应之,国用不绌。""原吉虽居户部,国家大事辄令详议。帝每御便殿阙门,召语移时,左右莫得闻。退则恂恂若无预者。"

（原载《文史天地》2022年第3期）

注　释：

[1] [2] [3] [4] [5] [6] [7] [8]《明史·夏原吉列传》

周新："生为直臣，死当作直鬼"

周新（？—1413），字志新，广东广州府南海县（今属广东省广州市）人。历任大理寺评事、监察御史、云南按察使、浙江按察使等职。周新以刚正不阿、为官清廉、断案如神闻名当世，有"冷面寒铁"之誉，因遭锦衣卫指挥使纪纲谗害，蒙冤受戮，临刑面不改色，大声疾呼："生为直臣，死当作直鬼！"

一、"冷面寒铁"，贵戚震悚

周新原名周志新，字日新，因明成祖朱棣常直呼其为"新"，遂以"新"为名，以"志新"为字。

洪武年间（1368—1398），周新由地方官府荐举，以诸生身份进入太学，建文元年（1399），以乡贡进士被任命为大理寺评事，步入仕途。靖难之役后，燕王朱棣即位，是为明成祖，周新被任命为监察御史。在监察御史任上，周新因刚正不阿，不避权贵，铁腕执法，声名大振，"敢言，多所弹劾。贵戚震惧，目为'冷面寒铁'"[1]。

刚直不阿的周新当时有多牛？据《明史·周新列传》，不仅皇裔贵胄、朝中显贵无不畏惧，甚至连京城中孩童都知道，甚为悚惧其威严。每当孩子任性顽皮，只须悄悄对他说一声"周新来啦"，哭闹者即屏息无声，淘气者即遁之无形。

永乐元年（1403），周新奉命巡按福建，发现朝廷派驻福建沿海的驻军将领大都十分傲慢，特别是对地方州府官员很不尊重，一副"老子天下第一"狂傲不羁的派头。于是，周新将这种情况据实上奏，建议朝廷采取强有力措施，立即改变这种状况。朝廷采纳了周新的建议，从而使"都司卫所不得凌府州县，府卫官相见均礼"[2]。此后，福建驻军将领鄙视欺凌州府官员的现象得到了遏制。

完成了巡视福建的任务，周新马不停蹄，又受命巡按北京。周新"冷面寒铁"的威名早已声闻天下，所到之处，贪官污吏为之丧胆。周新还实地考察了京畿的刑狱制度，大胆向成祖朱棣提出改革建议，"帝知新，所奏无不允"[3]。

二、明察秋毫，断案如神

永乐三年（1405），周新被擢升为云南按察使，尚未赴任，又改任为浙江按察使。其时，浙江陈案堆积，百姓怨声载道，急需一位公正廉明又大胆干练的能吏前往"救火"，朝廷选中了周新。浙江百姓听说周新即将出任浙江按察使，无不欢欣鼓舞，特别是那些含冤身陷囹圄者，更是倍感庆幸，有些甚至激动得双泪长流，"闻新至，喜曰：'我得生矣'"[4]。

《明史·周新列传》记载了许多周新铁腕执法、断案如神的故事，并称"当是时，周廉使名闻天下"——

周新走马上任，刚刚进入浙江境内，大群的蚋（一种嗜吸人畜血液，类似蝇的昆虫）扑面而来，萦绕左右，不肯离去。周新遂命属下循着蚋飞来的方向追踪搜索，不久，在丛林深处的荆棘丛中发现了一具男尸。他仔细查验，发现死者腰带上系着一个小木印，通过辨认印文，推断死者生前是一位贩布商人。于是，周新派人四处买布，查询到布匹上的印文同死者身上木印相吻合者，便立即将持有者捉来审问，很快将合伙杀害布商的凶手全部缉拿归案。

某日，周新正在大堂办公，骤然间刮起一阵旋风，一片树叶落在了书案前。他目不转睛地审视着这片树叶，不由疑窦丛生：方圆数里都没有这种树，此叶何来？便询问左右。一个衙役报告称，这种树唯独山上一座寺庙中有一棵。周新立即带领属下一干人前往寺庙，走访调查，现场勘验，最后在一棵大树下挖出了一具女尸。经过讯问寺僧，案件真相水落石出，遂将杀人寺僧依法处死。

周新微服私访，巡行所属部域，考核属下官员政绩。县令早就风闻按察使周新将要驾临县里，偶然发现一个陌生人闯入自己的属地，且这个陌生人到处打听不该知道的事。县令不明就里，便命人将陌生人关进监狱，自己则匆匆去准备接待按察使周新的工作，并对下属说，等腾出手来再狠狠收拾这个神秘的外乡人。周新在狱中向囚犯调查询问，掌握了县令贪污的证据，遂向狱吏亮明了身份。县令闻报大惊失色，赶忙释放周新，连连谢罪。周新怒叱县令种种罪行，将其弹劾罢免。

一个商人来到衙门，向周新报案称：自己卖完货物晚上回家，担心路上遭人抢劫，便把银子藏在树林中神祠的一块大石头下，回家后立即告诉了妻子，第二天急匆匆地到神祠大石头下去取银子，却发现银子早已不翼而飞。周新命人把商人的妻子召来，严加审问。开始，商人的妻子还嘴硬，搪塞装蒜，经过几轮审讯，才不得不口吐真相。原来商人的妻子长期与人通奸，那天商人突然回到家中，他妻子正在家中同情人幽会，情人急忙躲避，却听到了商人告诉妻子的话，遂悄悄溜走，连夜跑到神祠，从大石头下取走了银子。周新毫不含糊，将商人的妻子及其情人皆判处死刑。

三、悬鹅拒贿，清风峻节

打铁先要自身硬。"冷面寒铁"的周新刚直不阿，疾恶如仇，肃贪惩恶的威名不胫而走，贪官污吏闻之丧胆。他始终恪守"正人先正己"的信条，一身正气，两袖清风，在几十年的宦海生涯中，廉洁奉公，一尘不染，其清风峻节令人钦慕不已。据《明史·周新列传》，周新一生无子女，与妻子过着粗茶淡饭的简朴生活，他的妻子偶尔与同僚的妻子聚餐宴饮，穿着打扮与农家妇女没什么两样，其他贵妇见了都很羞愧，赶忙换下了身上的华贵衣服和饰品。

有一个周新"悬鹅拒贿"的故事广为流传。

其时，官场腐败，行贿受贿之风盛行，周新"冷面寒铁"的威名，足可以让那些心怀叵测的行贿之徒望而却步。尽管如此，依然有一些亲朋好友、故旧属吏变着法试图给他送礼，周新为此大伤脑筋。某日，一位故吏好友来访，进门把一只烤鹅往桌子上一蹾，遂转身而去。周新追到门外，送鹅人头也不回地匆匆远去。

周新直勾勾地盯着香气四溢的烤鹅郁闷又无奈。

一只麻雀落在屋檐上叽叽喳喳叫个不停，唤醒了周新的思绪，他忽然一拍脑袋失声说道："何不学学羊续悬鱼呢！"随即唤来仆役，命他将烤鹅悬挂于屋檐下。东汉南阳太守羊续，将府丞送来的鱼"悬于庭"，巧妙地婉拒送礼者，成就了一段悬鱼拒贿的千古佳话。一千多年过去了，周新又续写了悬鱼拒贿的新篇章——悬鹅拒贿。

此后，每当有人来送礼，周新总是诡秘地笑笑，指一指屋檐下迎风摇曳的烤鹅。来人心领神会，顿时羞红了脸。从此再也没人上门给周新送礼了。

四、"生为直臣，死作直鬼"

锦衣卫指挥使纪纲派麾下一位千户前往浙江查办案件。这位千户自恃后台硬，手中又握有锦衣卫特权，根本不把地方官吏放在眼里，在浙江颐指气使，作威作福，鱼肉百姓，明目张胆地大肆索贿受贿。有人将他的所作所为报告给周新，周新闻报大怒，遂派出捕快前往缉捕。没曾想这小子事先打探到消息，赶在捕快到来之前仓惶逃脱，成为漏网之鱼。

不久，周新因事进京，在涿州与犯法逃匿的千户不期而遇，不容分说，立即将他逮捕，关进监狱。谁也没有料到，这千户神通广大，竟然从监狱中成功逃脱，再一次虎兕出柙。

这位横行无忌的锦衣卫千户，两次从周新掌中金蝉脱壳，险些沦为釜中游鱼，对周新恨得牙根儿痒痒。于是，他跑到主子纪纲那里，声泪俱下地诉说自己的"冤屈"，使尽浑身解数对周新进行栽赃陷害。

纪纲不由火撞顶梁。

纪纲向来以残忍歹毒、诡计多端而著称，诬陷诽谤、谗害忠良是他的拿手好戏。再加上这时候的纪纲与成祖朱棣正处在"蜜月期",其舌头扇风的杀伤力更是惨烈空前,他在朱棣面前给周新罗织了长长的一大串罪名,朱棣雷霆震怒,命锦衣卫立马逮捕周新归案。

锦衣卫在押解周新赴京途中,对他百般折磨,把他打得血肉模糊、体无完肤。虽然如此,当周新被带到朱棣面前时,依然抗声不屈,高声争辩道:"陛下诏按察司行事,与都察院同。臣奉诏擒奸恶,奈何罪臣?""帝愈怒,命戮之。临刑大呼曰:'生为直臣,死当作直鬼!'竟杀之。"[5]

后来,纪纲因罪被诛,周新被诬害案情大白于天下。成祖朱棣悔恨不已,他问身边大臣:"周新是什么地方的人?"大臣回答说:"广东南海。"朱棣感叹道:"岭外乃有此人,枉杀之矣!"[6]周新的沉冤终于得以昭雪。

周新含冤遭戮的消息传到浙江,当地百姓纷纷立碑、立祠、修庙来怀念他,更有许多周新死后羽化成神的故事在民间广为流传,在这些故事中,周新俨然成了无所不能的治贪除恶的神祇、有求必应的菩萨。杭州百姓为周新修建了城隍庙,尊其为城隍爷,世代香火缭绕,门楣上"冷面寒铁"的金光大字熠熠生辉。消息传到广州,当地百姓将位于广州城南的周新故居"高第里",改名为"仰忠街",以表彰其刚正忠烈,表达对这位先贤的景仰之情,穿越600余年时空,这条街道现今仍以"仰忠街"冠名。

五、品评

冷面寒铁岂无情,
热血丹心庇百姓。
悬鹅拒贿追羊续,
清廉刚正绍包拯。
断案如神雪冤狱,
惩贪除恶劾奸佞。
可怜蒙冤身遭戮,
城隍世代香火隆。

（七律）

明朝学者官员黄佐谓之："新之清风劲节，固不待于此而自可传于不灭也。"

与周新同时代的广东巡抚杨信民盛赞周新为"当代第一人"。

《明史·周新列传》谓之："成祖即位，改监察御史。敢言，多所弹劾。贵戚震惧，目为'冷面寒铁'。京师中至以其名怖小儿，辄皆奔匿。""新死无子。妻归，贫甚。广东巡抚杨信民曰：'周志新当代第一人，可使其夫人终日馁耶？'时时赒给之。妻死，浙人仕广东者皆会葬。"

注　释：

[1] [2] [3] [4] [5] [6]《明史·周新列传》

"菜知县"胡寿安

胡寿安，生卒年不详，字克仁，徽州府黟县（今安徽黟县）人，历任信阳知县、获鹿知县、新繁知县等职。胡寿安忠于职守，"清俭绝伦"，约己爱民，以"菜知县"的雅号名垂青史。

一、粗衣粝食，"菜知县"声名远播

明惠帝建文年间（1399—1402），胡寿安乡试中举，被征召入国子监，后在吏部任职。不久，被任命为信阳（今属河南）知县，转任获鹿（今河北石家庄市鹿泉区）知县，永乐十一年（1413）春，调任新繁县（今四川成都市新都区）知县。辗转三地，为官一任，振兴一方。

虽宦游四方，久久浸渍于官场，胡寿安依然抱朴含真，粗衣粝食，生活极其俭朴，素与虚荣浮华膏粱锦绣无染。身为"县太爷"，他芒屦布衣，极少食荤，一日三餐都是粗茶淡饭，常以青菜果腹。公务之余，他抡镐挥锹，挥汗如雨，在县衙的后院里开垦出一片菜地，种植萝卜、青菜，供自己食用。偶有客来，也以自己种的青菜萝卜盛情招待，客人走时，往往还以青菜萝卜作为礼物。

他"菜知县"的雅号遂不胫而走。

他不仅种菜自食，许多生活用品也都是自己动手制作。据《新繁县志》记载，胡寿安的住所极其简陋，床榻从不用罗帐，而是用他自制的一顶纸帐。大概他对自己的手艺颇为得意，做好纸帐，还戏作《题纸帐》诗一首——

紫丝步障簇春华，卧雪眠云自一家。

雪又不寒云又暖，扶持清梦到梅花。

二、别妻责子，三地知县为"裸官"

胡寿安先后辗转信阳、获鹿、新繁三地任知县，都是撇妻舍子，只身赴任，潇潇洒洒做"裸官"。

在那个时代，夫贵妻荣，一人得道鸡犬升天是社会普遍通行的法则，胡寿安如此举动难免遭到一些人的议论。有人劝他说："你不能只顾自己捞取清廉美名，妻子嫁给你图你什么，将心比心，何不设身处地为她想想啊！"

胡寿安动情地回答说："吾辈读古人书，岂能不思建立名节。有不少人起初意志非常坚定，一旦跻身官场，便在金钱美色面前迷失了方向，坚定美好的初心就成了一场笑话。妇人和小孩的性情就像是水，在金珠锦绣的诱惑面前往往心旌摇曳，我把他们带在身边，如果他们经不住考验，背着我做了不光彩的事，悔之晚矣！所以，宁肯叫他们受点委屈，也决不可放松警惕酿成大患，倘不自重自警，我担心成为贪官昏官的危险恐近在眼前了。"

闻者无不翘起大拇指啧啧称赞。

自古言出必行者为君子。胡寿安的言语赢得人们的赞赏，其为官做人的行为更是为人们赞不绝口。

彭县县令遗孀王氏，年轻貌美，为人正派，资产千计，倾慕胡寿安的德才为人，托人说媒，愿意嫁给他为妾。胡寿安回答说："你这是要我颜面扫地呀！即使彼有西子之妍、季伦之富，跟我又有什么关系呢！"此事遂不了了之。

胡寿安的儿子从老家千里迢迢来新繁看望他，日子一久，忍受不了每日顿顿青菜果腹的生活，便瞒着父亲买了两只鸡，偷偷地吃掉了。胡寿安发现后勃然大怒，对儿子痛加斥责。暴风骤雨过后，又引经据典，循循善诱，耐着性子，对儿子谆谆教诲，终于使儿子俯首认错。这段教子佳话在新繁传为美谈。

三、心系民瘼，"不愧苍天不负民"

"菜知县"胡寿安撇妻舍子做"裸官"，自己居陋室，睡纸帐，种菜自给，每日青菜果腹，百姓的安危冷暖却时时挂在心上。

他上任的第一件事，就是深入乡村田野，体察民情，征询民意，"事有不便于民者辄罢之，有益于民者皆举而行之"。每逢新年岁初，都要"躬行原野，劝民耕植"。遇有田地撂荒或房屋毁坏者，必嘘寒问暖，询问原因，协调周济，解燃眉之急，有时还"捐俸以资给"。他常常以北宋名臣陈襄的教民格言劝导民众，推行教化，"民间子弟多欢然从化"。

胡寿安赴新繁上任之际，正赶上新繁遭遇罕见大旱，"数月不雨，田畴龟裂"。他一方面动员和组织百姓全力抗旱自救，一方面举行虔诚的祈雨活动，自己更是恭恭敬敬地"斋戒祷神"。机缘巧合，第二天居然真的下起了瓢泼大雨，老百姓欢呼雀跃，额手称庆，大家都以为是胡寿安的诚心和善举感动了上苍。

永乐十五年（1417），胡寿安在新繁任期届满，赴京接受考核。离任时唯携一箱旧衣、数箧书卷，还有一匹病弱老马，新繁百姓"遮道泣送者千数"。一官离去，他给新繁百姓留下了数不清的政绩，留下了众口相传的廉政爱民故事，也留下了百姓世代绵延不绝的无尽怀念，还有那首脍炙人口的《任满谒城隍》——

一官来此几经春，不愧苍天不负民。
神道有灵应识我，去时还似到时贫。

四、品评

萝卜自种味益美，
纸帐独卧梦更甜。

任职三地穷裸官。

捐俸济困劝耕织，

德政善举万家欢。

世代景仰"菜知县"。

（调寄《浣溪沙》）

（资料来源：《古今图书集成·明伦汇编官常典县令部》《新繁县志》）

苏州知府"况青天"

况钟（1383—1443），字伯律，号龙岗，又号如愚，江西靖安县龙冈洲（今江西省靖安县高湖镇崖口村）人。历任县衙书吏、礼部主事、礼部员外郎、礼部郎中、苏州知府等职。况钟任苏州知府14年，为官清廉刚正，关心民瘼，政绩卓著，任期届满之际，万民攀车卧辙恳祈留任，堪称声名赫赫享誉千古的名宦，与宋朝包拯、明朝海瑞并称中国历史上的"三大青天"。

一、县衙书吏，上司举荐进身礼部

况钟出身于一个贫寒之家，七岁丧母，历尽生活的艰辛。他自幼天资聪颖，勤苦好学，渐渐在学童中崭露头角，稍长，便展露出沉稳练达的禀赋，严于律己，秉性方直，处事明敏，又学得一手好书法。况钟的父亲及继母见他是块读书的好材料，喜不自胜，勉励他刻苦努力，孜孜以求，走科考之路，待读取功名，光宗耀祖。

靖江知县俞益的出现改变了况钟的人生轨迹。

永乐四年（1406），俞益赴任靖江知县，急需寻找一位称职的书吏做助手，在全县范围内几经筛选，都没能找到如意的人选。有人向他推荐了况钟，俞益经过了解考察，非常满意。起初，况钟的父亲及继母极力反对，表示儿子一定要心无旁骛,一心一意读书求学,走科举之路,改变命运,光耀门楣。俞益不厌其烦,百般劝说,终于说服了况钟的父亲及继母。

从此,况钟放下捧读的经书,走出书斋,跟随俞益到县衙做了一名书吏。

县衙书吏既无地位,也无品级,担负的工作却十分重要,且冗繁琐屑,不仅要誊抄公文,更须遵循律令、制度和规范,协助知县处理日常事务。况钟在书吏的岗位上一干就是九年,经过这九年历练,积累了丰富的基层从政经验,习知礼仪律令,也对百姓的疾苦有了更为深刻的体认。

永乐十二年(1414),正逢吏部的考绩之期,况钟随靖江知县俞益赴京接受吏部考绩。由于俞益与礼部尚书吕震相友善,俞益借此机会竭力向吕震推荐况钟,历陈况钟如何识大体、守忠义,如何练达能干、勤勉谨慎、娴于吏事。恰巧,吕震此时刚刚接到敕命,将扈从成祖朱棣北巡,礼部人手吃紧,需遴选充实属员。吕震便着手对况钟进行考察,经几次与况钟约见交谈,发现其谈吐不俗,对他印象极佳,大为器重。

于是,靖江县衙小书吏被选入礼部做了属员。

永乐十三年(1415),经礼部尚书吕震推荐,况钟被破格擢用,授礼部仪制司主事(正六品),且有幸得到了成祖朱棣的召见。

况钟熟知朝廷典章制度,草拟文书时,文不加点,一挥而就。更为难得的是他勤勉谨慎,任劳任怨,谋划处理各种事务缜密周全,在处理仪制司职掌的祭祀、庆赏、封策、朝贡等诸事务中,一直保持着零差错的记录,在朝廷声名鹊起。

况钟的工作热情、能力效率和行事练达,受到了朝廷上上下下官员们的普遍认可和赞赏,也受到成祖朱棣的赏识,先后30多次对他进行嘉奖。永乐二十一年(1423),况钟九年任期届满,考绩优异,擢升为礼部员外郎,不久,又被擢升为官秩正四品的礼部郎中。

二、主政苏州,欲擒故纵惩恶立威

宣德五年(1430),经吏部尚书蹇义和礼部尚书胡濙荐举,况钟被委以苏州知府的重任。

当时的苏州是全国名列前茅的"一线城市",下辖吴县、吴江、长洲、常熟、嘉定、昆山、崇明七县,土地肥沃,水网纵横,物产丰盛,是闻名天下的粮仓和超级繁华的商都,有"天下财货莫不聚于苏州"之誉,因而也是朝廷赋税的重要来源地。自然,苏州也就成为贪官污吏竞相觊觎的"肥肉",成为各色冒险家的乐园,当地豪强勾结贪官污吏,为所欲为,压迫残害百姓。"苏州赋役繁重,豪猾舞文为奸利,最号难治。"[1]

宣宗朱瞻基对况钟寄予厚望。况钟离京赴任之际,宣宗亲授敕书称:"今慎简尔等,付以郡寄,夫千里之民,安危皆系于尔,宜体朕心,以保养为务。"并赐予况钟可直接呈报奏章的"直通车"特权,规定"凡公差官员人等,有违法害民者,可立即提人解京"。

况钟走马上任,乘驿车直达苏州府。

刚一升堂办公,群吏们就一窝蜂般拥了上来,将况钟团团围在核心,请求签批处理积压案卷。况钟见状,满脸堆笑,假装糊里糊涂、一无所知,对属吏奏请之事,逐一问他们当如何处置,最终,不管妥与不妥,都按照他们的意愿来进行处理。这样一来,属吏们兴高采烈,弹冠相庆,以为新来的知府昏庸易欺,可以玩弄于股掌之间,任意摆布,愈发肆无忌惮,像往日一样无法无天,胆大妄为,甚至较之于以往有过之而无不及。

三天之后,况钟击鼓升堂,将属吏全部召来,对那些滑吏奸徒厉声呵责道:"本府初来苏州,先前某事本应实行,尔等却极力反对,阻止我实行;某事本不该去办,尔等又极力赞成,强迫我去实行。尔等舞弄文墨作奸犯科已久,罪孽深重,论罪当死。"说罢,"立捶杀数人,尽斥属僚之贪虐庸懦者"[2]。

新知府刚刚升堂治事,便雷厉风行,大开杀戒,属吏们一下子傻了眼。

这时候他们才恍然大悟:原来新知府玩了个欲擒故纵,使得滑吏奸徒尽入彀中,在这样贤能警敏的上司面前,要多加小心了!

消息不胫而走,苏州府大震,远近吏民都欢欣鼓舞,谨慎守法奉职。于是,况钟免除纷繁苛刻的赋税徭役,订立条例,凡不方便百姓的事情,立即上疏朝廷,请求朝廷倾听百姓心声，除旧布新，兴利除弊，造福于百姓，吏民大悦。

三、"三离三任"，攀车卧辙万民祈留

从宣德五年（1430）至正统八年（1443）的14年间，况钟一直主政苏州，在苏州知府任上鞠躬尽瘁，死而后已，深得苏州百姓的爱戴。在此期间，由于任期届满等原因，苏州百姓一直非常担心况钟有朝一日会被调往异地，千方百计想留住他，甚至攀车卧辙，恳祈留任。朝廷鉴于苏州百姓一次又一次的强烈吁请，满足了他们的心愿，在苏州上演了"三离三任"的千古佳话。

宣德六年（1431），况钟的继母病逝，他遵循礼制，奏请朝廷批准，回故乡守丧。按照当时规矩，况钟须在家乡为继母守制三年。苏州百姓无法等待这漫长的三年，更担心等来等去，等丢了这位好不容易盼来的爱民知府，却等来了别的什么官。等待不若行动。苏州三万多百姓自发地向巡按御史金濂请愿，请求况钟尽快复职理政，他们还编了一首歌谣传唱开来："况太守，民父母。众怀思，因去后。愿复来，养田叟。"于是，朝廷顺应民众呼声，下旨"夺情起复"，命守丧未满的况钟即刻返归苏州府履职理事。

宣德十年（1435），况钟任期届满，依例进京述职，接受吏部考绩。苏州百姓忧心忡忡，担心政绩优异、名满天下的况钟升官离去，况钟启程时，"士耆民庶咸候上道，且控舆卧辙"，舍不得况钟离开。不久宣宗朱瞻基驾崩，英宗朱祁镇继位，苏州百姓再次联名上书，历陈况钟主政苏州的卓越政绩，请求朝廷准许况钟继续留任。英宗为抚慰民心，答应况钟重回苏州。当况钟返归苏州时，百姓兴高采烈地唱道："太守朝京，我民不宁。太守归来，我民忻哉。"

正统五年（1440），况钟在苏州知府任上再次任期届满，须赴京述职，接受吏部考绩。况钟赴京之日，百姓依依不舍，自发设帐相送，沿途相随送行者数百里不绝。况钟为百姓的款款真情感动不已，赋诗与众人告别。其中《离任》写道——

    捡点行囊一担轻，京华望去几多程。

    停鞭静忆为官日，事事堪持天日盟。

苏州府士民张翰等13000余人再次联名上书，恳请况钟继续留任。最后朝廷下旨："既有军民人等保留，着复任，吏部奏升正三品，署知府事。"知府升秩三品，这是自明朝开国以来70余年间从未有的规格和礼遇。于是，况钟再次重返苏州，消息传来，百姓无不欢呼雀跃，闻讯前往相迎者"不远数百里之遥"。

四、政绩煊赫，"青天之誉，公无愧焉"

况钟缘何如此备受苏州百姓的爱戴？在主政苏州的14年中，他日复一日地勤政为民，一步步走进了百姓的心中，成为百姓心中的"保护神"和"活菩萨"。据《明史·况钟列传》《况太守集》等史料，况钟主政苏州期间留下的惩恶扬善、兴利除弊、为民解困造福的煊赫政绩千古传为美谈。

整饬吏治，淘劣擢优。

况钟赴任后，首先清查整顿官僚队伍，雷厉风行地处死了数位贪赃枉法罪大恶极的官吏，罢免了一批尸位素餐的混混，撤换了一批平庸无能之辈，培养选拔了一大批清廉贤明之士充实到各级官吏队伍。"锄豪强，植良善，民奉之若神"[3]。有个叫邹亮的儒士，献诗给况钟，况钟想擢用他。这时有人写匿名信，对邹亮进行诋毁。况钟说："这人是叫我更快地成就邹亮之名而已。"于是，立即上疏向朝廷举荐邹亮。朝廷召邹亮入朝，先后授予吏、刑二部的司务，后来邹亮升任监察御史，成为"景泰十才子"之一。

轻徭薄赋，减轻百姓负担。

由于苏州的富庶繁华名声在外，朝廷分派的赋税非常繁重。例如，工部曾经征派三梭布800匹，浙江省11府总共分派100匹，而给苏州一府就分派了700匹。官田的租税也非常之重，况钟上疏请求减官租，被户部驳回，况钟顾不得个人安危，又一再上疏恳请，坦陈如果不减，"仍照旧额征粮，有违恩命，抑且失信于民"。经过多次上奏力争，宣德七年（1432）得到宣宗批准。"钟与巡抚周忱悉心计画，奏免七十余万石。凡忱所行善政，钟皆协力成之。所积济农仓粟岁数十万石，振荒之外，以代民间杂办及逋租。"[4]被横征暴敛压得透不过气来的苏州百姓，终于松了一口气。

清理积案，惩奸肃贪。

据记载，况钟到任后，对苏州下辖七县"每一日轮治一县事，未期年，勘问过轻重罪囚一千五百二十余名"。并且常常"折狱明断"，遇有冤屈者，无不昭雪。从此，"吏不敢作奸，民无冤抑，咸颂包龙图复生"。20世纪50年代，以况钟办案为题材而创作的昆曲《十五贯》，曾在祖国大江南北长期盛演不衰。

奏请朝廷，依法清理军籍。

明初实行军户制，以保证国家兵役、徭役、田赋以及丁银收入的实现，特别是保证兵员的稳定来源。宣德三年（1428），御史李立奉诏到苏州清理军籍，勾结苏州同知张徽，借"清军"之名，敲诈勒索，大肆聚敛，动用种种酷刑，迫使民户抵充军户，百姓被冤死者不计其数。据《吴江县志》记载："县民被冤为军者四百七十三名，而被杀者不可胜计。以一府七县计之，则其数愈多矣。"况钟义愤填膺，上疏朝廷，奏明原委，使160人免除了军役，1240人仅限本身服役，免除世役。[5]

兴学礼士，振兴教育。

据《明史·况钟列传》："钟虽起刀笔，然重学校，礼文儒，单门寒士多见振赡。"宣德九年（1434），况钟多方奔走，自筹经费，选新址重建吴县儒学，朝廷重臣杨荣感其善举，亲自为作《吴县儒学重建记》。正统初年起，况钟又大兴土木，组织扩建苏州府儒学，历时三年，重建后的苏州府儒学宏大壮观，规模大为扩充，条件大幅提升，为生员的读书学习提供了良好环境。况钟还慷慨资助那些家境贫寒的学子，对品学兼优的学子不拘一格选拔擢用，或向朝廷鼎力荐举。

身体力行，革歪风、树正气。

其时，官场腐败，贿赂公行，贪腐阿谀之风大行其道，政治生态极为恶劣。况钟镇苏州，以身作则，严于律己，廉洁奉公，两袖清风。同时，他大刀阔斧，铁腕肃贪，力兴清正廉洁之风，一旦发现贪赃枉法之徒绝不姑息。据考，况钟主政苏州后，经历的司知事孙福、长洲县知县汪仕铭、常熟县知县刘正言、吴江县知县张肃、昆山县知县任豫、长洲县典史薛孟真等十多人，先后因徇私枉法遭罢免。即使是对于朝廷派来苏州采办贡品的太监、执行公务的御史，况钟也毫不手软。为纠劾不法的监察御史，他曾上《请申明御史知府相见礼奏》，要求御史遵守宪纲，不得胡乱抖钦差大臣的威风欺压地方官民。明朝编修张洪《张太史赠太守况钟前传》中有这样一段记载："侯（况钟）之为人，外虽威严，内实仁恕，刚直果敢，不为威势屈挠。郡邑每当权贵人及中官往来，气焰赫烈，官僚闻其至，皆胆慑股栗。虽重赂之，犹或不免斥辱，微员辄至笞缚。及过苏，侯未尝稍屈膝，戒下人毋贻一钱。彼知侯名，皆抑下敛迹而去，噤不出一语。"

兴修水利，劝课农桑。

况钟亲率苏州百姓疏浚河网，劝农桑，设济农仓。济农仓所积蓄的粮食每年有数十万石，除用于救荒之外，还可以用来代替百姓缴纳杂办和拖欠的租税，大大减轻了百姓负担。

况钟任苏州知府14年，政绩煊赫。世世代代的苏州百姓没有忘记他，至今，苏州沧浪亭内依然悬挂着况钟遗像，"法行民乐，民留秩迁，青天之誉，公无愧焉"的颂词赫然在目。

五、病逝任上，诗文传世激励后人

正统七年（1443）十二月，况钟病逝于苏州知府任上，终年60岁。苏州城内"郡民罢市，如泣私亲，其奔程路祭者，络不断绝"。他的灵柩从运河运回故里时，哭泣祭奠的人们绵延站满了十里苏堤。运载况钟灵柩的船中，"惟书籍，服用器物而已，别无所有"。苏州府所属七县都为其建立了祠堂。

况钟一生勤政爱民，鞠躬尽瘁，席不暇暖，偶有闲隙，便提笔创作，写下了大量诗文，后人收集其主要著作编成《况太守集》16卷。我们从中撷取几首诗作，一窥其风采。

正统五年（1440），况钟在苏州知府任上已满11年，这年冬天，他赴京述职，接受吏部考绩。属下官员素知况钟的秉性，知道他为官清廉，囊中羞涩，拿不出什么东西送礼，更不屑于去干送礼攀附巴结的勾当，然而，当时官场的腐败透顶又在那儿明摆着，谁也无力改变，地方官员进京一般都要带很多金银珍宝和土特产，作为自己的"过桥费"和"敲门砖"。于是，苏州大小官员和百姓纷纷带着各种各样的礼物，前来为况钟送行。况钟自然不会收受任何人的礼物，却深为苏州吏民的一片深情所感动，口占《饯别》诗四首，其中一首这样写道——

清风两袖朝天去，不带江南一寸棉。

惭愧士民相饯送，马前洒泪注如泉。

况钟一生勤政为民，爱民情结浓郁，曾作《劝农诗》二首，其中一首这样写道——

嗟我微材愧牧民，车驱有旬向农申。

人生务本惟耕凿，世道还醇重蜡酺。

粒粒皆从辛苦出，般般无过朴诚遵。

迩来弊革应须尽，并戴尧天荷圣仁。

况钟为官清廉，没能为子孙留下什么物质财富，却留下了宝贵的精神遗产。他很注重对于后代的教育，有《又勉子侄诗》传世——

存心立品贵无差，子孝臣忠两尽嘉。

惟有一经堪裕后，任贻多宝总虚花。

膏腴竟作儿孙累，珠玉还为妻女瑕。

师剑古箴传肖者，取之不竭用无涯。

六、品评

起于书吏敕守吴，

山欢水笑奸豪哭。

秦镜高悬惩奸恶，

孺牛俯首为黎庶。

阊门城楼歌五绔，

虎丘山上观渡虎。

三离三任传佳话，

一声青天誉千古。

（七律）

明朝内阁首辅杨士奇谓之："十年不愧赵清献，七邑重迎张益州。"

清朝学者舒梦兰谓之："太守祠前面女墙，城南犹认况家坊。姑苏逸事乡人道，两字青天万古香。"

《明史·况钟列传》谓之："兴利除害，不遗余力。锄豪强，植良善，民奉之若神。""刚正廉洁，孜孜爱民，前后守苏者莫能及。"

注　释：

[1] [2] [3] [4] [5]《明史·况钟列传》

薛瑄：一个学人官员的别样风采

薛瑄（1389—1464），字德温，号敬轩，因其谥号文清，后世又称"薛文清"，平阳府河津（今山西省运城市万荣县里望乡平原村）人。历任御史、广东道监察御史、山东提学佥事、大理寺左少卿、大理寺右寺丞、大理寺卿、礼部右侍郎兼翰林院大学士等职，入阁参与机务。薛瑄是明朝著名思想家、理学家和文学家，河东学派的创始人，他本无意仕宦，迫不得已参加科考，踏入仕途，一生宦海沉浮，其学人官员的别样风采，可谓高山仰止，景行行止。

一、出身名门，被动应考中解元

薛瑄出身于名门望族河东薛氏，其家族名人辈出，历代人物之盛、德业文章之隆，世代相因，绵延千年不衰。祖父薛仲义饱读诗书，精通经史，因时值元末战乱，不愿应考入仕，终生以教书为业。父亲薛贞于洪武十七年（1384）考中举人，历任河北元氏、河南荥阳、河北玉田、河南鄢陵等县的儒学教谕达30余年。

薛瑄自幼"性颖敏，甫就塾，授之《诗》《书》，辄成诵，日记千百言"。[1]薛瑄12岁时，父亲薛贞调任荥阳教谕，随同父亲到了荥阳，所作诗赋受到荥阳监司的赞赏。这时候，薛贞闻知高密魏希文、海宁范汝颛精于理学，为当代饱学之士，便将他们二人聘为薛瑄的老师。从此，薛瑄拜在魏希文、范汝颢门下，将以往所作诗赋文稿付之一炬，潜心探究程颢、朱熹学说的渊源，废寝忘食，孜孜以求，渐有所成。

河南布政司参政陈宗问到荥阳巡视，荥阳当地官员前往迎接。陈宗问在舟中望见风吹水面，涟漪骤起，顿生灵感，随口吟出一句上联："绿水无忧风皱面。"凝眉苦思良久，得不出下联，求助于在场的其他人。大家搜肠刮肚，沉思低吟好一阵儿，终无一人能够对得上来。薛贞回家后将此事告诉儿子薛瑄，薛瑄略一思忖，缓缓说道："这有何难？青山不老雪白头。"

薛贞默然不语，心中却暗暗为儿子的才思敏捷而窃喜。

薛瑄专心致志，埋首攻读宋明理学，勤学不辍，孜孜不倦，他非常喜欢当代学术大师胡广等编撰的宋儒性理学说汇编《性理大全》，口诵手抄，夜以继日，每有心得，便立即记录下来，日积月累，集腋成裘，几十年坚持下来，便写成了《读书录》11卷，《读书续录》12卷，大多论述性理之学，成为薛瑄在理学方面的重要论著。在这两部著作中，薛瑄提出"天地万物，惟'性'之一字括尽"；又认为理气不可分，"理、气二者，盖无须臾之相离也，又安可分孰先孰后哉"。

永乐十七年（1419），薛贞调任鄢陵县教谕，举家迁往鄢陵，年届而立之年的薛瑄依然随父亲求学，依然心无旁骛，一心一意专注于学问，依然对科举没有丝毫兴趣，不屑于因功名利禄而折损自己的节操。然而，一个奇葩的规定迫使他不得不改变初心，被动地踏上了科考之路。

当时，政府规定，任何一个县若长期无人考上举人、贡生，就将这个县的教谕发配到边远地区服役。薛瑄无论如何也不忍眼睁睁看着老弱白发的父亲被流配远方，投身科考便成了他的不二之选，于是，于永乐十八年（1420）八月参加了河南乡试。不鸣则已，一鸣惊人，他一考便名列榜首，荣获解元。

二、进士及第，监察御史镇银场

永乐十九年（1421），薛瑄赴京参加会试，一举考中进士。进士及第后回乡省亲，父亲竟在此时病逝。薛瑄悲痛万分，遵古礼居家守丧。

300

宣德年间（1426—1435），薛瑄守丧期满，授任御史。此时，朝廷内阁是"三杨"（杨士奇、杨荣、杨溥）秉政，他们早就听闻薛瑄的人格秉性和学术造诣，想私下见一见他，了解领略其风采，便遣人前去告知薛瑄。一个刚刚踏上仕途的年轻人，得到朝廷顶级大员的专门召见，这无疑是一种特殊的眷顾和器重的表示，对于薛瑄来说，实在是一个展现自我、拓展人脉的极好机会，多少人求之不得。可令"三杨"大跌眼镜的是薛瑄竟断然回绝了。

薛瑄的回答干脆而决绝："我肩负的职责是弹劾督察百官，岂敢私谒公卿。"

还好，"三杨"个个贤明豁达，不是那种鼠肚鸡肠的斗筲之徒，他们没有因此而为难薛瑄，反而对他更为赏识。倘或他们真的跟薛瑄计较起来，薛瑄的下场可就惨了！宣德三年（1428），宣宗朱瞻基拟整顿吏治，重振纲纪，经内阁首辅杨士奇等人举荐，任命薛瑄为广东道监察御史，并监湖广银场。

湖广银场位于湘西武陵山脉南麓的沅州，辖12个县，共21个矿场，有民夫55万之众，规模巨大，是国家铸币原料的主要基地，由户部管理开采。银场的开采和管理状况，直接关系国家的经济命脉。此前，银场多年以来混乱不堪，管理者贪污腐败，偷盗成风，漏洞百出，亟待整治。

可见这副担子的分量！

薛瑄走马上任后，以岑参的诗句"此乡多宝玉，切莫厌清贫"自警，不辞辛劳，时常奔波于沅州、辰溪和泸溪等各矿场之间，往复巡视，明察暗访，革弊鼎新，堵塞漏洞，建立健全制度法纪，一旦发现贪污受贿者，视情节轻重，依法惩处，当罢官者罢官，当治罪者治罪，不管任何人，绝不姑息迁就。在任上三年，不曾须臾脱离岗位，甚至从没有回家省亲，终于使银场由混乱不堪变得秩序井然，由大乱达到大治。任职三年期满，他清风两袖，翩然凯旋。

在此期间，他写下了《沅州秋夜忽忆三年前秋夜之作二首·其一》，抒发其彼时的幽思与情怀——

　　　　独坐高堂蜡炬红，宛然秋与昔年同。
　　　　宦情不改秋时淡，诗思浑如到日浓。
　　　　杨柳影斜帘外月，芰荷香老水边风。

莫言白笔南征久，赢得归囊一物空。

三、京官"豪宅"，废旧车框嵌作窗

薛瑄为官清廉，在朝中为御史，却囊中羞涩，一直无力在京师购买自己的住房。转眼间五年过去了，孩子们渐渐长大，一家人总得有个安身立命的住所，于是，东拼西凑，倾其所有，下狠心购置了两间低矮阴暗的小房子。房子狭小得只能勉强放下桌椅床铺，更要命的是整座房子没有窗子，对于这个嗜书如命的家庭来说实在难以接受。

如果买一扇窗子安上去，就可以使外面的光线透进来。薛瑄沉吟良久，最终不得不放弃了这个想法。原因很简单，把口袋翻了个底朝天，空空如也。

居住在如此黑暗的房间里怎么读书？薛瑄心里犯起了嘀咕。无意间他忽然看到了门前那辆废弃破烂的小木车，不由眼前一亮，遂呼唤儿子薛淳过来，命他在东山墙上凿出一个洞，然后将小木车拆解开来，锯掉两端长木，取车架方框嵌在凿开的洞上，糊上麻纸，这样就有了"窗子"，室外的灿烂阳光随之照了进来。

站在自己的"杰作"面前，薛瑄欣赏良久，颇为自得，雅兴难抑，挥笔写下流传千古的《车窗记》——

"河东薛德温官御史近五年，始买小屋两间于京师，仅容几榻床席，又苦其东壁暗甚，力不能办一窗。小子淳乃取废鹿车上辕，卸去两傍长木，以中方为棂，类若窗者，穴壁而安置之。

余归自外来，因叹曰：'以御史之显，曾不能办一窗，致以此物为之，使富者见焉，必睨目而哂，掩口而走矣。御史之拙于生事，乃至乎此。'

既而取古书读其下，则旭日漏彩，清风度凉，心神通融，四体超爽，忽不知天之迥、地之广，而屋之陋也。复从而自解曰：'吾之屋如是，可谓陋矣。然安之而忘其陋，是居虽小而心则大也。彼贪民侈士，巍堂绮户，可谓广且丽矣。彼方褊躁汲汲，若不足以自容，日夜劳神惫精，思益以扩大之。是其居虽大，而心则小也。小大之说，君子必能辨之。'于是作《车窗记》。"

我们无从知道，薛瑄当年站在自己的"豪宅"面前，望着家中的这扇窗子作何感想。500多年后的今天，当我们捧读《车窗记》的时候，耳畔不由回响起刘禹锡《陋室铭》的词句："山不在高，有仙则名。水不在深，有龙则灵。斯是陋室，惟吾德馨……南阳诸葛庐，西蜀子云亭。孔子云：何陋之有？"

四、蒙冤下狱，死囚终日读《易》忙

正统初年，尚书郭琎举荐薛瑄为山东提学佥事。薛瑄亲自为学生授课，大家都亲切地称他为"薛夫子"。

其时，司礼监掌印太监王振得势，勾结内外官僚，擅作威福，专权擅政，连英宗朱祁镇都称他为"先生"，公卿大臣尊之为"翁父"，竞相攀附。为达其不可告人的目的，王振四处网罗亲信，培植党羽，结党营私。某日，王振问"三杨"："谁有德才可居卿相高位？""三杨"推荐了薛瑄。正统六年（1441），薛瑄被擢升为大理寺左少卿。

"三杨"素知薛瑄秉性，又知道起用薛瑄是王振的意思，意欲叫薛瑄去面见王振，并且差遣尚书李贤把他们的意图告诉薛瑄。没想到薛瑄梗着脖子愤愤地说："拜爵公朝，谢恩私室，吾不为也。"[2]

王振深受英宗朱祁镇宠信，越来越专横跋扈，气焰熏天。朝臣们在东阁议事，见到王振，一个个都忙不迭地打躬作揖，唯独薛瑄屹然不动；王振躬身向他施礼，薛瑄也不还礼；王振派人向薛瑄赠送礼物并约请相见，薛瑄都托辞谢绝，根本不理王振的茬儿。

从此，王振对薛瑄怀恨在心。

薛瑄履职后，殚精竭虑，恪尽职守，仅四个多月就办完了在锦衣卫发生的十多起冤狱案。他无论如何也没有想到，此时发生的一件看似普通的案子将他送进了死牢。

一位军官染病遽然离世，留下了貌美娇艳的小妾。锦衣卫行事校尉王山勾搭上了这位小妾，欲将其娶进门，遭到这位军官妻子贺氏的拒绝。王山猴急要娶，小妾铁心要嫁，贺氏坚决不允，于是，王山唆使小妾将贺氏告上法庭。小妾一口咬定贺氏毒杀亲夫，锦衣卫遂将贺氏拘捕关押。这个王山何许人也？他乃王振的侄子，所以才有如此大的胆子。贺氏平白被诬陷，岂肯招认，怎奈她实在忍受不了锦衣卫一道接一道的酷刑，几经折磨，屈打成招，被判成死罪。

薛瑄一眼就看穿了这桩冤案中的蹊跷，多次要求经办此案的监察御史秉公据实彻查，他们因为害怕得罪王振而借故推诿。无奈之下，薛瑄愤然弹劾承办御史渎职枉法，联合几位同僚一起为贺氏伸冤，但三次都被驳回。都御史王文秉承王振的旨意，诬劾薛瑄等故意捏造王山的罪名。王振又支使谏官弹劾薛瑄等受贿，将他们全部缉捕关押，判处薛瑄死罪，打入死牢。

薛瑄有三个儿子，一子愿代父死，另二子愿充军以赎父罪，均未被允准。

薛瑄被禁身死牢，容色自若，每日聚精会神研读《易经》。

消息传出，朝野震动。随着行刑的日子渐渐临近，人们对此案越来越关注。某日，王振家的一位老仆人在厨房突然痛哭流涕，问他为何而哭，他愈发悲声大放，抽抽噎噎地说："听说今日薛夫子将要被处斩了！"说完，依旧号啕不已。

老仆人的恸哭使王振大受震动。由于惧怕众怒难犯，王振不得已只好做出让步，经刑科三次陈奏，兵部侍郎王伟上疏申救，才免除薛瑄死罪，削职为民，放归故里。

五、心系苍生，为民请命气如虹

正统十四年（1449），发生了震惊朝野的"土木堡之变"。不久，代宗朱祁钰继位，薛瑄被召回京师，任大理寺右寺丞。

景泰元年（1450），叙州爆发少数民族起义，很快波及川西九县，薛瑄奉诏前往协助左佥都御史、四川巡抚李匡平息叛乱。叙州之乱刚刚平定，播州之乱又起，薛瑄遂又移师播州，连续作战，浴血疆场，终于平息了叛乱。

薛瑄在戡乱的过程中特别留心察看各地民情，发现当地贪官横征暴敛，变本加厉地盘剥百姓，致使百姓生活举步维艰，难以为继，是激起民变的主要原因。叛乱平息后，薛瑄立即上疏朝廷，为民请命，称"番川远夷，但当羁縻之，不宜责以贡赋"，苗彝等少数民族地区民力已竭，财力已尽，只有减少贡赋，才可保不生变故。

只可惜如此恤民靖国良策，一疏上奏，如泥牛入海。

景泰二年（1451）十二月，薛瑄赴任南京大理寺卿。一富豪仗势杀人，买通官府，颠倒黑白，案子久拖不决。薛瑄到任后快刀斩乱麻，很快秉公依法予以处置。

景泰四年（1453）八月，薛瑄调任北京大理寺卿。是年发生了全国大饥荒，苏州、松江一带民众纷纷向富户借粮，富户大贾乘人之危，纷纷抬高粮价，囤积居奇，大发国难财，激起民怨，造成民众群起哄抢富户粮食、烧毁富户房屋的事件。朝廷派阁臣王文前往弹压查处，王文为彰显自己的功绩，一下子查抄平民500余户，拘捕200余人，并以谋反罪将他们悉数押解进京，奏请一律问斩。

群臣议论纷纷，大都以为如此判决实在荒唐，然慑于王文的权势，没人敢站出来公开提出异议。在一片静默之中，薛瑄义无反顾，愤然上书朝廷，为被捕平民辩冤。王文见状，知道此案非翻盘不可，恨恨地对同僚们说："此老倔强犹昔！"[3] 最终，此案经都察院调查勘实，只严惩了为首者三四人。

六、天顺入阁，一代宗师辞官归

薛瑄见国事不可为，屡屡请求告老还乡，朝廷不允。

景泰八年（1457）正月十六日晚，将领石亨、政客徐有贞、太监曹吉祥等发动夺门之变，英宗朱祁镇复辟，改元天顺。政局翻覆，朝廷大洗牌，薛瑄被任命为礼部右侍郎兼翰林院大学士，入阁参与机务。

年近古稀得以入阁辅政，得到朝廷重用，薛瑄不免踌躇满志，热血沸腾，憋足了劲要为朝廷建言献策，每当英宗召见，都竭诚尽忠，坦诚直言，献匡政辅国之策。

然而，没过多久，他就发现重登帝位的英宗朱祁镇软弱无能，是个扶不起的天子，他对石亨、曹吉祥乱政束手无策，对朝廷乱象听之任之，迫害景泰一朝的忠良、功臣，特别是当英宗以谋逆罪杀害兵部尚书于谦、吏部尚书王文、名将范广之后，薛瑄入阁后燃起的政治热情遽然降到冰点，对于重振朝纲彻底失去了信心。

于是，薛瑄以老病为由，接连上疏，坚请致仕归乡。"帝心重瑄，微嫌其老，乃许之归。"[4]

薛瑄辞官归乡后，一面埋首读书治学，一面传道授业，聚众讲学。他一生手不释卷，勤奋著述，其主要著作有《读书录》《读书续录》《理学粹言》《从政名言》《策问》等。他还是一位颇负盛名的高产作家和诗人，计有散文、杂文等260余篇，诗歌1570首，清人曾辑其所有文字，汇刻为《薛文清公全集》，计46卷。薛瑄继明初曹端之后，在北方开创了"河东之学"，其门徒遍及山西、河南、关陇一带，清人称之为"薛学"，将其视为朱学传宗，称其"开明代道学之基"。明朝政治家、思想家、东林党领袖高攀龙认为，有明一代，学脉有二：一是南方的阳明之学，一是北方的薛瑄朱学。可见其地位之尊崇，影响之深远。

天顺八年（1464）六月十五日，在故乡闲居的薛瑄忽觉身体不适，遂将案上文稿作一番整理，提笔在手，伏案缓缓写道："土炕羊褥纸屏风，睡觉东窗日影红。七十六年无一事，此心唯觉性天通。"书罢，悠然长逝，终年76岁。朝廷遣使谕祭，赠资善大夫、礼部尚书，谥号"文清"。

七、品评

河东薛门解元郎，

德劭学富志气刚。

钦差银场归囊空，

御史陋室嵌车窗。

不屈谪臣蠋怊忧，

蒙冤死囚读易忙。

进退生死寻常事，

儒宗浩气万古扬。

（七律）

明朝内阁首辅李贤谓之："公之学，践履笃实之学也，居恒每以圣贤为师，随其所寓，一言一动，于理稍有违失，便觉身心不安，凡辞受取予，必揆诸义，一毫不苟，晚年玩心高明，默契其妙，有不言而悟者，其出处大节，光明峻洁，于富贵利达泊如也，接人无大小众寡，一以诚待之，教之有序，而其言平易简切，不穿凿奇僻之说，文必根于理，辞旨条畅。"

明朝名臣王鏊谓之："薛文清公深于理学，然其言曰：'自宋以来，真儒辈出，理学大明，顾人之躬行实践何如耳！'今观其行事，能卓然自立，不附权奸，固不欲往见王振，耻于拜爵公朝，谢恩私室。为大理卿，驳正冤狱，宁忤权奸。至赴市曹，神色自若，略不为屈，此其学问得力处，真躬行君子也。"

《明史·薛瑄列传》谓之："瑄学一本程、朱，其修己教人，以复性为主，充养邃密，言动咸可法。""而英宗之世，河东薛瑄以醇儒预机政，虽弗究于用，其清修笃学，海内宗焉。"

注　释：

[1] [2] [3] [4]《明史·薛瑄列传》

于谦："要留清白在人间"

于谦（1398—1457），字廷益，号节庵，浙江杭州府钱塘县（今浙江省杭州市上城区）人。历任御史、兵部右侍郎、巡抚、兵部左侍郎、兵部尚书、少保等职，明朝名臣。《明史·于谦列传》盛赞于谦"忠心义烈，与日月争光"。

一、钦慕文相，"要留清白在人间"

洪武三十一年（1398），于谦出生于浙江杭州府钱塘县太平里（今浙江省杭州市上城区祠堂巷）一个世代官宦之家。其高祖于夔为元朝中书省掾吏；曾祖父于九思历任元朝知州、两浙盐运副使、杭州路总管、绍兴路总管、湖南宣慰使等职，颇有政声；祖父于文明为明洪武朝工部主事；父亲于彦昭隐居家乡钱塘不仕。

于谦自幼天资聪颖，少立壮志，刻苦读书求学，饱读诗书，以少年英才闻名遐迩。七岁之时，家人带着于谦外出，与一位和尚不期而遇，和尚一见，不由脱口惊叹："他日救时宰相也。"[1]

于谦十分仰慕乡贤南宋丞相文天祥，每每仰望文天祥的遗像缅怀追思，吟哦"人生自古谁无死，留取丹心照汗青"的诗句，神情庄严。他终生都是文天祥的"铁杆粉丝"，无论官居何职，身在何处，家中都永远供奉着文天祥的遗像和牌位，就像供奉自家的祖先一样，甚至比供奉自家祖先还要恭敬虔诚。

某日，少年于谦远远望见石灰窑烟雾升腾，忽然来了兴趣，便一路小跑前往一看究竟。当他看见师傅们将一堆堆青褐色石头投入窑中，经烈火焚烧，便华丽转身，变成了洁白的石灰，不由触景生情，激发起创作的灵感，随口吟出《石灰吟》——

千锤万凿出深山，烈火焚烧若等闲。

粉骨碎身浑不怕，要留清白在人间。

这一年，于谦只有12岁。

二、进士及第，为官一任兴一方

永乐十九年（1421），23岁的于谦进士及第，从此踏上仕途。

宣德初年，于谦被任命为御史，成为京官。每当奏对的时候，于谦的表述都语言流畅、生动准确，声音清澈洪亮，宣宗朱瞻基闻听喜不自胜，每每投去赞许的目光。时任都御使的顾佐，以对下属严厉苛刻而著称，唯独对于谦却特别尊重客气，认为于谦的品行才能远远胜过自己。

宣德元年（1426）八月，汉王朱高煦在封地乐安州（今山东惠民）举兵造反，宣宗朱瞻基御驾亲征，于谦奉命扈驾随行。朝廷大军压境，朱高煦走投无路，俯首投降，宣宗命于谦宣布他的罪状。于谦义正词严，声若洪钟，历数朱高煦的滔天罪行，"高煦伏地战栗，称万死。帝大悦"[2]。

宣宗朱瞻基早就对于谦欣赏有加，在戡平朱高煦叛乱中目睹了于谦的才干和风采，更加对他刮目相看。回师北京后，宣宗遂诏命于谦巡按江西。于谦衔命赴任。在任期间，他不负重托，铁面无私，明镜高悬，平反冤狱数百起，颂声载道，百姓无不感恩戴德。

宣德五年（1430），宣宗越级擢升于谦为兵部右侍郎，命其巡抚河南、山西。"谦至官，轻骑遍历所部，延访父老，察时事所宜兴革，即俱疏言之。一岁凡数上，小有水旱，辄上闻。"[3]

于谦为政一方，恤民瘼，戢吏奸，肃贪腐，惩凶邪，兴风化，使得河南、山西山河面貌为之一新，百姓日子逐年向好，他深得民望。

宣德九年（1434）七月，河南延津一带发生大范围蝗灾，"蝗蝻覆地尺许，伤害禾稼。虽悉力捕瘗，而日加繁盛"。于谦目睹蝗灾带来的一片凄惨荒凉景象，心如刀绞，而延津县吏铁石心肠，不愿向上级报告灾情，饱受蝗灾蹂躏的延津百姓痛苦地挣扎在死亡线上。

于谦义愤填膺，怒叱严惩刁官滑吏，上奏朝廷，请停免、减征"延津一应买办及夏税、屯粮"，"以宽民力"，拯救延津百姓于水火之中。抚民救灾之余，于谦赋诗《荒村》，以抒胸怀——

村落甚荒凉，年年苦旱蝗。

老翁佣纳债，稚子卖输粮。

壁破风生屋，梁颓月堕床。

那知牧民者，不肯报灾荒。

正统六年（1441），于谦上疏朝廷称："今河南、山西积谷各数百万。请以每岁三月，令府州县报缺食下户，随分支给。先菽秫，次黍麦，次稻。俟秋成偿官，而免其老疾及贫不能偿者。州县吏秩满当迁，预备粮有未足，不听离任。仍令风宪官以时稽察。"[4]

将于谦的上疏译为现代汉语——

现今河南、山西储存的谷物各自都达到了数百万。请于每年三月，敕令各府州县上报缺粮的贫困户，以及时把谷物分发到他们手中。先发菽秫，再发黍麦，最后发稻谷。等到秋收后（贫困户）再把粮食还给官府，而年老有病和贫困无劳动能力的，则免予偿还。但凡州县吏员任满应该提升者，如果其任内储存预备粮达不到指标，应当一票否决，不准离任。并命令监察官员经常稽查视察。

其时正是"三杨"（杨士奇、杨荣、杨溥）主持内阁朝政时期，"三杨"对于谦也非常欣赏，凡于谦奏请之事，他们都以最快的速度呈报皇上，批准颁行。

英宗朱祁镇很快批准了于谦的奏疏，降诏立即施行。

河南黄河沿岸经常出现堤坝决口，洪水肆虐，百姓屡遭其害。于谦严令沿线县乡对堤坝增高加厚，每个乡里都要设亭，亭置亭长，责令其督率修缮堤坝。

同时动员和组织百姓，大力种树挖井，几年之后，黄河沿岸榆柳夹道，郁郁葱葱。大同孤悬塞外，按抚山西的官员常常无法到达，于谦奏请朝廷另设御史来治理，并奏请朝廷把镇边将领私人开垦的田地全部收归国有，改为国家屯田，以资助边防开支，减轻百姓负担。

三、清风两袖，免得闾阎话短长

明英宗正统后期，随着"三杨"相继逝世，张太皇太后（明仁宗朱高炽皇后）病逝，明朝的政治生态发生了微妙的变化，朝政越来越腐败，贪污成风，贿赂公行。司礼监掌印太监王振渐成气候，他勾结内外官僚，擅作威福，成为满朝权贵争相攀附的对象，公卿大臣称之为"翁父"，连英宗朱祁镇都称其为"先生"。

王振大权独揽，谁顺从和巴结他，就会立即得到提拔和晋升；谁若不肯攀附或违背了他，便会受到处罚和贬黜。于是，百官大臣争相献金求媚，阿谀逢迎、攀附贿赂者趋之若鹜。地方官进京时，都要带很多金银财宝和当地名贵土特产，作为打通关节乃至献媚取宠的敲门砖。

于谦可不管这一套。每次进京，于谦总是轻车简从，两手空空。有好心人劝他说，在人屋檐下，不得不低头，不妨"入乡随俗"，进京时多带些名贵土特产，向当权者"表示表示"，以免遭谗害。于谦总是微微一笑，挥一挥两袖说："我只有两袖清风。"为表明自己恪守清廉之志和决不同流合污的决心，于谦特意创作了《入京》以明志——

绢帕蘑菇及线香，本资民用反为殃。

清风两袖朝天去，免得闾阎话短长。

于谦如此"胆大妄为"，王振岂肯放过他！不久，于谦入朝，推荐参政王来、孙原贞代替自己的职务。通政使李锡受王振指使，弹劾于谦因为长期未得到职位晋升而心怀不满，擅自荐举他人代替自己，罪在不赦，于是，于谦被判处死刑，打入死牢。

山西、河南一带的官吏和百姓闻知于谦被判死罪，纷纷赶往京城，俯伏在宫门前上书，请求为于谦平反昭雪。于谦任山西、河南巡抚18年，深得民望，前往请愿者数以千计,请愿的人群黑压压一大片,周王、晋王等藩王也站出来为于谦鸣不平,一些朝臣纷纷上书作证力保。

王振眼见众怒难犯,为情势所逼,才不得不将于谦释放出来,恢复其巡抚职务。

其时,陕西、山东一带连年灾荒,20多万灾民涌入河南,于谦紧急从河南、怀庆两府征调粮食赈济灾民,又奏请朝廷令河南布政使年富动员政府和社会资源,千方百计安置灾民,给他们调剂田地、耕牛和种子,使这些流落他乡的灾民不仅能够活命,平安度过灾荒,而且能够在当地安家立业,过上平平安安的日子。逃荒到河南的灾民无不感激涕零。

于谦一生宦海沉浮,公正廉明,夙夜在公,恤民不倦。据《明史·于谦列传》,景泰八年(1457)"夺门之变"后,锦衣卫抄没其家,但见家中陈设简陋,家无余财,唯见正屋的门锁得严严实实。打开正屋房门,只见屋内都是代宗朱祁钰赏赐的蟒袍、珠宝、剑器等诸物,原封不动,尽在其中。

四、土木之变,扶立郕王继大统

正统十三年(1448),于谦奉诏回京,迁任兵部左侍郎,食二品官员俸禄。

明朝兴起后,留在中原的蒙古人大部分退回大漠,北元分裂成东、西蒙古(明朝称东蒙古为鞑靼,西蒙古为瓦剌),两者彼此内斗不止,互争雄长。正统十四年(1449)七月,瓦剌首领绰罗斯·也先率数路大军入侵明朝,战旗所指,势如破竹,明朝大同参将吴浩战死于猫儿庄。告急文书雪片般飞往京师。

消息传来,朝野震恐。

面对瓦剌军队大举入侵,究竟应当如何应对?独揽朝廷大权的王振极力怂恿英宗朱祁镇御驾亲征,于谦、兵部尚书邝埜和吏部尚书王直等极力劝谏,"力言六师不宜轻出"。英宗早就对王振言听计从,不顾群臣反对,一意孤行,决意亲征瓦剌,英国公张辅、成国公朱勇、兵部尚书邝埜、户部尚书王佐、内阁学士曹鼐、张益等护驾从征。英宗命郕王朱祁钰监国,留于谦主持兵部的工作。

英宗亲率50万大军(一说20多万),只经过几天的准备,便仓促上阵,浩浩荡荡开赴前线，一切军政大权皆交给王振一人独断。原计划从大同北上，与瓦剌在明朝边境决战，刚刚到达大同，英宗就接到太监郭敬密报，得知瓦剌早已做好准备，正严阵以待，于是，立即从大同班师东返，计划从居庸关回京。

回师途中，队伍多次遭遇瓦剌袭击，担负殿后任务的吴克忠部被伏击全歼，成国公朱勇率领大军四万人前往救援英宗，在鹞儿岭遭瓦剌伏击全军覆没。正统十四年（1449）八月十三日，明军残部狼狈逃到土木堡（今河北怀来东），瓦剌军紧追不舍，对土木堡形成合围。经双方血战，明军全军覆没，英宗朱祁镇被俘，兵部尚书邝埜、户部尚书王佐等大臣战死，不可一世的王振也死于乱军之中。

土木堡惨败，皇帝做了瓦剌俘虏，这无异于晴天霹雳！京城之中，上至王公大臣，下至黎民百姓，皆闻瓦剌色变，不少王公大臣准备将子女家眷送往南京避难，富商大贾也纷纷准备携金银细软逃离北京。

郕王朱祁钰召集群臣，征询应敌之策。面对生死存亡的危机，大明王朝朝堂之上围绕"战"还是"迁"，上演了一场激烈的争论。

大家议论纷纷，莫衷一是。翰林院侍讲学士徐珵诡称夜观天象，发现北京作为帝都的气数已尽，应立即迁都南京，话音未落，便有不少主张南迁的大臣随声附和。

在一片力主南迁的鼓噪声中，于谦挺身而起，厉声吼道："言南迁者，可斩也。京师天下根本，一动则大事去矣，独不见宋南渡事乎！"[5]吏部尚书王直、内阁学士陈循等大臣也义无反顾地站了出来，坚定地支持于谦的主张。

于谦等大臣的主张得到了郕王朱祁钰的首肯，坚守北京的决策就这样定了下来。于谦挥笔写下《七律·岳忠武王祠》，借南宋迁都旧事来表明自己反对迁都、誓死坚守北京的主张——

> 匹马南来渡浙河，汴城宫阙远嵯峨。
> 中兴诸将谁降敌，负国奸臣主议和。
> 黄叶古祠寒雨积，青山荒冢白云多。
> 如何一别朱仙镇，不见将军奏凯歌。

由于王振长期以来作恶多端，朝臣对其积怨甚多，一日，群臣跪伏在午门外，请求监国朱祁钰惩处王振余党。锦衣卫指挥使马顺本是王振死党，平日里狗仗人势，骄横惯了，见此情景，又大发淫威，声色俱厉地呵斥众人，要把大家轰出去，一下激起了众怒，被户科给事中王竑等群臣当场殴死，同时被当庭打死的还有王振的外甥王山。一时，群情激昂，血溅朝堂。

郕王朱祁钰自幼生活在深宫，哪里见过这样血腥的场面，极度惊恐，慌忙起身欲奔回后宫。

于谦赶忙向前拉住朱祁钰的衣袖，恳切进谏："请再宣谕群臣，王振罪固当赤族，俟启太后行诛未晚。马顺罪恶应死，勿论。"[6]遂又回头招呼群臣遵朝班肃立，稍安勿躁，请大家沉静下来。于是，朱祁钰宣布："王振罪大恶极，当诛九族；马顺等人罪该诛死，打死勿论；众臣无罪。"混乱的场面才渐渐归于平静。

吏部尚书王直紧紧握着于谦的手感叹说："国家正是倚仗您的时候。今天这样的情况，即使是一百个王直也对付不了啊！"

众望所归之下，朝廷任命于谦为兵部尚书。

国不可一日无君。其时，太子朱见深年仅两岁，为避免主少国疑，于谦、王直等大臣联名奏请皇太后，请立郕王朱祁钰为皇帝。朱祁钰再三推辞，于谦诚恳地大声说道："臣等诚忧国家，非为私计。"于是，郕王朱祁钰受命，于正统十四年（1449）九月即皇帝位，改元景泰，遥尊英宗朱祁镇为太上皇。

五、临危受命，抗击瓦剌卫京师

也先俘虏了英宗朱祁镇，又喜又忧，喜的是居然活捉了明朝皇帝，忧的是不知当砍下他的脑袋还是留个活口。倒是他的弟弟伯颜帖木儿提醒他：留活口，皇帝可是奇货可居，手里攥着这张底牌，随时可向明朝要挟恐吓、勒索财物、提出要求。

令也先窝火的是这张底牌握在手里，无论怎么变着法折腾，明朝廷却横竖不肯买账。明朝不仅拥立郕王朱祁钰为新皇帝，而且还严令边关诸将，绝对不容他们与也先有任何私下接触,即使是打着太上皇的旗号,也一概置之不理。

也先恼羞成怒,于正统十四年(1449)十月初,挟持俘获的英宗朱祁镇,率瓦剌大军浩浩荡荡,挥师南下,十月十一日兵临北京城下。

北京保卫战打响。

土木堡之败,已使得明朝的精锐部队几近被全歼,北部的重镇、关隘也大部丢失沦陷,北京的防务门户洞开,如果此次北京保卫战再有闪失,将使明帝国面临亡国灭种的危险。

千军易得,一将难求。选择谁来指挥这场决定帝国生死存亡的命运之战呢?代宗朱祁钰选择了于谦。按照明朝的体制,兵部尚书属文官,是不能直接指挥军队的。为此,代宗朱祁钰授予于谦"提督各营军马"的权力,命令在京的各营将领皆接受其节制。

于谦受命于危难之际,信心百倍,视死如归,他调兵遣将,誓与北京共存亡。面对强敌,石亨提出关闭京城九门,依托城池进行固守的战术构想。"谦不可,曰:'奈何示弱,使敌益轻我。'亟分遣诸将,率师二十二万,列阵九门外:都督陶瑾安定门,广宁伯刘安东直门,武进伯朱瑛朝阳门,都督刘聚西直门,镇远侯顾兴祖阜成门,都指挥李端正阳门,都督刘得新崇文门,都指挥汤节宣武门,而谦自与石亨率副总兵范广、武兴陈德胜门外,当也先。以部事付侍郎吴宁,悉闭诸城门,身自督战。下令:'临阵将不顾军先退者,斩其将。军不顾将先退者,后队斩前队。'于是将士知必死,皆用命。"[7]

代宗朱祁钰以于谦劳苦功高,加官少保,于谦固辞,上奏说:"四郊多垒,卿大夫之耻也,敢邀功赏哉!"[8]代宗不允。

于谦总督军务,号令三军,亲冒矢石,督师九门之外,上下一心,众志成城,浴血奋战,捷报频传,终于挽狂澜于既倒,击退瓦剌,取得北京保卫战的胜利。

六、夺门之变,千古功臣身遭戮

北京保卫战后,也先意识到英宗朱祁镇这张底牌已不能给他带来任何好处,失去了存在的价值,于是,便接连遣使南下求和,说愿意放朱祁镇回去。

代宗朱祁钰听到这个消息的第一反应，犹如骤然被蛇狠狠地咬了一口：什么？他要回来？我的屁股往哪儿坐！据《明史·于谦列传》："帝不悦曰：'朕本不欲登大位，当时见推，实出卿等。'谦从容曰：'天位已定，宁复有他，顾理当速奉迎耳。万一彼果怀诈，我有辞矣。'帝顾而改容曰：'从汝，从汝。'"

经于谦、王直等大臣的劝谏，代宗总算勉强同意朱祁镇归国。

于是，做了一年瓦剌俘虏的朱祁镇终于回来。

代宗朱祁钰将朱祁镇安置在南宫，大门上锁灌铅，派锦衣卫严密值守，每日食物都只能通过铁门上的小洞递入，采取一切防范措施，严加看管。

这一关就是七年。

于谦刚直不阿，疾恶如仇，深得代宗信赖，凡于谦奏请之事，没有不允准的。凡要提升任用官员，代宗也总是首先征询于谦的意见。于谦则竭诚尽忠，一心一意尽心于国事。他一向有痰症病，也顾不上寻医，自土木之变后一直强扶病体常住在值守官衙，日夜操劳。

石亨上疏代宗，推荐于谦的儿子于冕，没想到于谦不但丝毫不领情，反而上奏代宗说："石亨身为大将，没听说他举荐过一位隐士，提拔过一个士卒，却推荐我的儿子，这样能服众吗？身为大臣，我绝不允许自己的儿子来滥领功劳。"石亨听了面红耳赤，又愧又恨。

于谦从骨子里看不起那些懦怯无能、尸位素餐的大臣、勋臣、皇亲国戚，对那些投机钻营之徒、谄谀取容的佞臣，更是嗤之以鼻。他治军行政，严格执法，冷颜铁腕，公正无私，无论对谁，绝无半点通融的余地，也从不躲避任何嫌疑猜忌，遭到不少人的怨恚。

对于一些大臣的积怨，于谦心知肚明，但却坚定不移，一以贯之，毫不动摇，"遇事有不如意，辄拊膺叹曰：'此一腔热血，意洒何地！'"[9]其《七律·咏煤炭》，将他以天下兴亡为己任，无惧艰险，尽心竭力报国恤民的炽热情怀展现得淋漓尽致——

  凿开混沌得乌金，藏蓄阳和意最深。

  爝火燃回春浩浩，洪炉照破夜沉沉。

鼎彝元赖生成力，铁石犹存死后心。

但愿苍生俱饱暖，不辞辛苦出山林。

景泰八年（1457）正月十七日，太子太师石亨、左副都御史徐有贞（即徐珵，因力主南迁声名狼藉改此名）和宦官曹吉祥等迎立英宗朱祁镇复辟，史称"夺门之变"。

英宗朱祁镇复辟当日，立即逮捕了于谦、大学士王文以及当初拥立朱祁钰的大臣，以谋逆罪判处死刑。面对这莫须有的罪名，王文极力抗辩，"谦笑曰：'亨等意耳，辩何益？'奏上，英宗尚犹豫曰：'于谦实有功。'有贞进曰：'不杀于谦，此举为无名。'帝意遂决。"[10]正月二十三日，于谦被押往崇文门外，在他曾经以热血和生命拼死捍卫的这座城池前，慨然引颈受戮。时年59岁。

明宪宗成化初年，于谦被复官赐祭；明孝宗弘治二年（1489），追谥"肃愍"；明神宗万历十八年（1590），改谥"忠肃"。

七、品评

天降英才重抖擞，

国难频仍鬼神愁。

宣谕乐安叛王栗，

巡抚晋豫民无忧。

清风两袖拂万古，

石灰一吟足千秋。

九门喋血续国祚，

英雄蒙冤断白头。

（七律）

明朝文学家屠隆谓之："于肃愍谦驾驭长才，贞劲大节，生定倾危，死安义命，功存社稷，忠鉴上帝，定神气于劻襄，人乱我整，宁犯难而存国，制群奸于股掌，可发不发，宁危身以安君，完万事于一死，利害有不敢知，付公论于千秋，是非有不必辩，所谓与日月争光，可也，功固高于李纲，事更难于武穆（岳飞），其当世至人耶。"

《明史·于谦列传》谓之:"于谦为巡抚时,声绩表著,卓然负经世之才。及时遘艰虞,缮兵固圉。景帝既推心置腹,谦亦忧国忘家,身系安危,志存宗社,厥功伟矣。变起夺门,祸机猝发,徐、石之徒出力而挤之死,当时莫不称冤。然有贞与亨、吉祥相继得祸,皆不旋踵。而谦忠心义烈,与日月争光,卒得复官赐恤。公论久而后定,信夫。"

注 释:

[1] [2] [3] [4] [5] [7] [8] [9] [10]《明史·于谦列传》

[6]〔明〕于冕《先肃愍公行状》

陈寿：亲友资助魂归乡

陈寿（1440—1522），字本仁，江西新淦（今江西新干）人。明孝宗、武宗朝官员，历任户科给事中、都给事中、右佥都御史兼延绥巡抚、南京都察院右副都御史、陕西巡抚、刑部尚书等职。他一生为官40多年，严于律己，恪尽职守，始终保持清正廉洁的作风，身无长物，栖身于透风漏雨的破屋中，釜鱼甑尘，死后靠同僚和亲朋的资助才得以归故乡安葬。

一、勤苦好学，宁远卫走出第一位进士

陈寿出身于一个军户之家。所谓军户，即中国古代世代从军、充当军差的人户，军户子弟世袭为兵，未经准许不得脱离军籍。陈寿的祖父和父亲都在辽东宁远卫（今辽宁兴城）服兵役，尚在襁褓之中便被带到宁远兵营，在兵营中渐渐长大。

祖父和父亲经历了太多太多的战场搏杀，一年三百六十日，多是横戈马上行，深知戎马征战之苦，不愿意让小陈寿再重复自己的老路，在刀光剑影中过腥风血雨的日子。尽管家境贫寒，生活拮据，还是咬紧牙关，节衣缩食，将陈寿送进私塾，拜在享有盛名的大儒贺钦先生门下读书求学，走科举之路，以求有朝一日鱼跃龙门，光宗耀祖。

在贺钦先生的悉心教诲下，陈寿刻苦向学，孜孜不倦，渐有所成。成化元年（1465），陈寿一举考中了举人，这在以驻防军士及其家属为主体的宁远城中，堪称破天荒之举。宁远卫的乡亲们以陈寿为骄傲，为之欢呼庆贺，特意在城中的大街上为他修建了举人坊。

乡亲们的鼓励和嘉勉，激励着陈寿更加发奋读书，终于在成化八年（1472）的殿试中脱颖而出，考中进士。消息传来，宁远城再次沸腾起来。乡亲们欢欣鼓舞，又在城中为陈寿修建了进士坊，以纪念宁远卫出了首位军户出身的文科进士。

二、不畏权贵，小蚂蚁誓死要扳倒大象

高中进士之后，陈寿被任命为户科给事中。

给事中虽仅是个正七品官员，但位卑而权重，掌侍从、谏诤、补阙、拾遗、审核、封驳诏旨、驳正百司所上奏章、监察六部诸司、弹劾百官等职，并负责监督诸司执行情况，在乡试中充任考试官，会试中充任同考官，殿试中充任受卷官，以及受理冤讼等等。

成化十七年（1481）五月，陈寿受命巡察宣大边防，查出一个惊天大案：监军宦官梁芳等肆无忌惮，贪赃不法，大肆克扣军士粮饷，中饱私囊。在审理梁案过程中，竟意外地发现了一封署名"万通"的密信。在这封信中，万通指示梁芳放行五车官盐出境。当时，官盐是朝廷的专营商品，明朝刑律规定，走私一车官盐即诛杀六族。万通与梁芳相互勾结，疯狂走私官盐，且不说如何罪在不赦，更存在通敌叛国的重大嫌疑。

陈寿不由大吃一惊。因为这个万通可非等闲之辈，他是万贵妃的亲弟弟，而这个万贵妃是明宪宗朱见深的专宠至爱，当时正宠冠后宫，可谓"三千宠爱在一身"，再加上此时的万通官居锦衣卫指挥使要职，八面威风，炙手可热。要惩治他，可绝非易事。

大家都劝陈寿知难而退，千万别去捅这个马蜂窝，别去做鸡蛋撞石头的傻事。

陈寿义无反顾，愤然上疏，奏劾万通、梁芳等克扣军饷、走私通敌之罪。

案件的审理毫无悬念：万贵妃枕头风轻轻一吹，万通稳若泰山，陈寿锒铛入狱。

所幸的是几年以后，万贵妃病逝，万通失去了靠山，遭朝廷贬斥，陈寿才得以平反昭雪。出狱后任职都给事中。

弘治元年（1488），王恕任吏部尚书。王恕为"弘治三君子"之一，素知陈寿清廉贤能，卓尔不群，奏请明孝宗朱祐樘擢升陈寿为大理丞。大理寺相当于现代的最高法院，朝中那帮专权宦官和贪官污吏再清楚不过，倘或陈寿坐在大理丞的位置上，自己就甭想有好日子过。于是上任不久，陈寿便在官场倾轧中被排挤出政治中心北京，调任留都南京光禄少卿，后又转任鸿胪卿。

三、延绥告急，花甲将扬神威安边奏凯

弘治十三年（1500）冬，蒙古蒙郭勒津部首领火筛率军寇边。延绥镇为明朝九个边关重镇之一，也是明朝与蒙古人交战最为频繁的地区之一，战略地位至关重要。火筛赤面颀伟，骁勇善战，勇武绝伦，纵横于延绥边境烧杀抢掠，其势甚猛。明朝延绥守军望风披靡，节节败退，接连数任延绥守将都一筹莫展，或被撤职，或被问罪。陈寿临危受命，以右佥都御史兼任延绥巡抚，火速赶往前线。

此时的陈寿已年届花甲，不顾年老体衰与旅途劳顿，到任之后马上着手整顿军旅。俗话说，知己知彼，百战不殆。陈寿一方面八方派出探马，广泛搜集情报，掌握敌人的一举一动；一方面深入将士之中，集思广益，总结以往与火筛军作战的经验教训，在广泛调查研究的基础上将兵马分为十路，既各自为战，又互相支援，日夜操练，军威大振。

第二年，火筛率蒙古铁骑卷土重来。他们先是派出百余骑兵打头阵，企图引诱明军深入，几位明军将领见状请求出战。陈寿成竹在胸，稳坐中军帐，沉着地指挥应战。他判断这是敌人的诱兵之计，命令诸将蓄势待发，不许妄动，违者立斩不赦。待敌军前锋部队锐气渐折，陈寿披坚执锐，身先士卒，亲率数

十名骑兵像箭一样冲到对方阵前,然后又带领兵士们下马,旁若无人般席地就餐。

火筛军队这下懵了,他们没见识过这种局面,也不懂这是何种战法,满腹狐疑中不知如何是好。

陈寿抓住战机,趁着对方犹豫彷徨之际,命令吹响总攻号角,顿时,明军各路兵马应声而出,乘势追击,斩获颇丰,将入侵的火筛军队打得落荒而逃。

延绥大捷,明孝宗朱祐樘颁诏犒赏三军,陈寿加俸禄一等,所有将校皆论功行赏。属下官员劝说陈寿将自己子弟的名字也列入有功人员名单,陈寿闻言,怫然变色:"吾子弟不知弓槊,宁当与血战士同受赏哉?"[1]

四、一贫如洗,死后亲朋资助魂归故里

戡平延绥边患之后,陈寿又回到了南京。据《明史·陈寿列传》记载:"十六年以右副都御史掌南院。正德初,刘瑾矫诏逮南京科道戴铣、薄彦徽等,寿抗章论救。瑾怒,令致仕。寻坐延绥仓储亏损,罚米二千三百石、布千五百匹。贫不能偿,上章自诉。瑾廉知寿贫,特免之。"

宦官廖堂镇守陕西,贪婪残暴,民怨沸腾。吏部尚书杨一清深知陈寿果敢刚毅,清正廉洁,于正德九年(1514)正月,奏请朝廷起用陈寿为陕西巡抚。

廖堂当初奉诏制造毛毡帐篷160间,赢余白银数万两,打算揣进私囊,奉送给朝中权贵幸臣。陈寿警告廖堂不可目无法令,率性妄为,又传檄主管部门扣住这笔银两,留作赈贷之用。廖堂仗恃有后台老板刘瑾撑腰,有恃无恐,发怒撒泼,口出狂言,对陈寿进行威胁恐吓。陈寿不为所动,不仅没收了廖堂的全部赃银,而且传令抓捕盘踞在陕西各府县的廖堂爪牙,侥幸漏网者畏惧陈寿声望,也尽皆四散逃命。

陕西宦竖之祸至此云消雾散。

这年秋天,朝廷任命陈寿为南京兵部侍郎。陕西百姓闻讯,自发地涌入府衙,呼号着将陈寿一行围了个水泄不通,扑腾腾跪倒黑压压一片,恳请陈寿留下来。车子被围,无法驶出人群,然而皇命不可违,陈寿不得不一遍又一遍地向百姓做解释、诉心声,耽搁一日,于第二天带着陕西百姓的依依不舍和款款深情去

南京赴任。

正德十年（1515），陈寿请求退休，朝廷擢升其为刑部尚书，准予致仕。嘉靖元年（1522），诏令陈寿进一品官阶。不久，陈寿溘然长逝，享年83岁。

人们清理陈寿身后遗物，发现这位为官40多年的一品大员，竟房无一间，地无一垄，钱无一文，实实在在是一无所有！"寿廉，历官四十年，无家可归。寓南京，所居不蔽风雨。"[2]南京尚书李充嗣、应天府府尹寇天叙等同僚仰慕陈寿的高尚人格，出钱为其操办殓葬事宜。数年以后，亲友故旧解囊捐资，陈寿灵柩才得以归葬故乡江西新淦。

五、品评

读《明史·陈寿列传》，我们仿佛看见陈寿不避权贵，与贪官污吏"死磕"的一幕幕场景；看见他以花甲之年跃马扬戈，浴血奋战，御敌安边的一幅幅画面；看见他调离陕西时万民合围，跪请留任，迟迟不肯放行的动人情景，耳边不由响起明代官员郭允礼撰写的《官箴》："吏不畏吾严而畏吾廉，民不服吾能而服吾公；公则吏不敢慢，廉则民不敢欺。公生明，廉生威。"纵观历史，历朝历代的贤良廉吏数不胜数，然而，像陈寿这样官居一品，宦海沉浮40多年，死后一贫如洗，靠同僚资助才得以殓葬，靠亲友故旧解囊捐助才得以魂归故里者，亘古及今，实属罕见。这不能不令人泪洒长天，肃然起敬！

《明史·陈寿列传》谓之："寿廉，历官四十年，无家可归。寓南京，所居不蔽风雨。其卒也，尚书李充嗣、府尹寇天叙为之敛。又数年，亲旧赙助，始得归葬新淦。"

（原载《各界》2019年第11期）

注　释：

[1] [2]《明史·陈寿列传》

蒋瑶：扬州百姓的保护神

蒋瑶（1469—1557），字粹卿，号石庵，归安（今浙江湖州吴兴区）人。历任两京御史、荆州知府、扬州知府、陕西参政、右副都御史，以及湖广和江西左、右布政使，工部尚书等职。蒋瑶宦海一生，刚正不阿，恪尽职守，高洁清廉，特别是在扬州知府任上不避生死，千方百计保护百姓的生命财产，成为扬州百姓的保护神。

一、两京御史，上疏指陈七大时弊

弘治十二年（1499），蒋瑶进士及第，授行人。行人在明朝是行人司的属官，掌传旨、册封等事务，凡颁行诏敕、册封宗室、抚谕四方、征聘贤才，及赏赐、慰问、赈济、军务、祭祀，则遣其行人出使。行人在京官中地位虽低，但声望甚高，升转极快，进士初入仕途，多以跻身行人之列为荣。

弘治十八年（1505），明孝宗朱祐樘驾崩于乾清宫，15岁的太子朱厚照继位，是为明武宗。蒋瑶被擢升为两京御史。

朱厚照自幼机智聪颖，娴习骑射，处事刚毅果断，继位后在治国理政、抵御外侮等方面卓有建树，大有振羽中兴的气象。然而，这个朱厚照又是一个贪饮无度、无赖成性、喜好玩乐、暴戾怪诞、荒淫无道的皇帝，当皇帝没多久，荒唐事做了一串又一串。

群臣纷纷上书切谏。

时任两京御史的蒋瑶上疏痛陈朝政七大时弊,其中这样说道:"内府军器局军匠六千,中官监督者二人,今增至六十余人,人占军匠三十。他局称是,行伍安得不耗。"并言:"传奉官及滥收校尉勇士并宜厘革。刘瑾虽诛,权犹在宦竖。"[1]——内府军器局有军匠6000人,宦官专司监督者2人,现在增加到60余人,每个人占军匠30人的耗费。其他各局也都是这样,这给军队造成了多么大的浪费。不经规定程序而随意任命官吏和滥收校尉勇士之弊,最好也一并革除。我们不得不警惕,恶贯满盈的刘瑾虽已被诛杀,权力依然掌握在宦官手中。

皇帝下旨诘问,并且说,自今以后有像蒋瑶一样议论朝政者,无须再上奏。

二、扬州知府,庇护百姓的保护神

不久,蒋瑶外放为荆州知府,后又调任扬州知府。

蒋瑶初到扬州,正逢灾荒,百姓食不果腹,饥民盈野,十室九空,人相残食。当时,恰巧有一批运往京城的漕米途经扬州,停泊在码头,蒋瑶冒着杀头的风险,擅自将漕米扣留下来,作为赈灾粮发放给百姓,使得众多挣扎在死亡线上的百姓绝处逢生。

正德十四年(1519)十二月,在北京的皇宫里憋腻歪了的明武宗朱厚照,在江彬等一帮宠臣的簇拥下巡游扬州。这个江彬深得武宗宠信,恃宠擅权,炙手可热,甚至被武宗认作干儿子,赐姓朱,自由出入豹房,与武宗同起卧,形影不离,还经常导引武宗微服出宫寻欢。如今,皇帝驾临富甲天下、"十里长街市井连,月明桥上看神仙"的扬州,究竟要干什么,早已是司马昭之心路人皆知。

皇上大驾光临,蒋瑶自不敢怠慢,跑前忙后,尽心尽力安排这个庞大队伍的吃喝住行,生怕稍有不周,惹祸上身。然而,尽管蒋瑶热心周到地提供服务,仅仅是"供御取具而已,无所赠遗。诸嬖幸皆怒"[2]。这帮人跟着皇帝四方巡游,犹如饿虎下山,威风凛凛,走遍南北西东,都是连吃带拿加赠送,哪里受过这等"委屈",特别是江彬,简直气得七窍生烟,当即命人将蒋瑶唤来,劈头盖脸就是一顿臭骂。

既然你蒋瑶不懂规矩，就别怪我们不客气了，你小子抠门儿，不肯奉送，那么，好，我就伸手硬要，难道你小子吃了熊心豹子胆不成，敢抗旨不遵？敢铁公鸡不拔毛硬扛到底？

扬州的琼花久负盛名，花大如盘，洁白如玉，风姿绰约，独具风韵。江彬请武宗降旨，命蒋瑶进献琼花。蒋瑶诚惶诚恐，回答说："自宋徽、钦北狩，此花已绝，今无以献。"[3]

武宗又传旨，命蒋瑶进献奇珍异宝，蒋瑶上奏说，这些东西都不是扬州出产的。

武宗不由火冒三丈："'苎白布，亦非扬产耶？'瑶不得已，为献五百疋。"[4]

江彬看中了扬州城中某富绅的一座豪华宅邸，顿想攫为己有，差人将蒋瑶召来，对他说："我的将军府还没个像样的窝儿，你把这个院子借给我。"蒋瑶知道，江彬必是刘皇叔借荆州，要巧取豪夺，所以不肯应允。江彬恼羞成怒，命人把蒋瑶关在黑屋子里百般捶打羞辱，并挥舞着皇帝所赐的铜瓜相威胁。蒋瑶面无惧色，宁死不屈。

武宗垂钓，意外钓上一条大鱼，欣喜异常，对左右扈从的官员们说："好大一条鱼！你们看，值500两银子啊。"

其实，武宗也就是一时高兴，说说而已，江彬却抓住了这个天赐良机，拿这条鱼跟蒋瑶说事。既然你蒋瑶铁公鸡一毛不拔，这回我不伸手索要了，跟你做一笔生意，等价交换，我就不相信你小子腰包里的钱掏不出来。

江彬抱起大鱼，狡黠地嘿嘿笑着塞进蒋瑶怀里："哈哈，500两银子，卖给扬州知府喽，别人谁有这么大的福分呐！"

蒋瑶明知道江彬是在欺凌自己，也只好打掉牙往肚子里咽，收下鱼，悻悻地回家去取钱。不大的功夫，蒋瑶回来了，手里捧着妻子的发簪耳饰和几件旧上衣，给武宗叩头，战战兢兢地说："库无钱，臣所有惟此。"[5]

武宗看着蒋瑶那副狼狈相，"扑哧"一声笑了，倒没有责怪他，吩咐打发他走人了事。

当然，皇帝的兴趣不会仅限于刮刮地皮，弄些黄白之物。据《明史·江彬列传》，一到扬州，江彬便陪同武宗天天出城打猎，晚上则"遍刷处女、寡妇，导帝渔猎。以刘姬谏，稍止"。武宗还亲往妓院去检阅妓女。

尽管如此，武宗依然觉得在扬州玩得不够尽兴，随驾的权臣佞幸捞不到好处，也没有兴致在扬州继续玩下去。

銮驾北归，蒋瑶随驾送到宝应，宦官邱得用难释胸中怨恨，竟以铁绳把蒋瑶捆绑起来，一连数日，走到临清（今属山东）才放他返回。

见知府平安归来，扬州百姓悬着的一颗心才放了下来，无不感动得涕泪长流。当时，扬州以富庶繁华而名扬天下，物华天宝，"人怕出名猪怕壮"，当权者们便蜂拥而至，竞相争噬一口"唐僧肉"，其索求无所不包又贪欲无边，百姓深受其害，如果没有蒋瑶的庇护，扬州百姓将会更加困苦不堪。

朝廷调任蒋瑶为陕西参政，扬州百姓闻讯，争相捐资为其修建祠堂，表达对蒋瑶的景仰和怀念。自此，蒋瑶名声大震。

三、工部尚书，上疏建言厉行俭约

嘉靖年间（1522—1566），蒋瑶先后任湖广和江西左、右布政使，以右副都御史巡抚河南。后来又被擢升为工部尚书，四郊工程竣工之后，加太子少保。

当时，朝廷大兴土木，一年的建设花费达数百万钱之多。作为工部尚书，蒋瑶的规划总是很符合明世宗朱厚熜的心意，多次受到世宗皇帝的赏赐。京城的工程建设，大多役使驻守京城部队的官兵，盘踞在京城的世家豪族占用、隐匿了其中很多人力，以致朝廷不得不每年花费200余万钱招募大批平民充当劳役。蒋瑶上疏世宗，建议工程建设要量力而行，请求停止那些不急需的工程，对世家豪族所占用、藏匿的军人进行清理裁减，以减轻国家的经济压力。

世宗皇帝对蒋瑶非常信任器重。西苑宫大殿建成，世宗设宴会庆祝，席间，看见蒋瑶和兵部尚书王时中坐在殿外的席位上，遂吩咐将两人请至殿内，把坐在殿内的两位皇亲移到殿外去坐，并且对身边的人说："亲亲不如尊贤。"[6]

据《明史·蒋瑶列传》，蒋瑶一生正直坚贞，高洁清廉，因年老辞官退休，居于陋巷之中，安度晚年。嘉靖三十六年（1557），蒋瑶病逝，享年89岁，追赠太子太保，赐谥恭靖。

四、品评

当朝皇上驾临扬州,这对于蒋瑶来说无异于天上掉下难得的机遇。要知道,对于一个小小扬州知府来说,要想面见皇上,那可绝非易事,如今,天降机缘,好好表现一把,升官的梦想岂不唾手可得!偏偏这个蒋瑶就是"不开窍",心里装着的唯有扬州百姓。

皇上索要琼花,蒋瑶说此花早在宋时便已在扬州绝迹;索要当地奇珍异宝,蒋瑶说这些东西皆非扬州出产;那就卖给你一条鱼吧,也就区区 500 两银子,蒋瑶竟捧出妻子的首饰来搪塞。至于那帮宠臣和太监,更是屡屡伸手,屡屡不能得逞。为此,蒋瑶一次又一次遭受凌辱,被宠臣和太监关进黑屋子里唾骂、捶打,百般羞辱,被铁绳捆绑起来带走,几天几夜才得以放归。

蒋瑶铁了一条心:我受什么委屈都认了,只要我一息尚存,你们就休想祸害我扬州百姓!相对于那些除了升官发财,再不知道什么是幸福者;除了溜须拍马、阿谀取容,再没有什么专长者;除了与升官相关联的事务,其他一概不闻不问者,蒋瑶着实是旧官场中的一个异类。扬州百姓是幸运的,有蒋瑶这尊保护神的拼死护佑,他们饶幸得以安居乐业。

明朝学者监察御史慎蒙谓之:"为人惟忠厚廉洁,雅量有容于物无忤,而至其遇事,乃更疏亮给捷,崭崭立断,不爽毫发者,其诚与一素所树立使然也。"

《明史·蒋瑶列传》谓之:"武宗南巡至扬……江彬欲夺富民居为威武副将军府,瑶执不可。彬闭瑶空舍挫辱之,胁以帝所赐铜瓜,不为慑。会帝渔获一巨鱼,戏言直五百金,彬即畀瑶责其直。瑶怀其妻簪珥、袿服以进,曰:'库无钱,臣所有惟此。'帝笑而遣之。府故有琼花观,诏取琼花。瑶言自宋徽、钦北狩,此花已绝,今无以献。又传旨征异物,瑶具对非扬产。""瑶端亮清介。"

(原载《各界》2020 年第 4 期)

注 释:

[1] [2] [3] [4] [5] [6]《明史·蒋瑶列传》

徐九思：深受百姓爱戴的句容知县

徐九思（1495—1580），字子慎，江西广信府贵溪（今江西贵溪市）人，历任句容知县、工部营缮司主事、都水清吏司郎中等职，为官清廉刚直，生活简朴，仁民爱物，政绩卓著。百姓感念徐九思的恩德，自发地在句容为其建立生祠。

一、《青菜图》明志，百姓呼之"菜知县"

徐九思于明孝宗弘治八年（1495），出生在江西广信府贵溪县一个普通农民家庭，4岁丧母，不到20岁，其父又撒手人寰，与祖母周氏、继母艾氏相依为命，历尽艰辛，刻苦求学，立志成为一个造福苍生的有用之才。

嘉靖四年（1525），徐九思在江西参加乡试，考中举人。嘉靖十五年（1536），徐九思在不惑之年被朝廷任命为句容知县。

其时，官场腐败，贿赂风行，积弊日深，百姓苦难深重。上任伊始，徐九思手绘一幅《青菜图》自勉，并在留白处深情写道："为民父母不可不知其味；为吾赤子不可令有此色。"

他将这幅画挂于居室墙上，以表自己的决心和志向。

他不仅将《青菜图》画在纸上，挂在墙上，还用自己的辛劳与汗水"画"在大地上。公务之余，他亲率属吏衙役，挥汗如雨，在城西郭西塘等处开荒种菜，挖塘养鱼，收获的劳动果实，不仅可以用来改善县吏们的生活，还用来招待过往宾客，以节约公费开支，最大限度地减少百姓头上的摊派。

他生活极其俭朴，要求自己"生平不嗜肉，惟啖菜"，衣不重裘，食不兼味，终日以青菜果腹。百姓亲切地呼之为"菜知县"。

二、从治吏入手，施德政造福百姓

徐九思一贯谦虚谨慎，不事张扬，初理政务，更是行事低调，凡事三缄其口，只是默默地到处走走转转，找人谈谈话，明察暗访，广泛了解各方面情况。

县衙诸属吏不由暗自窃喜：这位新来的县太爷好糊弄。于是，他们依旧像往日一样吊儿郎当，滑吏奸豪依旧横行不轨，为所欲为，仗势欺压百姓。

可他们万万没有想到，没过多久，徐九思行事风格大变，铁腕行政，大刀阔斧地推行改革，一步一个脚印地着手清除多年的积弊，特别是对欺压盘剥百姓的不法之徒，无论身居何职、后台多硬，一概严惩不贷。

一个属吏偷盖官印，私藏空白官印公文纸，徐九思毫不姑息，将其依法论罪。其他属吏纷纷前来磕头求情，请求放过他，徐九思义正辞严，坚决不允，并对带头者严加申斥。"于是人人惴恐"[1]，所有属吏都变得服服帖帖，无不威服。

整顿理顺了官僚队伍，徐九思接连不断推出了一系列惠民德政。

其一，摸清底数，整顿梳理田赋徭役。

徐九思出身草根，深知田赋和徭役乃是压在百姓头上的两座大山。当时政治腐败，豪绅地主串通官府勾结官吏，千方百计将田赋徭役转嫁给社会最底层的贫苦百姓，造成了"富者赋轻役少、贫者赋重役多"的极不合理现象，社会矛盾不断激化。徐九思首先组织人员下苦功夫，将句容田赋徭役的乱象摸清，然后按照"富者多赋多役、穷者少赋少役"的原则，核定每户应当负担的额度，编制成册，进行公示，广泛征求意见，厘定最终方案。然后按照这个方案征税派役，并且严禁属吏衙役私入乡村为非作歹，从根本上纠正了过去的随意性，使征税派役变得有据可依、有章可循。经过整顿梳理后，百姓负担大大减轻，无不为之雀跃欢呼。

其二，修桥铺路，为百姓造福。

句容有一条横贯东西 70 多里的大道，年久失修，坑坑洼洼，积尘很厚，晴天尘土飞扬，每逢雨雪，烂泥数尺深，能没过人的膝盖，给百姓交通运输带来极大困难。百姓呼吁修路日久，此前数任知县苦于无处筹集经费，修路工程一直无法启动。徐九思千方百计缩减官府开支，挤出款项作为修路基金，动员和组织百姓有钱出钱，无钱出力，修路工程顺利实施，举全县之力，克服重重困难，修桥铺路，终于实现了百姓渴盼已久的心愿，修筑起一条横贯全县东西的宽阔平坦的大道。

其三，扶危济困，免除百姓承受摊派之苦。

句容境内的茅山是一座道教名山，是道教上清派的发源地，被道家称为"上清宗坛"，有"第一福地，第八洞天"之美誉。多年以来，朝廷多次派遣宦官来茅山打醮（道士设坛为人做法事求福禳灾的一种法事活动）求神，每次活动都兴师动众，花费甚巨，而历年来这些费用都摊派给当地百姓承担。百姓不堪其苦，怨声载道。徐九思了解到这一情况，心急如焚，他清查旧时公文档案，发现有盐引金久存贮于府库中，便奏请上级以盐引金作为打醮求神所需专项经费，得到了批准，使百姓从此不再受侵扰，免除了承受摊派出资之苦。

其四，抗旱救灾，千方百计救民水火。

有一年，句容遭遇罕见大旱，农田龟裂，禾苗枯焦，颗粒无收，物价飞涨，百姓挣扎在生死线上。徐九思心急火燎，寝食不安，一方面安抚百姓，组织抗灾自救，一方面上奏请求上级开官仓救民于水火。应天府巡抚紧急拨发仓谷数百石，但规定必须以平价出售。徐九思叹息着说："彼籴者，皆豪也。贫民虽平价不能籴。"[2]——虽是平价，也只有富豪之家才买得起，贫苦百姓还是无力购买啊。

于是，他只将这批粮食的一半按时价出售，以偿还官府卖粮银钱，另一半则专门用以赈济灾民，并在全县各地布设赈济点，架起大锅煮粥，免费供给周围饥民。对于散居在深山的饥民，由附近的富户先垫付银钱为其购买救济粮，灾后再由官府归还。这些举措的实施，使得许许多多人免于在大灾之年活活饿死。

徐九思施政一切从百姓的利益出发，与上级总不合拍，屡屡发生摩擦，最终惹恼了应天府巡抚。巡抚上疏弹劾徐九思，欲治其罪，吏部尚书熊浃素知徐九思贤能爱民，出手搭救，徐九思才躲过一劫，得以继续留任。

百姓感念徐九思的恩德，自发地在句容为其建立数座生祠。

三、张秋兴水利，得罪文华辞官归

徐九思在句容做了九年知县之后，于嘉靖二十四年（1545）奉调入京，任工部营缮司主事。

乡亲们听说徐九思将离开句容，成群结队赶到县衙，依依不舍、饱含热泪前来送行。大家请徐九思留下几句话，徐九思缓缓说出"勤""俭""忍"三个字，并说："勤则不隳，俭则不费，忍则不争。"这段话在句容民间流传开来，世代相传，当时不少人家还将徐九思画的《青菜图》拓印或摹画下来，在下面写上"勤""俭""忍"三个大字，并称之为"徐公三字经"。

不久，徐九思被擢升为都水清吏司郎中，奉命前往张秋治理河道，兴修水利。在张秋，漕运河道与盐河相距不远，但两河不相通，当漕运河水涨，奔腾咆哮，泛滥成灾，近在咫尺的盐河只能"袖手旁观"。徐九思到张秋后，经现场调研勘测，提出工程建设方案，经报朝廷批准，将漕运河与盐河打通，在沙湾修分洪渠，建减水桥。这样，漕运河水涨则可流入盐河，排泄入海，不致发生洪灾，淹没田地，毁坏百姓房舍，干旱季节也不致断流干涸，还可截流河水，灌溉农田。

此项水利工程的修建，变害为利，造福当代，泽被后世，百姓受益无穷。直到清初，依然发挥着作用。

其时，严嵩专权，他的干儿子赵文华任工部尚书。赵文华背靠严嵩这棵大树，仗势弄权，气焰熏天，风头正劲，不少人都争相攀附巴结。他前往东南抗倭前线巡视，沿途官员无不投其所好，每到一地，官员们都趋之若鹜，争相设盛宴，纳厚礼，高接远送。途径张秋，徐九思竟然来了个避而不见，依然在工地上忙碌，只派一个小吏拿着公文去拜见，向赵文华禀报说："郎有事沙湾，不敢离也。"

赵文华是徐九思的顶头上司，见徐九思如此孤傲，丝毫不懂官场"规矩"，不由勃然大怒，一把夺过公文摔在地上，破口大骂，将小吏生生骂走，然后愤然拂袖而去。

赵文华回到北京，依旧怨气难平。时值徐九思升任高州知府，赵文华与吏部尚书吴鹏合谋陷害徐九思。徐九思升职不成，反遭诬害，别无选择，只好辞官归乡。

万历八年（1580），徐九思在退居故乡22年后，溘然病逝，终年86岁。句容百姓闻讯，纷纷前往茅山徐九思祠前祭奠，聚集逾万人，焚香点烛，顶礼膜拜。此时距徐九思从句容离职已整整36年，可见句容百姓对他的爱戴和怀念是多么刻骨铭心。正所谓政声人去后，丰碑在人间。

四、品评

句容迎来"菜知县"，
山呼水笑天地欢。
惠政连施追召杜，
铁拳频举惩猾贪。
化鸱为凤流百世，
张秋治水润千年。
文华谗害弃官去，
香烟袅袅绕茅山。

（七律）

注　释：

[1] [2]《明史·徐九思列传》

扶贫知县"戴茅草"

戴伟,生卒年月不详,字逸夫,号西衢,兖州府郓城县(今山东荷泽)人,明朝嘉靖、隆庆年间砀山知县。戴伟一心一意带领砀山百姓向贫困宣战,倾尽家产用以支持当地民众开垦茅草荒原,发展生产,摆脱贫困,彻底改变了砀山一穷二白的面貌,百姓呼之为"戴茅草""戴青天"。明崇祯年间编纂的《郓城县志》、清乾隆年间编纂的《砀山县志》,都较为详细地记载了戴伟的事迹。

一、新官上任,上书朝廷请求轻徭薄赋

戴伟自幼天资聪颖,勤奋好学,手不释卷,孜孜以求,于嘉靖四十五年(1566)在乡试中一举夺魁,考中举人,被朝廷任命为砀山知县。

戴伟欣然赴任。十年寒窗苦读,总算夙愿得偿,戴伟不由心潮澎湃,虽无"春风得意马蹄疾"的"高烧"与轻狂,却也踌躇满志,难掩内心的兴奋与激荡。他暗暗下定决心,必大显身手,为官一任,振兴一方,在砀山这片土地上干一番轰轰烈烈的事业,一展平生之所学。

戴伟的激奋不已源自于他对砀山历史的洞悉。砀山历史悠久,人文荟萃,早在秦时便在此处设置下邑县。汉二年(前205),刘邦彭城惨败后,狼狈逃窜到下邑,在这里与谋士们议定了下邑画策,确定了灭楚兴汉的总战略,导演出一幕幕惊天地、泣鬼神的战争画卷。

然而，当戴伟走进砀山的土地，一股透心的凉不由蹿遍全身，眼前冷冰冰的现实将他满腔的雄心壮志击得粉碎。举目望去，但见土地贫瘠，田园荒芜，黄沙蔽日，茅草丛生，一片荒凉的景象。百姓面黄肌瘦，衣衫褴褛；逃荒者不绝于途；很多人家食不果腹，无隔夜之粮，被逼得卖儿鬻女者比比皆是。百姓生活如此凄苦，国家的税赋徭役却丝毫不减，官府不顾百姓生死，唯知横征暴敛，百姓的日子如处水火，举步维艰。

新官上任三把火。一般新官上任，都是先拜谒上司，再拜会乡绅，然后结识安抚地方实力派人物，取得上下支持，以利于迅速打开局面，开展工作。戴伟却不肯循规蹈矩，耳闻目睹的严酷现实使他忧心如焚，一上任便一头扎到了老百姓之中，用了两个多月的时间，走村串户，跑遍了砀山大大小小的村庄，了解当地风土人情，体察百姓疾苦，调查民情民意，寻求带领百姓发展经济、摆脱贫困的门径。

回到县衙，征尘未洗，戴伟便饱蘸浓墨，奋笔疾书，上书朝廷，请求减免砀山赋税徭役，放粮赈济百姓，帮助百姓发展生产，以尽快摆脱贫困，改善民生。

此时，坐在那把龙椅上的明世宗朱厚熜，也就是明朝历史上在位最久的嘉靖皇帝，正沉湎于道教，全神贯注研求长生不老之术。嘉靖二十一年（1542）十月"壬寅宫变"中差一点被宫女勒死、摸了一把阎王的鼻子的朱厚熜便被吓破了胆，从此一股脑躲进西苑的万寿宫去潜心修道，一天到晚都忙着设坛摆供，诚惶诚恐地焚香、化符、念咒、上章、诵经、赞颂等等，以祭告神灵，祈求消灾赐福，火烧眉毛的军国要事尚且懒得去过问，哪里有闲工夫去看一个小小知县的奏折！何况，此时的朱厚熜即将走到生命的尽头——此后不久，便于嘉靖四十五年十二月十四日（1567年1月23日）驾崩于乾清宫。

戴伟的上书自然石沉大海。

二、变卖家产，组织百姓奋力刨茅开荒

叫天天不应，戴伟只好在脚下的土地上想办法。

经深入调研，多方请教，反复试验论证，戴伟对砀山的土地有了新的认识：砀山县境地势平坦，系黄河冲积平原，表层飞沙之下即是淤土，如刨除茅草，

深翻精耕，便可将茫茫荒原改造成丰产良田。这使戴伟看到了希望，增强了带领砀山百姓向一望无际的茅草荒原宣战的决心和信心。

向茅草荒原开战的"诸葛亮会"开了一个又一个，群策群力，集思广益，方案越来越完善。在此基础上，戴伟召集亭、里、保、甲长商议，酝酿在全县发起"刨茅草造良田"大会战。与会者没有一个不举双手赞成，又都为一个问题所困扰而束手无策：启动资金。

人不能总饿着肚子干活，牲畜没有饲料也无法下田耕作，这是尽人皆知的基本道理。可是到哪里去募集启动资金呢？砀山县一穷二白，公库穷得底朝天，大家不约而同地想到向当地乡绅富户筹集或借贷，然而，由于砀山连年灾荒，乡绅们已倾其所有，依然是杯水车薪。

戴伟飞马赶回家乡郓城。

一进家门，戴伟"扑通"一声给老母亲双膝跪倒。母亲惊问其故，戴伟痛陈砀山百姓的凄凉生活，禀明自己带领百姓脱贫的决心和目前遇到的困难，恳请母亲应允变卖家产，倾囊相助。母亲是位深明大义之人，听了儿子的叙述，对儿子大加赞赏，鼓励他坚定信心，再接再厉，表示将鼎力支持儿子在砀山的扶贫事业。

于是，母子二人合力筹划，忍痛割爱，卖掉了家中的一些田产，又把里里外外能变卖的东西都换成现钱，由戴伟带往砀山领导百姓进行扶贫开发。

手中有了钱，启动开荒再不难。

戴伟命令属官贴出布告，在全县启动"刨茅草造良田"大会战，动员男女老幼齐上阵，凡开荒刨得的茅草，县衙一律按价收买，每斤偿付三个青钱，领得钱后仍将茅草返归售卖者本人，运回家作牲畜饲料。同时规定，谁开垦的荒田归谁耕种，且免交赋税一年。

布告一贴，全县百姓为之雀跃，"刨茅草造良田"大会战迅速掀起，砀山县的每一个角落都干得热火朝天，就连远在他乡逃荒要饭的人流，闻讯也都争先恐后地纷纷踏上归乡的征途，投入刨茅草造良田的队伍中来。

往日在饥饿的困扰下死气沉沉的砀山，如今到处是一派轰轰烈烈如火如荼的生动场面。

三、卖地拆屋，"戴茅草"誓将旧貌变新颜

戴伟通过变卖家产和八方筹措，建立起扶贫开发基金，又通过收买茅草，调动起全县百姓的积极性，撬动了刨茅草造良田大会战的蓬勃开展。这样一来，百姓口袋里有了钱，可以买米下锅，告别了饥肠辘辘的日子；田间有人开荒耕种，地里播下了种子，心中也升腾起希望。在百姓看来，这一切皆缘自于戴知县筹钱收茅草，于是，大家都亲切地称他为"戴茅草"。

戴伟很乐意接受这个雅号。眼看着全县上下一片忙忙碌碌的景象，听着一声声"戴茅草"呼唤，想着短短几个月之间这里发生的翻天覆地的变化，戴伟喜不自胜，心里美滋滋的。

没过多久，"戴茅草"真的"毛"了——扶贫基金捉襟见肘，扶贫开发面临断炊的危险！

戴伟又一次飞马赶回家乡郓城。

母亲一如既往地全力支持儿子的扶贫事业，同意留下生活必需品和可以栖身的房屋，将其余 40 多间房子和拥有的土地悉数变卖。为此，戴伟与弟弟发生了激烈的冲突，弟弟也能理解哥哥，但绝不应允倾家荡产去扶贫，由于戴伟取得了母亲的支持，弟弟拗不过，一气之下弃家远走他乡，从此再没进过家门。

变卖了家产田地，戴伟的腰包鼓胀起来。他在郓城老家设立收购站，购买农具和棉花、高粱、谷子、大豆等作物种子，用铁轮大车运往砀山，从郓城至砀山的官道上，一时车来人往，络绎不绝。见此情景，砀山的其他官吏和开明士绅大受感动，也积极行动起来，踊跃捐款捐物，遂解扶贫基金即将用尽的燃眉之急。

一年之后，挣扎在饥饿线上的砀山百姓生活大为改善；第二年，温饱问题基本解决；第三年，芸芸众生再无衣食之忧，彻底翻身。放眼望去，砀山遍地高粱红、谷子黄、棉花白，菜花飘香，好一派丰收的景象，戴伟誓使砀山"老有所养，少有所教，病有所医，百业兴盛，安居乐业"的美好愿景得以实现。

砀山百姓感激涕零，自发地组织起来，敲锣打鼓来到戴伟住所，将一块匾额悬于门楣，匾额上"民之父母"四个金色大字熠熠生辉。自此，有一首民谣

在砀山民间世代流传："旧时茅草遍砀山，来了恩人戴知县。茅草除尽地改良，大囤流来小囤满。吃水不忘记挖井人，吃馍不忘戴青天。"

隆庆四年（1570），戴伟调任顺德府通判。砀山百姓依依不舍，自发地来到县衙，呼啦啦跪倒一大片，苦苦挽留，不忍戴伟离去。然而，皇命不可违，戴伟最终还是不得不含泪与砀山百姓惜别，离开他深深爱恋着的砀山父老乡亲，离开他深深爱着的砀山的山山水水，踏上赴任的道路。

为了感谢戴伟倾家荡产支持和带领全县百姓脱贫致富，表达对戴伟的景仰和怀念，砀山百姓自发捐资为其修建了一座祠堂，世代顶礼膜拜，香火不断。

四、品评

据《论语·子路》："子适卫，冉有仆。子曰：'庶矣哉！'冉有曰：'既庶矣。又何加焉？'曰：'富之。'曰：'既富矣，又何加焉？'曰：'教之。'"孔子认为，为政之要，首先是要做到富民，如果连这一点都做不到，其他一切都无从谈起。

作为砀山知县，戴伟一上任，便把迅速使砀山百姓挣脱饥饿的羁縻，摆脱贫困的困扰，作为自己责无旁贷的神圣使命。为了实现这一目标，他殚精竭虑，呕心沥血，想尽千方百计，甚至不惜兄弟反目、倾尽家产，竭尽全力支持砀山百姓发展生产，脱贫致富。其实，砀山百姓挨不挨饿，脱不脱贫，与戴伟当不当官、升不升官，没有一毛钱关系，他之所以这样做，无非是要对得起自己的职责，对得起自己的良心，对得起亲人的期冀，对得起朝廷的重托，对得起砀山百姓的信任。戴伟没有留下一句豪言壮语，却留下了世世代代人们对他的爱戴、景仰和颂扬。

（原载《学习时报》2017年2月13日）

"不二公"范景文

范景文（1587—1644），字梦章，号思仁，别号质公，河间府吴桥（今河北省吴桥县）人。历任东昌府推官、吏部稽功司主事、太常少卿、右佥都御史、河南巡抚、兵部尚书、工部尚书兼东阁大学士等职。范景文平生为官清正廉明，以"不二公"的雅号名垂青史，为挽救明王朝的危亡屡建功勋，在李自成大顺军攻陷京都之际投井殉国。

一、东昌推官，悬联明志"不二公"

范景文出身于官宦儒雅之家，其父范永年，曾任南宁太守，颇有政声，深得民望，有"佛子"之誉。范景文自幼受到儒雅家风的熏陶，刻苦向学，器识不凡，行为谨厚，高情远致，以天下兴亡为己任，立志有所作为。万历四十一年（1613），范景文进士及第，授山东东昌府（今山东聊城）推官。

走上仕途的范景文有了施展平生抱负的平台。他履职不久，东昌遭遇罕见饥荒，百姓饥寒交迫，饿殍遍野，惨不忍睹。范景文衣不解带，宵衣旰食，组织救助赈济灾民，同时动员和组织百姓生产自救，使灾害造成的损失降到最低。

其时，社会政治生态乌烟瘴气，官场黑暗，贿赂公行，贪官们徇私枉法、公开索贿的现象司空见惯，清廉自守者反被看作是"不通人情世故"。一身凛然正气的范景文却不管这一套，他廉洁奉公，严格自律，一尘不染，可谓磨而不磷，涅而不缁。为拒绝送礼者，杜绝纷至沓来的上门请托的亲朋好友，他挥笔写下一联赫然贴在公署的大门上：不受嘱，不受馈。

不仅如此，他还严格要求下属官员，无论在任何情况下，都必须一律做到不受请托、不受馈赠，否则必"饭碗"不保，严惩不贷。范景文用自己对初心的坚守与决绝，以铁腕营造出一方清廉淳良的净土，名声大振，府衙内外，谁也不敢去贿赂他，也不敢去贿赂他的下属。人们都亲切地称他为"不二公"。后来范景文荣升工部尚书，大家又尊称之为"不二尚书"。

二、卓尔不群，名言醒世传四方

范景文的清廉守正和卓越政绩为其赢得了人望政声。万历四十六年（1618），范景文奉调入京，任吏部稽功司主事，万历四十八年（1620），又相继迁升吏部文选员外郎、验封郎中。

万历四十八年（1620）七月，明神宗朱翊钧驾崩，其长子朱常洛继位，是为光宗，改元泰昌。光宗诏令全国举荐贤能之士，"群贤登进，景文力为多"[1]。

光宗朱常洛在位仅仅一个月，便暴毙而亡，其长子朱由校继位，是为熹宗，改元天启。其时，时事纷乱，范景文自度难有作为，愤然乞假归去。

天启五年（1625）二月，朝廷再一次起用范景文，任为文选郎中。

这时候的朝廷政治生态更是一锅粥。宦官魏忠贤大权独揽，炙手可热，朝廷帮派林立，东林党人同宦官及其依附势力之间的斗争势同水火，愈演愈烈。除此而外，许多非东林党官员为加强自保，也纷纷以地域为纽带、以高官为领袖，结成派系，渐次形成了浙江地缘的浙党、山东地缘的齐党、湖北地缘的楚党、安徽宣城地缘的宣党、江苏昆山地缘的昆党等等，在这些派系中尤以浙党声势最大。

官员们为自己的前途命运计，大都依附于某个派系，特别是对魏忠贤宦党的依附者更是趋之若鹜。范景文卓然独立，既不依附宦官，也不依附东林党，更不依附其他派系。即便他与魏忠贤系同乡，也绝不与其同流合污，对魏忠贤主动伸送过来的橄榄枝不屑一顾。

范景文如此卓尔不群,在朝中难免陷入孤立,然而,不管是哪个派系的人,对其清风峻节无不赞叹。

履职不久,范景文便上疏朝廷,请求广开言路,荐贤举能,招纳有德贤良之士。他在上疏中宣称:"天地人才,当为天地惜之。朝廷名器,当为朝廷守之。天下万世是非公论,当与天下万世共之。"[2]时人视为至理名言,四方竞相传颂。

这一次赴京任职,不到一月,范景文便称病归乡。

三、拱卫京师,文臣鏖战胜名将

天启七年(1627)八月,熹宗朱由校因服用"仙药"身亡,终年23岁。其异母弟朱由检继位,是为思宗,改元崇祯。思宗征召起复范景文为太常少卿。崇祯二年(1629)七月,又擢升他为右佥都御史,巡抚河南。

其时,吏治腐败已达到了无以复加的地步。范景文愤而向朝廷上《直抉吏治病源疏》,一针见血地指出:今日吏治之病症"惟有一贪",而对症之药,"止惟一廉"。并且深刻分析了官吏"能为贪"和"敢为贪"的原因,认为"吏之能为贪,必有才力可恃,而吏之敢为贪,又必有墙壁可倚者也",建议朝廷坚决依照《大明律》严惩官吏的贪污腐败行贿受贿行为。只可惜奏疏呈上,石沉大海。

崇祯二年(1629)十月,爆发了己巳之变,皇太极率十万后金军避开宁远、锦州,分兵三路从龙井关、洪山口、大安口突入关内,攻占遵化(今河北遵化),屯兵北京城下,举国震恐。明廷急令各地兵马驰援,保卫京师。

范景文从河南匆忙率八千将士出兵勤王,军饷都是自行筹集。抵达涿州时,陆续应召前来的四方勤王部队多军纪松弛,抢掠骚扰百姓,只有范景文率领的河南劲旅军纪严明,秋毫无犯。朝廷命范景文率部驻守京都大门,后又命其移防昌平,"远近恃以无恐。明年三月,擢兵部添注左侍郎,练兵通州。通镇初设,兵皆召募,景文综理有法,军特精。"[3]

两年后,遭遇父丧,范景文匆匆辞官回乡守制。

崇祯七年（1634）冬，朝廷起用范景文为南京右都御史。不久，拜兵部尚书，参赞机务。在此期间，他指挥部队驻戍池河、浦口，援助庐州，扼守滁阳，运筹帷幄，决胜千里，虽系文臣，颇有名将风范。

范景文乃一介书生，何以带兵打仗，且能征善战，堪称斫轮老手？

他自幼笃志报国，眼见天下刀兵四起，便长期潜心研究兵书战策，学得满腹文韬武略，富有将帅雄才，并有两部军事学著作传世：一是研究当代军事史的《昭代武功编》，一是历代军事理论的史料汇编《战守全书》。他在军事学方面的造诣可谓冰冻三尺。

崇祯十一年（1638）九月，爱新觉罗·岳讬率军从密云北边的墙子岭破边墙入关，六天后多尔衮率左翼部队从青山关毁边墙突入，两军在通州会师。京师再次告急，朝廷紧急召四方军队疾驰入卫。

思宗朱由检紧急夺情起用杨嗣昌为兵部尚书，入阁辅政。杨嗣昌刚愎自用，翰林侍讲学士黄道周因在朝堂上提了几句反对意见，即遭鞭笞杖击。范景文挺身而出，倡议同僚联合上疏相救。思宗大为恼火，追究首谋者，范景文毅然站出来承担责任，并继续为黄道周辩护，惹得思宗益发雷霆震怒，诏命将范景文削籍为民。

四、京都沦陷，双塔寺投井殉国

崇祯十五年（1642）秋，朝廷起复范景文为刑部尚书，尚未履职，又改任工部尚书。

崇祯十七年（1644）二月，范景文以本官入阁，兼东阁大学士，受命于危难之际。然而，此时的明王朝已日暮西山，气息奄奄，范景文即使有孙悟空的神通，也无法挽救其注定走向灭亡的命运。

李自成大顺军斩关夺隘，一路势如破竹，三月十一日，大顺军开进宣府，"举城哗然皆喜，结彩焚香以迎"。范景文闻讯，茶饭不思，夙夜忧叹，每当夜深人静之时，独自一人对月默默流泪，喃喃自语："身为大臣，不能仗剑为天子杀敌，虽死又有何益？"不少大臣劝谏思宗弃京南逃，规避锋芒，日后再作计议。

范景文坚决反对，主张"固结人心，坚守待援"。

崇祯十七年（1644）三月十九日，李自成大顺军攻陷城池，潮水般涌入京城，包围官宅府第。范景文在道旁的庙中草拟遗疏，"复大书曰：'身为大臣，不能灭贼雪耻，死有余恨。'"[4]写罢，前往演象所拜辞阙墓，随后来到双塔寺，从容投古井殉国。

五、品评

> 幼负器识"不二公"，
> 铁面峻节清廉风。
> 鏖兵京师卫社稷，
> 救灾东昌拯生灵。
> 卓尔不群初心烈，
> 独木难支大厦倾。
> 可怜雄才生末世，
> 投井殉国业成空。
>
> （七律）

明朝学者计六奇《明季北略》谓之："公之诗骨直豪迈，棱棱露爽，遇国步艰难，故多凄戾之辞。"

《明史·范景文列传》谓之："景文幼负器识。""树义烈于千秋，荷褒扬于兴代，名与日月争光。"

注　释：

[1] [2] [3] [4]《明史·范景文列传》

附录：刘立祥主要著作论文一览

一、著作

1.《论教学艺术》，西北大学出版社，1991年6月。

2.《演讲艺术论》，陕西人民出版社，1994年5月。

3.《笑与幽默》，陕西人民出版社，1998年9月。

4.《政治理论讲授艺术》，军事谊文出版社，2002年3月。

5.《读书与成才》，陕西人民出版社，2005年6月。

6.《尊干爱兵典型案例评析》，军事谊文出版社，2008年7月。

7.《演讲学十一讲——演讲：没什么大不了的》，陕西人民出版社，2010年6月。

8.《青年成才论》，中国青年出版社，2010年7月。

9.《历史镜像里的领导科学》，陕西人民出版社，2014年10月。

10.《汉朝风云人物纪事》（上、下册），陕西人民出版社，2018年9月。

11.《只留清气满乾坤——话说中国古代廉吏》，陕西人民出版社，2023年9月。

12. 主编参编教材及与人合作出版其他读物十余部。

二、论文

1.《政治理论教员面临的挑战》，载《教学生活》1986年第4期。

2.《广采百家语言之长》，载《政治教育》1987年第5期。

3.《政治课课堂教学语言浅探》，载《政治课教学》1987年第7期。

4.《广采百家语言之长》，载《国内外教育文摘》1987年第9期。

5.《课堂教学的心理制导》，载《教育时报》1987年11月5日。

6.《演讲中的心理制导》，载《政工导刊》1988年第1期。

7.《试析选贤任能的三大心理障碍》，载《基层政工文集》1988年第2期。

8.《奖励的量化与化量奖励》，载《基层政工文集》1988年第3期。

9.《学生的行为表现不能列入政治课的考核范围——兼与李扬充同志商榷》，载《教师报》1988年6月26日。

10.《课堂教学的语言美及其心理学、美学基础》，载《江西教育科研》1988年第6期。

11.《影响人们奋发向上的几种心理障碍》，载《行为科学》1988年第6期。

12.《谈谈政治理论课课堂教学语言》，载中南工业大学出版社《经济理论与教改探索》1988年2月。

13.《思想政治工作改革断想》，载解放军出版社《困惑与思考》1989年3月。

14.《课堂举例的心理学》，载《江西教育》1989年第10期。

15.《人体语言及其在课堂教学中的应用》，载《教育评论》1990年第1期。

16.《思想政治工作必须确立"整体的人"的观念》，载《青年学刊》1990年第6期。

17.《从乾隆看戏说到课堂教学》，载《陕西教育》1991年第1期。

18.《大陆台湾对比论》，载《西安晚报》1991年3月6日。

19.《反腐倡廉还是要靠法制，搞法制靠得住些》，载《宣传教育》1992年第2期。

20.《口若悬河在于练》，载《解放军生活》1992年第7期。

21.《论股份制发展在我国社会主义商品经济中的作用》，载《青年学刊》1992年第3期。

22.《弘扬民族武德，锻铸现代军魂》，载《军事教育研究》1992年第3期。

23.《加强干部计划管理，确保基层干部稳定》，载《政工通讯》1992年第4期。

24.《试论名言警句对领导人才的成长及其思想修养和行为导向的影响》，载《宣传教育》1992年第10期。

25.《市场经济同社会主义公有制兼容论》,载《青年学刊》1994年第2期。

26.《努力实现社会主义公有制与市场经济的有机结合》,载《国防大学学报》1994年第2期。

27.《名言警句对人才成长的影响》,载《人才开发》1993年第9期。

28.《商品意识与择业的"向日葵效应"》,载《陕西青年干部管理学院学报》1999年第4期。

29.《幽默与思想政治工作》,载《政工研究文摘》1999年第2期。

30.《激情与政治理论课教学》,载《思想教育研究》2000年第6期。

31.《当代资本主义的调整及其发展趋势》,载《人文杂志》2001年第2期。

32.《政治理论课开头结尾艺术探微》,载《政工研究文摘》2001年第2期。

33.《"三进入"必须实现三个转变》,载海潮出版社《高扬党创新理论的伟大旗帜》2002年2月。

34.《诚信是一种资源》,载《人才开发》2002年第11期。

35.《论政治理论课教学中的激情》,载《军队政工理论研究》2002年第2期。

36.《人生三日贵在今》,载《人才开发》2003年第2期。

37.《政治理论课数字举例艺术研究》,载《军队政工理论研究》2003年第2期。

38.《"五量"与成才》,载《人才开发》2003年第6期。

39.《读书与做人》,载《思想教育研究》2004年第2期。

40.《粟裕将军倒骑木椅读地图的启示》,载《学习导刊》2005年第1期。

41.《"滚石上山"与终身学习》,载《思想教育研究》2005年第3期。

42.《论军校学员健全人格的内涵及其培育机制》,载《军队政工理论研究》2005年第2期。

43.《自学能力决定命运》,载《中国考试》2005年第5期。

44.《从墓碑铭看人的志向与追求》,载《思想教育研究》2005年第8期。

45.《军校学员健康向上人格的铸造途径探析》,载《思想教育研究》2005年第11期。

46.《批评艺术的辩证法》,载《求是》杂志社编、河南人民出版社出版的

《生活与哲学文选》（第二集），2005 年 11 月。

47.《创新思维的特征及其对青年成长的作用和影响》，载《中国青年研究》2005 年第 12 期。

48.《"好事承揽"心理探微》，载《陕西青年管理干部学院学报》2006 年第 1 期。

49.《爱国诗词与弘扬爱国主义》，载《学习导刊》2006 年第 3 期。

50.《重视抓好政治理论课教学中的细节》，载《军队政工理论研究》2006 年第 2 期。

51.《读书联与读书人的追求》，载《学习导刊》2006 年第 3 期。

52.《把握住自己的嗜好就扼住了命运的咽喉》，载《中国青年研究》2006 年第 6 期。

53.《论青年的选择》，载《中国青年研究》2006 年第 12 期。

54.《从绰号看人的价值取向与志趣情操》，载《陕西青年管理干部学院学报》2007 年第 1 期。

55.《政治理论课教学应当善于向文学学习语言表达艺术》，载《军队政工理论研究》2007 年第 2 期。

56.《国民阅读与青年成才问题研究》，载《陕西青年管理干部学院学报》2007 年第 3 期。

57.《浅析中国传统教子箴言的基本内容》，载《中国德育》2007 年第 4 期。

58.《机会成本与青年成才》，载《中国青年研究》2007 年第 6 期。

59.《从绝命诗看人的气节与荣辱观》，载《解放军南京政治学院学院学报》2007 年第 6 期。

60.《政治理论课教学有声语言艺术刍论》，载《军队政工理论研究》2008 年第 2 期。

61.《学会放弃才会更好的选择》，载《成才之路》2008 年第 7 期。

62.《雕塑自己：从管理时间开始》，载《当代青年研究》2008 年第 5 期。

63.《怎样设计好一堂基层政治课》，载《政工导刊》2009 年第 2 期。

64.《另一种视角看冒险》，载《中国青年研究》2009年第9期。

65.《"盆成括仕于齐"的启示》，载《领导科学》2009年4月（上）。

66.《领导者要善用硬气人》，载《领导科学》2009年7月（下）。

67.《阅读经典：构建政治理论教员的教学能力知识核心基础》，载《军队政工理论研究》2009年第3期。

68.《领导者要经常回头看一看》，载《领导科学》2010年1月（上）。

69.《诸葛亮为政之失的鉴戒》，载《领导科学》2010年7月（下）。

70.《领导干部读书学习务须弄清十个"什么"》，载《人才开发》2010年第8期。

71.《"无赖原则"预设与"铁笼原则"预设——推进反腐倡廉制度创新的两个价值选择向度》，载《领导科学》2010年9月（下）。

72.《司马炎拒谄》，载《领导科学》2010年11月（上）。

73.《从两代燕王的传位看当代企业家的传承》，载《唯实》2011年第7期。

74.《改革开放与"易拉罐精神"》，载《人民论坛》2011年11月（上）。

75.《张释之三忤汉文帝及其启示》，载《领导科学》2011年10月（下）。

76.《"跛扈将军"的贪与悲》，载《领导科学》2011年12月（下）。

77.《赵普荐贤与"半部论语治天下"及其启示》，载《领导科学》2011年7月（上）。

78.《刘邦从谏如流及其启示》，载《月读》2012年第7期。

79.《"曲突徙薪亡恩泽"的启示》，载《领导科学论坛》2012年第9期。

80.《从陆逊这面"糊涂镜子"看领导者的境界》，载《领导科学》2012年6月（上）。

81.《领导者要有些许道家情怀》，载《领导科学》2012年6月（下）。

82.《儒释道文化三论》，载《唯实》2012年第10期。

83.《毛泽东缘何屡屡赞郭嘉》，载《月读》2012年第12期。

84.《朱元璋铁腕肃贪及其历史启示》，载《唯实》2013年第3期。

85.《刘邦缘何诛丁公》，载《领导科学》2013年2月（上）。

86.《刘邦错封刘濞之错与犹疑之祸》，载《领导科学》2013年10月（上）。

87.《李沆的"两不主义"及启示》，载《月读》2013年第10期。

88.《官场溜须：值得警醒的历史观察》，载《唯实》2013年第12期。

89.《来歙：生命步入读秒时》，载《月读》2014年第2期。

90.《史弼："螳臂挡车"的勇者》，载《月读》2014年第4期。

91.《宋代圣相李沆的"两不主义"及启示》，载《领导科学》2014年4月（上）。

92.《知其不可为而为之：一代名臣李固》，载《唯实》2014年第5期。

93.《历史上的三把"糊涂火"》，载《月读》2014年第6期。

94.《从东汉名将寇恂的胸怀和胆识看领导素养》，载《领导科学》2014年7月（上）。

95.《火牛阵背后的"连环心理战"》，载《月读》2014年第8期。

96.《羊续"三拒"》，载《月读》2014年第9期。

97.《虞诩：九贬三刑，终老不屈》，载《领导科学》2014年8月（上）。

98.《吕蒙正：宰相肚里能撑船》，载《领导科学》2014年8月（下）。

99.《杨秉的"两不怕"和"三不惑"》，载《月读》2014年第11期。

100.《后唐庄宗李存勖"三支箭人生"后的坠落》，载《领导科学》2014年11月（下）。

101.《杜诗：上疏只缘嫌官大》，载《月读》2015年第2期。

102.《傅燮的"宁可——绝不"哲学》，载《月读》2015年第3期。

103.《历史上的"糟糠之妻"：下堂与不下堂》，载《文史天地》2015年第3期。

104.《桑哥的"德政碑"何以倒掉》，载《领导科学》2015年3月（上）。

105.《霍光家族兴亡记》，载《唯实》2015年第4期。

106.《严法、克己：东汉儒将祭遵的为官铁律》，载《领导科学》2015年5月（上）。

107.《刘基的知人之智和自知之明》，载《月读》2015年第6期。

108.《司马光的"三不主义"》，载《唯实》2015年第6期。

109.《公孙弘从拙朴铮臣到官场"老油条"的嬗变》，载《领导科学》

2015年6月（上）。

110.《李世民廷赐"醋坛子"与幽默领导艺术》，载《领导科学》2015年7月（上）。

111.《汉废帝刘贺的二十七天"皇帝瘾"》，载《文史天地》2015年第7期。

112.《汲黯：汉廷第一直臣的为官之道》，载《文史天地》2015年第9期。

113.《张敞：风流能吏那些事儿》，载《领导科学》2015年9月（上）。

114.《对晁错削藩未捷身先死的品评》，载《领导科学》2015年11月（上）。

115.《张安世谦恭低调的做人为官之道》，载《领导科学》2015年12月（上）。

116.《赵广汉：发明举报箱的西汉名臣》，载《文史天地》2015年第12期。

117.《旷世奇才范睢何以遭杀身之祸》，载《唯实》2016年第2期。

118.《李允则的"借水行船"行政艺术》，载《月读》2016年第3期。

119.《北宋名臣陈希亮的"三铁精神"》，载《文史天地》2016年第3期。

120.《宋相富弼的诟如不闻与持诚守真》，载《领导科学》2016年3月（上）。

121.《"好人领导"汉元帝是如何将西汉推向盛衰拐点的》，载《领导科学》2016年4月（上）。

122.《令人敬仰的五位"公务员"母亲》，载《唯实》2016年第5期。

123.《宦海沉浮中愈挫愈高昂的王尊》，载《领导之友》2016年5月（下）。

124.《李纲：自喻"病牛"的抗金名将》，载《文史天地》2016年第6期。

125.《文彦博："数豆宰相"的文成武德与修身之功》，载《领导科学》2016年7月（上）。

126.《唐太宗李世民的冷处理领导艺术》，载《领导之友》2016年8月（下）。

127.《"蟋蟀宰相"贾似道》，载《文史天地》2016年第9期。

128.《黄霸："捐钱"入仕的西汉丞相》，载《文史天地》2016年第12期。

129.《大度儒雅的"铁血宰相"武元衡》，载《领导之友》2016年第24期。

130.《名满天下的守门小吏郑侠》，载《学习时报》2017年1月23日。

131.《"真御史"唐介》，载《各界》2017年第1期。

132.《羊祜镇荆州遗策吞吴》，载《军事百科》2017年第1期。

133.《扶贫知县"戴茅草"》，载《学习时报》2017年2月13日。

134.《"老实官"蔺挺达》，载《领导之友》2017年第2期。

135.《曾巩：文名政声何以得兼》，载《领导科学》2017年3月（上）。

136.《秦良玉："鸳鸯袖里握兵符"的巾帼名将》，载《月读》2017年第3期。

137.《宋朝第一良将曹彬》，载《文史天地》2017年第3期。

138.《李泌：山水庙堂任遨游》，载《唯实》2017年第3期。

139.《鲍宣：立身清俭气如虹》，载《各界》2017年第4期。

140.《卜式：羊倌从政惊武帝》，载《各界》2017年第5期。

141.《"国家奶爸"窦怀贞的"猢狲人生"》，载《领导科学》2017年5月（上）。

142.《一身正气赢得百邪不侵》，载《学习时报》2017年5月19日。

143.《袁盎："爱管闲事"被谋杀的西汉名臣》，载《文史天地》2017年第5期。

144.《郑板桥的糊涂与不糊涂》，载《群众》2017年第10期。

145.《无双国士陆贾》，载《唯实》2017年第6期。

146.《"软耳朵"的汉成帝刘骜》，载《文史天地》2017年第7期。

147.《人如其名的东汉太尉刘宽》，载《学习时报》2017年8月28日。

148.《韩安国：活在两个成语里的西汉名臣》，载《文史天地》2017年第9期。

149.《冯异："披荆斩棘"的"大树将军"》，载《文史天地》2017年第11期。

150.《伏波将军马援的荣宠与悲哀》，载《唯实》2017年第11期。

151.《西汉中兴名将赵充国》，载《军事百科》2017年第2期。

152.《东汉刺史贾琮》，载《学习时报》2017年12月8日。

153.《从亭长到司徒的穷官虞延》，载《学习时报》2018年1月8日。

154.《崔与之：十三次上疏辞宰相》，载《文史天地》2018年第1期。

155.《申屠嘉：倒在皇帝"人情门"下的西汉丞相》，载《领导科学》2018年2月（上）。

156.《盖勋：祸国枭雄董卓的克星》，载《文史天地》2018年第2期。

157.《苏轼：不妨吟啸且徐行》，载《群众》2018年第4期。

351

158.《吕夷简：毁誉参半的北宋名臣》，载《文史天地》2018年第4期。

159.《樊哙险遭诛杀的千古之谜》，载《唯实》2018年第5期。

160.《虞允文：自任统帅创千古奇迹的一介书生》，载《文史天地》2018年第6期。

161.《百姓攀车卧辙乞留任的太守》，载《学习时报》2018年7月9日。

162.《状元和将相是怎样炼成的？——北宋陈省华与夫人冯氏教子纪事》，载《月读》2018年第7期。

163.《东汉名臣桥玄百折不挠的为官从政之路》，载《文史天地》2018年第9期。

164.《侯霸的为官之道》，载《月读》2018年第9期。

165.《何武公正执法》，载《学习时报》2018年9月17日。

166.《元绛断案如神》，载《学习时报》2018年10月22日。

167.《"真宰相"刘沆》，载《学习时报》2018年10月29日。

168.《蔡襄：名动朝野的北宋名臣》，载《文史天地》2018年第11期。

169.《初心不改的"宋之苏武"》，载《唯实》2018年第10期。

170.《赵抃的铁腕柔肠》，载《月读》2018年第12期。

171.《范仲淹的实干精神》，载《月读》2019年第1期。

172.《吕端大事不糊涂》，载《文史天地》2019年第3期。

173.《古弼三忤太武帝》，载《学习时报》2019年3月22日。

174.《"百日宰相"杜衍》，载《学习时报》2019年4月26日。

175.《杨时：从程门立雪到"闽学鼻祖"》，载《文史天地》2019年第5期。

176.《"纸币之父"张咏奇节奇事》，载《唯实》2019年第5期。

177.《一代鸿儒官员刘敞》，载《唯实》2019年第6期。

178.《谢枋得拒官殉国》，载《文史天地》2019年第9期。

179.《薛居正守正不桡》，载《学习时报》2019年8月23日。

180.《一身正气的唐代宰相戴胄》，载《学习时报》2019年10月4日。

181.《忠心不改的直臣萧瑀》，载《学习时报》2019年10月11日。

182.《陈寿：死后靠亲友资助魂归故里》，载《各界》2019年第11期。

183.《一代名相耶律楚才》，载《各界》2019年第12期。

184.《"斗南一人"狄仁杰》，载《文史天地》2019年第12期。

185.《王玹：敢爱敢恨敢说"不"》，载《各界》2020年第1期。

186.《魏元忠：从刑场死囚到两任宰相》，载《唯实》2020年第1期。

187.《段秀实：夺笏击贼壮烈殉国》，载《文史天地》2020年第2期。

188.《宦官仇士良的鬻宠擅权"秘诀"》，载《唯实》2020年第3期。

189.《蒋瑶：扬州百姓的保护神》，载《各界》2020年第4期。

190.《卢怀慎：善于团结同僚的"伴食宰相"》，载《文史天地》2020年第4期。

191.《执法如山的李元纮》，载《学习时报》2020年5月8日。

192.《韩愈："文起八代之衰，道济天下之溺"》，载《文史天地》2020年第6期。

193.《宋璟：被誉为"有脚阳春"的唐朝名相》，载《文史天地》2020年第8期。

194.《樊哙险遭诛杀的千古之谜》，载《各界》2020年第10期。

195.《以身系天下之安危——唐朝裴度平藩的故事》，载《学习时报》2020年12月25日。

196.《褚遂良：勇于担当的唐朝名臣》，载《文史天地》2021年第1期。

197.《大唐贤相姚崇》，载《各界》2021年第3期。

198.《王守仁的军事才能》，载《文史天地》2021年第4期。

199.《万世书法宗师的另一面》，载《唯实》2021年第4期。

200.《解缙：一曲旷世奇才葬身雪窟的千秋悲歌》，载《文史天地》2021年第7期。

201.《杜佑与中国第一部典志体史书》，载《学习时报》2021年8月13日。

202.《徐渭："八考不中"落榜生的颠狂与辉煌》，载《文史天地》2021年第10期。

203.《张九龄：最有风度的宰相》，载《唯实》2021 年第 10 期。

204.《杨慎：辛未状元的悲壮人生》，载《文史天地》2021 年第 12 期。

205.《韩安国：活在两个成语中的西汉名臣》，载《各界》2022 年第 1 期。

206.《方孝孺：一曲"天下读书种子"的慷慨悲歌》，载《唯实》2022 年第 2 期。

207.《明代三朝"大账房"夏原吉》，载《文史天地》2022 年第 3 期。

208.《明朝状元杨慎的悲壮人生》，载《各界》2022 年第 6 期。

209.《北魏皇帝拓跋宏的文治与武功》，载《文史天地》2022 年第 8 期。

210.《科学发展观视阈下"急诊式行政"现象探究》，陕西社会科学界学术年会·辉煌 60 年中国特色社会主义理论与道路专题论坛，2009 年 9 月。

211.《论人格》，首届中国哲学大会，2004 年 8 月。

三、杂文

1.《"数"乎，"术"乎》，载《西安晚报》1986 年 10 月 31 日。

2.《现场拍板两面观》，载《西安晚报》1987 年 2 月 6 日。

3.《牌子亮·亮牌子》，载《西安晚报》1987 年 3 月 2 日。

4.《好啊，公平秤》，载《西安晚报》1987 年 7 月 11 日。

5.《商品明码标价好》，载《西安晚报》1987 年 9 月 13 日。

6.《"立志长"与"常立志"》，载《陕西日报》1987 年 6 月 27 日。

7.《又是高考放榜时》，载《陕西日报》1987 年 8 月 29 日。

8.《"拿去"的思考》，载《陕西日报》1988 年 1 月 4 日。

9.《岂止是桃花源的悲哀》，载《晨报》1988 年 8 月 15 日。

10.《看《三国》，流眼泪》，载《西安晚报》1988 年 3 月 15 日。

11.《"南无"的讹读》，载《西安晚报》1988 年 3 月 17 日。

12.《诸葛亮他爹》，载《乌鲁木齐晚报》1988 年 3 月 8 日。

13.《迎面走来马克思》，载《西安晚报》1988 年 3 月 29 日。

14.《不必自惭形秽》，载《西安晚报》1988年4月24日。

15.《"承包盖公章"随想》，载《中国青年报》1988年6月3日。

16.《釜底抽薪》，载《西安晚报》1988年6月28日。

17.《机会成本·事业·成才》，载《政工导刊》1988年第8期。

18.《告别"三七律"》，载《西安晚报》1988年9月17日。

19.《熵：一种新的世界观》，载《齐鲁晚报》1988年9月20日。

20.《人口可畏》，载《陕西日报》1988年11月19日。

21.《"批评的艺术"殊议》，载《陕西日报》1988年12月21日。

22.《企业科室也要优化》，载《西安晚报》1989年1月20日。

23.《读书犹如吃饭》，载《陕西日报》1989年2月5日。

24.《别都争着用洋货》，载《西安晚报》1989年3月6日。

25.《酒厂与学校》，载《西安晚报》1989年3月16日。

26.《结婚不是为了痛苦》，载《四川青年报》1989年3月18日。

27.《读书的"窄化"与博览》，载《陕西日报》1989年4月25日。

28.《记取曲啸赠语》，载《西安晚报》1989年4月27日。

29.《婚礼后的"债台"》，载《人民日报》1989年5月5日。

30.《从烟雾中醒来》，载《西安晚报》1989年5月31日。

31.《读书与对话》，载《陕西日报》1989年6月24日。

32.《不止缺少人情味》，载《政工导刊》1989年第7期。

33.《做人与成龙》，载《陕西日报》1989年9月19日。

34.《终南山下夕照明》，载《陕西日报》1989年12月21日。

35.《两个"猪政委"》，载《老人天地》1990年第2期。

36.《不可小觑企业精神》，载《西安晚报》1990年11月6日。

37.《切不可小看企业精神》，载《陕西日报》1990年12月21日。

38.《古今讳考》，载《人民日报·海外版》1991年1月29日，《文汇报》转载1991年2月27日。

39.《教子赠言琐议》，载《陕西日报》1992年1月14日。

40.《不可沽名妄称王》，载《西安晚报》1992 年 2 月 15 日。

41.《草莓缘何变成了伤心果》，载《西安晚报》1993 年 7 月 17 日。

42.《重视名言效应》，载《西安晚报》1994 年 12 月 2 日。

43.《成功的三块基石：立志·奋斗·牺牲》，载《人才开发》1993 年第 2 期。

44.《一个绰号见荣辱》，载《现代领导》2007 年第 5 期。

45.《演讲艺术论·序》，载《西安晚报》1998 年 11 月 7 日。

46.《笑与幽默·序》，载《西安晚报》1998 年 11 月 19 日。

47.《书籍的变迁和阅读的况味》，载《人民日报·海外版》2002 年 5 月 14 日。